कविता के पते-ठिकाने

कविता के पते-ठिकाने

(समकालीन कविता विमर्श)

विजय कुमार

वाणी प्रकाशन

वाणी प्रकाशन
4695, 21-ए, दरियागंज, नयी दिल्ली 110 002

शाखा
अशोक राजपथ, पटना 800 004

फ़ोन: +91 11 23273167 फ़ैक्स: +91 11 23275710

www.vaniprakashan.in
vaniprakashan@gmail.com

KAVITA KE PATE-THIKANE
by Vijay Kumar

ISBN : 978-93-5072-711-9
Criticism

प्रथम संस्करण
मूल्य : ₹ 495

हर्ष प्रिंटर्स, दिल्ली-110 093 में मुद्रित

वाणी प्रकाशन का लोगो मक़बूल फ़िदा हुसेन की कूची से

अग्रज कवि कुंवरनारायण जी
और
सितांशु यशश्चंद्र जी के लिए
सादर

Exaggerate the essential, leave the obvious vague

-Vincent van Gogh

अनुक्रम

बतरस

अनंतिम

पूर्वकथन

समकालीन कविता पर कुछ कहना एक अजीब से असमंजस में डाल देता है। कुछ कहते हैं कि हिन्दी में इस समय लिखी जा रही कविता विश्व की सर्वश्रेष्ठ कविता है। कुछ आज लिखी जा रही कविता को यह कहकर सिरे से नकार देते हैं कि यह कविता का युग है ही नहीं। इन दो अतिवादी प्रतिक्रियाओं के बीच कविता पर किसी बातचीत को कहाँ अवस्थित किया जाये? या इस सबसे हटकर यह देखा जाये कि इस बीच हमारे अनुभव की दुनिया में कितना कुछ बदल गया है और क्या बदलता चला जा रहा है। बाज़ार, उपभोग, उन्माद, वैषम्य, दमन, असुरक्षा, विस्थापन, समृतिहीनता और आभासी यथार्थ से घिरे इस समय में आज एक कवि का आत्म-संघर्ष किस तरह का है? विचारधाराओं के अंत और विचारधाराओं में अटूट विश्वास—दोनों तरह की तमाम बातें पिछले दशकों में खूब हो चुकीं। मुझे लगता है कि आज कविता की कोई खास ढंग की जीवंतता और उसकी प्रासंगिकता तो हमारे नये बनते अनुभव—ढांचों के भीतर से ही व्याख्यायित हो सकती है। वह कुछ ज़ाहिर मुद्दों पर एक त्वरित प्रतिक्रिया, चीजों के समान्यीकरण, सर्वस्वीकृत नैतिक मूल्यों की पुनरोक्ति, दृश्यों के स्थूल विवरण या अनुभव की कोई सपाट और सरल रैखिक अभिव्यक्ति नहीं होगी। लेकिन कविता की हमारी अधिकांश मौजूदा आलोचना ने अब इन प्रश्नों से टकराना लगभग छोड़ दिया है। इतिहास के किसी खास काल-खंड के अनुभव बोध की जटिलताओं, सर्जनात्मक साहस, काव्य-व्यक्तित्वों के वैविध्य और उनकी रचना-प्रक्रियाओं में दिलचस्पी वहाँ अब बहुत कम है।

दूसरी ओर आज हमारा यह समय निरंतर अनेक प्रकार के परस्पर विरोधी तत्वों के उग्र समामेलन से परिभाषित हो रहा है। वह पहले के किसी भी समय से ज्यादा अनिश्चितताओं से भरा हुआ है। ऐसे में रचना में हर समय किसी सुनिश्चित का प्रकटन भी सतही होगा यदि रचना किसी अनिश्चित, किसी अपरिभाषित की ओर जाने का साहस नहीं जुटाती। एक कवि को हम इस स्तर पर जानना चाहना चाहते हैं कि जीवन-मर्म की कोई खोज उसके यहाँ किस तरह की है, उसके उलझाव और अनिश्चिततायें क्या हैं? उसकी आकांक्षा, प्रेरणाभाव और एक बुनियादी ऊर्जा किस प्रकार से उसकी भाषा में 'क्रिस्टलाइज' हो रही है? हमारे समय का कोई

भी आशंकाग्रस्त इलाका जब किसी रचनाकार के यहाँ अनुभवों के अब तक के निर्मित सांचों को ललकारता है तो हम तो वैसी कृति में निहित इस रचनात्मक ऊर्जा को लक्ष करते है। उसे देखने, जानने, समझने, विश्लेषित करने, दूसरों के साथ 'शेयर' करने का एक उत्साह स्वतः पैदा होने लगता है। कविता जैसी विधा की यह खूबी है कि वह अपने समय के विशेषीकृत सन्दर्भों से गुजरती हुई, किसी काल-खंड में रमती हुई, किसी समसामयिक की उत्तेजना और सनसनी में डूबते हुए भी अंततः मनुष्य के किसी बुनियादी राग और उसके सर्वकालिक सरोकारों की ओर लौटती है।

'कविता की संगत' के बाद ये लेख/टिप्पणियाँ पिछले दस-पन्द्रह वर्षों में समय-समय पर लिखे गये हैं। इस बीच इन पन्द्रह वर्षों में दृश्य बहुत अधिक बदला है। बहुत से सन्दर्भ पीछे छूट गये हैं, बहुत से नये सवाल मन में उठते रहे हैं। फिर भी पाठक को शायद इनमें कोई आंतरिक सूत्र नज़र आये? शायद ये आज के इस दौर में भी कविता के उन आत्मीय पते-ठिकानों की खोज करते प्रतीत हों जिन तक पहुँचना निरन्तर कठिन होता जा रहा है क्योंकि भरोसेमंद नक्शे, मानचित्र, मील के पत्थर और दिशा-सूचक तख्तियाँ इस बीच लगातार कम होती गयी हैं।

अंत में कवि-आलोचक स्व. मलयज की एक बात याद आती है। उन्होंने एक जगह पर लिखा है कि "समीक्षा-वमीक्षा लिखना तीन कौड़ी का काम है, बेहतर है कि कविता इंज्वाय की जाये, मन ही मन गूँगे के गुड़ जैसी।" लेकिन फिर आगे वही मलयज कहते हैं कि "चाहे जितने भी तन्मय भाव से कविता पढ़ना चाहूँ, शब्दों को काट-काट कर ढेर लगाता रहता हूँ।"

यह एक मलयज की नहीं, यह हममें से बहुतों की विवशता है। हम किसी कृति को तन्मय भाव से पढ़ते हैं और उस प्रक्रिया में टिप्पणियों/लेखों के रूप में शब्दों के ढेर लगते जाते हैं। कई बार तो हम यही भी नहीं जानते कि दूसरा व्यक्ति जब इन्हें पढ़ेगा तो ये उसके कितने काम के होंगे। बहरहाल, ये लेख/टिप्पणियाँ अब एक पुस्तक रूप में आपके सामने है।

इस पुस्तक को प्रकाशित करने में वाणी प्रकाशन के श्री अरुण माहेश्वरी जी ने जो उदारता और आत्मीयता दिखायी है, उसके लिए मैं उनका कृतज्ञ हूँ।

–विजय कुमार

सन्दर्भ

21वीं सदी की हिन्दी कविता : एक जिरह

"दुनिया में कुछ ही शहरों ने शेंजन से ज्यादा तेजी से सम्पत्ति का निर्माण किया है, पर इस सफलता की कीमत वहाँ हर कोने अंतरे से झाँकती रहती है : पर्यावरण का नाश, बढ़ते हुए अपराध, मोहभंग और प्रवासी मजदूरों की एक विशाल शक्ति का अमानवीयकरण।"

— द न्यूयार्क टाइम्स, 19 दिसम्बर, 2006 की एक रपट

21वीं सदी की कला में रचनाशीलता का कोई भी विमर्श क्या धरती पर लाखों-करोड़ों की परम्परागत आजीविकाओं के उन्मूलन, मनुष्यों के विस्थापन, भूमि, वन, चरागाहों, जल संसाधनों के विनाश, प्रकृति और पर्यावरण के हालात, सामाजिक अन्याय के दैनन्दिन अनुभव, विकास और तरक्की के नाम पर अधिग्रहण, अधियाचन, विस्थापन की राजनीति, विशेषज्ञों और मीडिया मैनेजरों की व्यूह रचनाओं, संगठित अपराध और साधारण आदमी के भीतर की असुरक्षा, बेगानेपन, बदहवासी, आरोपित सुख, सनसनी और एक मस्त समय के भीतर विस्मृति के मंजर से अलग-थलग होगा?

कठिन परिस्थितियों पर सरल कुछ बोलना
कहीं परिस्थितियों से भी कठिन न हो जाए बोलते ही
(उलझती जाती है गुत्थी ज्यों-ज्यों सुलझाता हूँ मैं)
इसीलिए मैंने अपने मन का कोई प्रश्न वहाँ नहीं उठाया कि क्या कविता जीवन में घटित घटनाओं के साथ एक काल्पनिक युद्ध है।
(लड़ते हैं और हाथ में तलवार भी नहीं)

लीलाधर जगूड़ी ('कवि की कठिनाई')

जिस धरातल से आज एक कविता उठती है, चारों तरफ से उसे घेरते हुए, उसे आँखें दिखाते हुए कितने सारे तथ्य, विषय, प्रसंग, घटनाएँ, दृश्य, छवियाँ, शोर-गुल और हो-हल्ला, अर्थपूर्ण और अर्थहीन, सत्य और अर्ध-सत्य, निपट नंगी सच्चाइयाँ और उनसे ज्यादा नंगे उनके प्रपंची व्याख्याकार, अहर्निश सूचनाएँ, सूक्तियाँ और प्रवचन,

कभी न बन्द होने वाली आवाजें, वैश्विक बनाम जनपद, वित्त, पूँजी और बाजार, लोकतन्त्र बनाम फासिज्म, दलित बनाम सवर्ण, केन्द्र बनाम हाशिये, डिजिटल और वर्चुअल, जातीय गौरव और ऑनर किलिंग, विस्थापन और उन्मूलन, इन्फ्रास्ट्रक्चर और दुर्घटनाएँ, आरडीएक्स और मृतकों की शिनाख्त, मानव अधिकार आयोग और मोमबत्तियों के जुलूस, सैर-सपाटे और ऐशगाह, स्प्रिट आफ प्रोग्रेस बनाम तर्कवाद, मीडिया प्रबन्ध और प्रचार कौशल, घटित का अर्थ और अघटित का अनर्थ, वास्तव बनाम आभासी वास्तव, अर्थ का स्थगन बनाम स्थगन की निरन्तरता, स्टेशनों पर फँसी हुई दिहाड़ी मजदूरों की बेचेहरा विशाल भीड़ और पोस्टर से झाँकता हुआ सदी का महानायक, थ्री-जी कम्युनिकेशन और स्वाद में मदमस्त मरी हुई आत्माएँ... मार तमाम शब्द, सन्दर्भ और छवियाँ और इस सब में फँसती-उलझती, उन सबसे होकर निकलती, छिपती-छिपाती अपनी इज्ज़त की पोटली सँभाले यहाँ वहाँ भटकती, फिरती, बचती कविता—शुद्धता की चाह उसकी नहीं है पर वह इतिहास से गुज़रकर इतिहास की तारीखों का अतिक्रमण कर देने की एक पागल-सी इच्छा अब भी अपने भीतर सँजोये है।

मुक्तिबोध ने कभी लिखा था

"जीवन में आज के
लेखक की कठिनाई यह नहीं कि
कमी है विषयों की वरन् यह कि
आधिक्य ही उनका
उसको सताता है"

मुक्तिबोध की इस कविता के पचास साल बाद आज लीलाधर जगूड़ी की पंक्तियाँ हैं—

कम जानकारों का बौद्धिक सहयोग
ही तिनके का सहारा है
ज्यादा जानकारों ने हमें कहीं का नहीं छोड़ा
इन बहु सूचना पायियों ने यह छाप छोड़ी है
कि अबुद्धि को अब इतनी बुद्धि आ गई
कि सुबुद्धि की खैर नहीं-

लेकिन हमारा आलोचक निहायत शान्त, गुरु गम्भीर, निरुद्वेग मुद्रा में कहता है कि "मूल्यों का यह संकट चिरन्तन है, आपदा के सन्दर्भ नये नहीं हैं, इतिहास खुद को दोहराता है", आदि-आदि। कविता के निहितार्थ वाली बहस में आचार्य आलोचक का भाषण व्यवस्था-भेद से शुरू होता है और नायिका-भेद पर जाकर समाप्त हो जाता है। अभी हम कुछ सोच ही रहे होते हैं कि कोई कानों में धीरे से

फुसफुसाता है, "जीवन में जो कुछ भी ठोस था वह पिघलकर उड़ गया है।"

इटालो केल्विनो ने, जब यह 21वीं सदी शुरू हो रही थी, तो नयी सहस्त्राब्दी के नाम पाँच पाठवाली अपनी पुस्तक में इस नये समय के पाँच महत्त्वपूर्ण लक्षण गिनाये थे कि चीजें अब पहले से ज्यादा हल्की-फुलकी हैं, त्वरित हैं, सुनिश्चित हैं, दृश्यमान हैं और एक आयामी हैं। जाहिर है कि ये सभी चीजें कविता के खिलाफ जाती हैं। एक ऐसे दौर में कविता क्या कर सकती है? मेरे सामने राजेश जोशी की एक कविता है–

"जब तक मैं एक अपील लिखता हूँ
आग लग चुकी होती है सारे शहर में
हिज्जे ठीक करता हूँ
कर्फ्यू का एलान करती घूमने लगती है गाड़ी
अपील छपने जाती है जब तक प्रेस में
दुकानें जल चुकी होती हैं
मारे जा चुके होते हैं लोग
छपकर जब तक आती है अपील
अपील की जरूरत खत्म हो चुकी होती है।"

(**'जब तक मैं एक अपील लिखता हूँ'**)

यह कवि का 'सेंस आफ अर्जेंसी' जो तथ्यों और घटनाओं की सपाट रिपोर्टिंग पर नहीं अपने रचना कर्म की दुश्वारियों से जन्मता है, उसे हमारे लिए समकालीन बनाता है। क्या इस छोटी-सी कविता में समय की तीव्र गति और हमारे लिखने के बीच फैल गये अन्तराल की यह बानगी एकदम नयी नहीं है? क्या इतिहास में पहले कोई ऐसा समय आया है जब कवि को लगता हो कि लिखने की जरूरतें और प्रासंगिकताएँ पहले की बनिबस्त ज्यादा हैं पर लिखने की अर्थवत्ता एक घबराये हुए घायल पक्षी की तरह अपना आसरा ढूँढ़ती फिरती है। लेकिन कैसा अजीब समय है कि हमारा आलोचक सभा में कहता है कि रचने का यह संकट नया नहीं, जबकि कविता एकान्त में कवि से कहती है कि

"हजार बार जमाना इधर से गुजरा है
नयी-नयी सी है कुछ तेरी रहगुज़र फिर भी"

हिन्दी में पिछले तीस-पैंतीस सालों में जो कविता लिखी जाती रही, खासकर इमर्जेंसी के बाद के सालों में और अस्सी के दशक के बाद से, उसे और किसी सुविभाजनक नाम के अभाव में समकालीन कविता कहा गया है, लेकिन पिछले तीस वर्षों में इसकी प्रकृति में क्या गुणात्मक परिवर्तन आया है, इसकी कोई खोज नहीं हुई है। अस्सी के दशक में जब यह कविता आयी थी, अशोक वाजपेयी ने इसे

'कविता की वापसी' कहा था। यह मनुष्य के भौतिक और आत्मिक विस्थापन के बीच उसकी गरिमा के संरक्षण, एन्द्रिक लगाव और साहचर्य की कविता कही गयी थी। साधारण मनुष्य के रोजमर्रा के औसत संसार की कविता। अपने ऊपरी स्वरूप में किसी हद तक गैर-राजनीतिक कविता लगते हुए भी उसमें वे तमाम तत्त्व थे, जिनसे हमारा एक ठोस राजनीतिक, सामाजिक और मनोवैज्ञानिक परिप्रेक्ष्य बनता था। एक बदलते समय को साधारण जन के दैनन्दिन संसार में तमाम तरह के विरोधाभासों के बीच समझने की कोशिशें हुईं। उस समय अशोक वाजपेयी द्वारा उच्चारित इस कविता की अनेक विशेषताएँ आज भी हमारे कानों में गुंजायमान हैं, मसलन, "यह कविता बिना किसी आन्दोलन, या घोषणापत्र के गुपचुप दृश्य पर छा गयी है, वह इस तरह शान्त, विनम्र, अनिवार्य है कि उसके होने पर अचरज हो रहा है, वह जड़ीभूत सौन्दर्य रुचि से मुक्त है, उसमें एक तात्कालिकता है, वह विचारों का अनुवाद या अनुगमन नहीं है, उसमें रोजमर्रा की जिन्दगी का सच्चा पड़ोस गूँज रहा है, जीवन के अनेक अछूते क्षेत्रों के बिम्ब और छवियाँ, मुहावरे और प्रतिध्वनियाँ उसमें हैं, उसमें अतिरंजना और नाटकीयता नहीं है, उसने एक नयी स्वायत्तता अर्जित की है," इत्यादि।

दिक्कत यह है कि इन तीस—पैंतीस वर्षों में आज इस कविता का सौन्दर्य बोध अब एक सुरक्षित और 'कण्डीशण्ड' हुआ भी प्रतीत होता है। कारण यह कि समय एक जगह ठहरा हुआ नहीं रहा है। इस बीच कुछ भी नहीं बदला और बहुत कुछ बदल गया है। राजनीतिक, सामाजिक, आर्थिक और मनोवैज्ञानिक स्तर पर भारतीय जातीय जीवन ज्यादा आपदाग्रस्त हुआ है। कविता में व्यक्त अस्सी के दशक का वह हमारा घर-संसार, पास-पड़ोस, गली-मुहल्ले, दिनचर्या कुछ भी वैसा नहीं रह गया। उदाहरण के लिए राजेश जोशी ने अस्सी के दशक में एक सुन्दर कविता लिखी थी—'लेबर कालोनी के बच्चे'।

वह लेबर कालोनी कहाँ गयी? 'दैनिक अखबार की तरह तरोताज़ा' और 'किसी खोयी हुई चाबी के गुच्छे-से वे बच्चे' कहाँ चले गये सब के सब?

मुम्बई जैसे भारत के सबसे बड़े औद्योगिक शहर में तमाम मिलें बन्द हो गयीं, मिलों-कारखानों की जमीनें भू-माफियाओं और बिल्डरों ने हथिया लीं। परेल और लालबाग इलाके में वे जो मजदूर बस्तियाँ थीं, जहाँ किसी 'खोयी हुई चाबी के गुच्छे' की तरह बच्चे दिखायी पड़ते थे वहाँ अब चमचमाते शीशों की खिड़कियों वाली बहु मंजिला अट्टालिकायें, पंचतारा होटल और शापिंग माल नजर आते हैं। कुछ मजदूर बस्तियाँ और कुछ पुरानी 'चालें' जो अभी बची हुई हैं वे कुछ वर्षों बाद नजर नहीं आयेंगी। आज एक कवि यदि लेबर कालोनी के बच्चों पर उसी तरह से एक कविता लिखता है तो यह अनुभव का एक 'क्लीशे' बन जाता है। आज कवि कविता लिखेगा तो 'लेबर कालोनी' के उन गुम हो गये बच्चों की कविता लिखेगा जो अभी

तीस बरस पहले राजेश की कविता में दिखायी पड़ते थे। स्वयं राजेश शायद ठीक उसी तरह की कविता आज न लिखना चाहें। मुझे पता नहीं कि इन पैंतीस वर्षों में अरुण कमल का वह 'उर्वर प्रदेश' ठीक उसी तरह से बचा हुआ है या नहीं। या क्या मंगलेश डबराल लौटकर अपने पहाड़ पर यह देखने गये हैं कि वह लालटेन वहाँ अब भी है, उसी तरह टिमटिमा रही है? या विष्णु नागर के दयाराम बा क्या अब भी बीच बाजार अपनी धोती उतारकर व्यवस्था की ऐसी-तैसी करते रहते हैं और वहाँ एक कोयल कूकती रहती है? घर-परिवार, मोहल्ले-गलियों का जीवन क्या वैसा ही रह गया है? इन तीस-पैंतीस वर्षों में हमारे बहुत सारे स्वप्न, विश्वास और अवधारणाएँ बिखर गयी हैं, यूटोपिया, नरेटिव्स और महावृत्तान्त बाधित हुए हैं, पाँव टिकाने की बहुत कम जगह बची है और नितान्त आत्मिक संसार भी अब बाहरी ताकतों की चपेट में है। यह मानते हुए भी कि कैलेण्डरों की तारीखों के बदलने से रचना का समय नहीं बदल जाता, ब्रेख्त के शब्दों में यह सवाल तो पूछा ही जाना चाहिए कि "बुरे वक्तों में किस तरह से लिखी जाती हैं बुरे वक्तों की कविताएँ?" आज अशोक जी से यह पूछने का मन भी करता है कि क्या कविता में शान्त, विनम्र, स्वायत्त स्वर उसके आत्यन्तिक मूल्य को रचते हैं या वे अनुभव के तमाम अपरिभाषित इलाके, जिन्हें बावजूद इस सारे बिखराव और हताशा के कविता ज्यादा जोखिम और ज्यादा अन्तरदृष्टि के कविता अपने भीतर सँजो पाती है, जहाँ वह बार-बार अपने ही बनाये हुए साँचों को तोड़ती रहती है फिर भले ही उसका स्वर अशान्त, अस्थिर, खुरदरा, क्षुब्ध और विकल ही क्यों न हो। समकालीनता एक सामान्यीकृत पद है। इसलिए उसका मामला कुछ उलझा हुआ भी है। आप समकालीनता को परिभाषित करने चलते हैं और कोई अचानक कह देता है कि मेरे लिए तो कबीर, मीरा, गालिब, निराला या मुक्तिबोध आज के किसी भी कवि के ज्यादा समकालीन हैं। गरज यह कि तारीखों के हिसाब से कवियों की पीढ़ियों के वर्गीकरण से ज्यादा समकालीनता कवि की मूल्य सापेक्षता और प्रासंगिकता का मामला बन जाती है और इसमें शायद कुछ गलत है भी नहीं। लेकिन यह एक बात है। इस सबको स्वीकार करते हुए यह भी सच है एक अनुभव हमेशा अपनी तारीखों से भीतर से ही जन्मता है। समकालीनता समसामयिकता नहीं होती पर परिभाषित तो वह समसामयिकता के साथ अपने रिश्तों से ही होती है। वह जो कुछ नया है उसका एक परिप्रेक्ष्य है। आज एक कविता को पढ़ते हुए सहसा आपको ऐसा कब लगता है कि कुछ नया घटित हुआ है जो उससे पहले कविता में नहीं था। भले ही इस नये कवि के भीतर से पुरानी पीढ़ी के तमाम कवि और एक समूची परम्परा बोल रही हो पर फिर भी कब आपको वह एक बदले हुए समय और भावबोध की कविता लगने लगती है? मुझे समकालीनता पर तमाम अकादमिक बहसों की बनिस्बत किसी ऐसी कविता से मुलाकात का रास्ता ज्यादा रुचिकर, ज्यादा सरस और भरोसेमन्द लगता है।

राजेश जोशी की एक कविता है, **'रात किसी का घर नहीं।'**

"रात गये सड़कों पर अक्सर एक न एक आदमी ऐसा जरूर मिल जाता है जो अपने घर का रास्ता भूल गया होता कभी-कभी कोई ऐसा भी होता है जो घर का रास्ता तो जानता है पर अपने घर नहीं जाना चाहता।"

पूरी कविता में एक अजीब-सा अवसन्न माहौल। यह हमारे समकालीन बोध की एक नितान्त नयी अवसन्नता है। घर से अपने बेटों द्वारा मारपीटकर निकाल दिया गया एक बीमार, अशक्त, लाचार, भूखा-प्यासा बूढ़ा। वह जिसके भीतर अपने अपमान की तिलमिलाहट है तो कल की अनिश्चितता भी है, सहानुभूति जतानेवाले के प्रति आँखों में एक नमी है तो उसके पार देखते हुए भय और जीने की लाचारी भी है। यह सब एक साथ है। उसके सारे मनोभाव एक दूसरे पर 'शिफ्ट' होते रहते हैं। कब कौन-सी स्थिति दूसरी पर हावी हो जाती है कुछ पता नहीं चलता। अपने बयान और अपने बचाव में उसकी प्रतिक्रियाएँ आपके पूर्वानुमान के अनुसार नहीं हैं। यह हमारे एक समकालीन कवि का एक दुर्लभ अनुभव है। सड़क पर कवि द्वारा देखा गया यह नयी तरह का नज़ारा। इस कवि की एक वीरान रात में यह आवारा भटकन 55-60 साल पहले की अकेली रात में उस रोमांटिक शायर की तनहा भटकन से आज कितनी दूर आ चुकी है जब 'शहर की रात में नाशादो-नाकामा फिरते हुए गैर की बस्ती में वह अपने गमे दिल बहशते दिल का हाल बयान करता था जिसे प्रगतिशील रोमानी दौर में हमने लम्बे समय तक एक क्लासिकल उदासी का दर्जा दिया था। तब उसकी वह' लार्जर दैन लाइफ किस्म की उदासी बाकी स्थितियों को कुहरिल बना देती थी। उस सूनी रात में उसे कोई हमनवा नहीं मिल पाता था। 60 साल बाद आज लिखी जा रही कविता में वह क्या चीज है जो रात की भटकन को हमारा एक अलग तरह का अनुभव बना देती है। यह एक नयी तरह की रात है। जिसमें शायर का अकेलापन, रूमानियत, कचोट, निर्वासन तो है पर सरे राह उसे तमाम अकेले पड़े हुए लाचार और निष्कासित लोग भी दिखायी देते हैं। बात अब एक अकेले की नहीं, हजारों लाखों लोगों की भटकन की है।

"रात किसी का घर नहीं होती
किसी बेघर के लिए
किसी घर से निकाल दिये गये बूढ़े के
लिए मेरे जैसे आवारा के लिए"

चन्द्रकान्त देवताले अपनी एक कविता 'इत्ते अँधेरे में' लिखते हैं—

"भय, आतंक और असुरक्षा में फँसे
लोगों के बीच
जब पहुँच जाता हूँ दबे पाँव
मुझे लगता है कि मैं एक विराट बन्दी गृह

में खड़ा हूँ''

साठ बरस बाद कवि को इस वीरान रात में अपने जैसे तमाम निर्वासित लोग मिल रहे हैं। यह हमारा वर्तमान है। निर्वासितों के इस बन्दी गृह का हाल बता पाने की 'लक्जरी' भी नहीं बची उसके पास।

कविता की इस समकालीनता में जब यह कवि कहता है कि ''मैं किताबों को रोते हुए सुन रहा हूँ। उनमें चिबड़ी हुई आकृतियों और शब्दों को झेल रहा हूँ'' तो कोई कैसे कह सकता है कि कविता का माध्यम भी उसके पास सही सलामत बच रह गया है। अपने माध्यम पर भी उसे भरोसा नहीं रह गया। लेकिन इसके बावजूद कविताएँ लिखी जा रही हैं। कहीं दृश्य या घटना में सहसा किसी काव्यात्मकता का उद्रेक है, छिपे हुए मर्म का उद्‌घाटन या आविष्कार है, तमाम दुर्घटनाओं के बोच बचे रह गये चमत्कार हैं, सहसा हाथ आयी एक नाटकीयता है और जब ऐसा नहीं है तो निरे बयान हैं, अनावश्यक वर्णन और सपाट विवरण हैं, भाव स्फीति है या सरली कृत उद्‌गार हैं। अच्छी और बुरी, विशिष्ट और औसत दर्जे की तमाम कविताओं से हमारी यह समकालीनता पटी हुई है। भारी संख्या में कविता के नाम पर रोज-रोज प्रकाशित होनेवाली निष्प्राण, अनाकर्षक, अभ्यासपरक और बोझिल कविताओं के अम्बार से अलग वे कविताएँ जो अपनी दीप्ति बिखेरती हैं, वे कितनी तरह से बार-बार हमें अपनी तरफ बुलाती हैं। उसके अर्थ निःशेष नहीं होते। वे बाहरी संसार की अव्यवस्था को मानव अस्तित्व के किसी मूल संकट से जोड़ देती हैं। वे कविताएँ जो अस्तित्व के इस संकट को बहुत भीतरी इलाकों तक ले जाने की अपनी क्षमता को दर्शाती हैं। वे एक स्तर पर सोच के तमाम ढाँचों और व्यवहारों, क्रिया-प्रतिक्रियाओं के पूर्वानुमानित स्वरूपों को रखती हैं तो दूसरे स्तर पर विरुद्धों के किसी सामंजस्य को, किसी आकस्मिकता को, किसी स्मृति, किसी स्वप्न को कैद करती हैं जो अब भी एक धधकती उम्मीद की तरह है। अच्छी कविताओं में यह बार-बार नये सिरे से घटित होता है।

'पर्सनल इज पोलिटिकल'—यह मुहावरा भले ही पिछली सदी में पश्चिम की एक स्त्रीवादी विमर्शकार ने एक नितान्त अलग सन्दर्भ में गढ़ा हो पर आज लिखी जा रही कविताओं में साधारण मनुष्य की नियति और उसकी जिजीविषा के अंकन में यह कितनी दूर तक अपने अर्थ को गुंजाता-सा लगता है। अभी अरुण कमल के नए कविता संग्रह में उनकी एक कविता पढ़ी **'स्वप्न'**। एक भारतीय घर परिवार में स्त्री के निरन्तर विस्थापन, सीखचों को तोड़कर कहीं पहुँचने की एक उद्‌दाम जीवन इच्छा, आधी निद्रा और आधे जागने, आधी मृत्यु और आधे जीवन के बीचोंबीच टकराव, स्वप्न और मुक्ति के सन्दर्भ को यह कविता एक ऐसे अधिभौतिक स्तर पर व्यंजित करती जो सिर्फ और सिर्फ एक कवि द्वारा ही रचा जा सकता है। कवि की

यह दुनिया जो स्थितियों की महज फोटोग्राफी या सूचना से कुछ अधिक है–

"हर बार मार खा भागी
हर बार लौटकर मार खायी
जानती थी वो कहीं कोई रास्ता नहीं है
कहीं कोई अन्तिम आसरा नहीं है
जानती थी वो लौटना ही होगा इस बार भी
गंगा भी अधिक दूर नहीं थी
पास ही थी रेल की पटरियाँ
लेकिन वह जीवन से मृत्यु नहीं
मृत्यु से जीवन के लिए भाग रही थी।"

पिछले दौर में आलोकधन्वा की एक चर्चित कविता **'भागी हुई लड़कियाँ'** के संसार से अरुण कमल की इस कविता का संसार कितना बदला हुआ और आगे का संसार है। अनुभव के संसार में यह कितनी महत्त्वपूर्ण तब्दीली है, जिसके सामने पिछले कवि का अनुभव आज कितना वायवीय, अपर्याप्त और सपाट लगने लगता है।

जो लोग परिवेश के बहुत सारे स्थूल विवरणों, लम्बी-लम्बी सपाट, एक जिद की तरह फैली हुई गद्यात्मक, तनावहीन, बोझिल, अपठनीय, तफसीलों को ही समकालीन काव्य अनुभूति का पर्याय समझ बैठे हैं, उन्हें इधर प्रकाशित कुछ कविता संग्रह **'घर से बाहर घर'** (विष्णु नागर), **'काला सफेद में प्रविष्ट होता है'** (नरेंद्र जैन), **'लिखे में दुक्ख'** (लीलाधर मंडलोई), **जवाहर टनल** (अग्निशेखर) और **'खबर का मुँह विज्ञापन से ढका है'** (लीलाधर जगूड़ी) देखने चाहिए। मुझे नहीं मालूम कि ये तमाम कविता-संग्रह हिन्दी कविता को देखने, समझने, सराहने की सारी आदतों, मुहावरों, अदाओं, भंगिमाओं, पैरामीटरों, प्रतिमानों, मानकों, शिल्प की बन चुकी रूढ़ियों, अनुभव के 'क्लीशों' और लगभग एक जैसे भाषिक तापमान को किस हद तक तोड़ पायेंगे पर ये अपने अपने तरीकों से समकालीन हिन्दी कविता में बहुत कुछ नया और जीवन्त जोड़ते हैं। कहीं वह वर्चस्व की संस्कृति के सम्मुख एक गहरे नैतिक अन्तर्द्वंद्व, सोच, संवेदन, तर्क पद्धति, क्रिया-प्रतिक्रिया, अवचेतन, मूल्य दृष्टि और निर्णय शक्ति का आत्मावलोकन है, तो कहीं बहुत कम शब्दों में अपने निकटतम जीवन का एक निहायत हार्दिक, अवसाद व सम्पृक्ति का मिलाजुला अपरिभाषित-सा संसार, कहीं बहुत सघन सांकेतिकता के साथ जीवनदायी बची हुई कोमलताओं को लगभग संगीत और स्टिल लाइफ की सघनता तक रच देनेवाली एक विलक्षण भाषा है, तो कहीं समय के सबसे भीषण दौर में जेनोसाइड और विस्थापन से गुजरती हुई एक समूची कौम की कैफियत को इस तरह रखा गया है कि वहाँ पहली बार हम हिन्दी कविता में इतिहास की क्रूर तारीखों, लोक जीवन की आन्तरिकता और

अनवरत रोमान के एक अन्तःग्रन्थित संसार को आकार लेता पाते हैं।

पत्र-पत्रिकाओं में प्रकाशित कुछ चर्चित और कुछ अल्पचर्चित कवियों की रचनाओं से गुजरते अक्सर इस बात की एक धुँधली-सी प्रतीति होती है कि इस एक दशक में हमारे अनुभव के इलाकों और अभिव्यक्ति के तेवरों में कहीं एक खास तरह की 'शिफ्टिंग' तो हो रही है पर हम अपने आलोचना कर्म में अभी उसके 'फार्म्युलेशंस' ठीक से बना नहीं पा रहे हैं। मोटे तौर पर देखें तो नयी सदी में आर्थिक भूमण्डलीकरण, बृहद वित्त प्रणालियाँ और परियोजनाएँ, प्रौद्योगिकी के क्षेत्र में विराट क्रान्ति, घटित और सूचनाओं की अभूतपूर्व गति, कार्पोरेट प्रबन्ध विशेषज्ञों द्वारा जीवित मानवीय समुदायों के जीवन के हर पहलू को अपने वर्चस्व और मुनाफा-उन्मुख रणनीति के दायरे में ले आने की मुहिम, एक आयामी जीवन शैली और मूल्य दृष्टि को रचने की व्यूह रचना, जीवित मनुष्य समुदायों का केवल संख्याओं और आँकड़ों में बदलते चले जाना, विकास और तरक्की के नाम पर विशाल आबादियों और जन समूहों का विराट पैमाने पर विस्थापन, ग्रामीण परिवेश, जनजातीय संस्कृति और परम्परागत जीवन शैलियों का उन्मूलन, सामुदायिक चेतनाओं का विघटन, प्रवासी कामगारों का जीवन यापन, सनसनी और उत्तेजना से भरी बाजारू संस्कृति, वर्चस्ववादी शक्तियों का एक विराट प्रचार-तन्त्र व नेटवर्क, प्रतिरोध के यहाँ-वहाँ बिखरे हुए स्वरों को कुचल देने का एक भयावह दमन-चक्र, राजनीति में मूल्यहीनता, भ्रष्टाचार और तदर्थवाद द्वारा जाति, धर्म, भाषा, स्थानिकता व क्षेत्रीयता के संकीर्ण दायरों में विभक्त जन चेतना, पुनरुत्थानवाद और साम्प्रदायिक कट्टरता, माफिया और आतंकी गतिविधियों से घिरा दैनन्दिन जीवन, विस्मृति, सतही मनोरंजन, उपभोक्तावाद, प्रच्छन्न हिंसा, संवेदनहीनता और 'ऐलियनेशन' की एक अभूतपूर्व घेराबन्दी में कैद चेतना के धरातल। ये तमाम स्थितियाँ हैं जिनके सूत्र राजनीति, कारपोरेट अर्थ नीतियों, उत्पादन परिवेश, सामाजिक ताने-बाने, मनुष्य-सम्बन्धों के मनोविज्ञान, जीवन यापन की संस्कृति और मूल्य चेतना के दायरों से निकलते हैं और आपस में गुँथकर हमारे समय के एक नये जीवन अनुभव को रच रहे हैं। बहुत सूक्ष्म और जटिल स्तरों पर हमारी इस नयी सदी में द्रुतगामी और बहुआयामी परिवर्तनों की एक विराट प्रक्रिया चल रही है, लेकिन यह कहना मुश्किल है कि हम अपने समय की राजनीति, अर्थशास्त्र, सामाजिक संरचना, जातीय मनोविज्ञान, सांस्कृतिक जगत् और मानव शास्त्र की मूल बहसों से जुड़ते हुए अपने साहित्यिक विमर्शों या एस्थेटिक के दायरे में रचनाओं के आस्वाद, विवेचन, विश्लेषण के केन्द्रीय प्रतिमान, कोई बृहद परिप्रेक्ष्य या मूलगामी बहसें इन वर्षों में विकसित कर पाये हैं। शायद इसका एक कारण यह भी है कि हमारे सारे 'नरेटिव्स' खण्डित हैं। हमारे श्लाका पुरुषों की बौद्धिकता सिर्फ सभी चतुर प्रवचनों, मुँह देखी में किये निहायत फौरी व सन्दिग्ध किस्म के 'स्मार्ट फिकरों', स्थूल सामान्यीकरणों और सुविधानुसार पीढ़ियों के विभाजन के खेल में सिमटकर रह गयी हैं और नये

आलोचकों के पास इस बदलते दौर का कोई ठोस और मर्मभेदी परिप्रेक्ष्य अभी नहीं बन पाया है—वह सब जिसे हम सही अर्थों में इस नयी सदी का विमर्श कह सकें। हमारी अकादमिक हिन्दी आलोचना का दृश्य शायद कभी इतना विपन्न नहीं था।

जिस तरह के समय में आज रचनाकार अपना काम कर रहा है वहाँ सबसे बड़ी चुनौती शायद यह है कि वह एक दी हुई स्थूल तार्किकता से कैसे निपटे? एक ठस किस्म की सामाजिकता और कविता के बाहर बने हुए नैतिक प्रतिमानों के समक्ष कवि का अपना 'रचना स्पेस' लगातार सिकुड़ता गया है। जहाँ इसके विरुद्ध जागरूकता है, वहाँ उस रचना के बहाने हमारे अनुभव के इलाकों में आये परिवर्तनों पर गम्भीर चर्चा नहीं होती। एक उदाहरण यहाँ देना पर्याप्त होगा। वरिष्ठ कवि लीलाधर जगूड़ी का नया कविता संग्रह **'खबर का मुँह विज्ञापन से ढका है'** आया है जो मेरे अनुसार वास्तव में हमारे 21वीं सदी के अनुभव की एक ठोस पीठिका रखता है। मुक्तिबोध, नागार्जुन, रघुवीर सहाय की चिन्ताओं के बाद इस कवि ने किस तरह से एक नये समय में अपना 'रचना स्पेस' रचा है वह अलग से एक लम्बी चर्चा का विषय है। यहाँ केवल कुछ मोटी मोटी बातों की तरफ इशारा किया जा सकता है। उनकी इन कविताओं में हमारे इस भीषण समय की इतनी तरह की सूचनाएँ, तथ्य, संकेत और सन्दर्भ हैं कि सहज ही हम उन्हें कदाचित इस दौर का एक सबसे बड़े कैनवस वाला पर्यवेक्षी कवि कह सकते हैं। लेकिन महत्त्वपूर्ण यह नहीं है। महत्त्वपूर्ण है उनकी कारयित्री प्रतिभा, देशज तर्कबुद्धि और उसे चालित करनेवाली एक अदम्य ऊर्जा। जगूड़ी अपनी कविताओं में वस्तुजगत् की स्थूल परिस्थितियों और उनके संज्ञान में एक बुनियादी उलटफेर करते रहते हैं। वे एक तर्क को स्थापित करते ही हैं कि झट से दूसरे तर्क से उसे काटते चले जाते हैं, फिर तीसरा तर्क, फिर चौथा तर्क, कविता में इस तरह 'एब्सर्ड' की यह एक बहुत महत्त्वपूर्ण यात्रा बन जाती है। एक ऐसा भयावह समय हिसमें हमारे सारे वैचारिक वृतान्त और नरेटिव्स भंग और खण्डित हैं, यह रचनात्मक कीमियागिरी आलोचना से एक नयी सूझबूझ की माँग करती है। महत्त्वपूर्ण यह भी है कि कविता में यह सारी जिरह केवल मस्तिष्कीय नहीं है। एक कवि का जो काम होता है संवेगात्मकता, एन्द्रिक परिबोध, विरुद्धों का अप्रत्याशित सामंजस्य, खिलवाड़, कौतुक, विट, उक्ति-वैचित्र्य, कथन की एक अन्दरूनी लय, आभास और सांकेतिकता, गति की क्षिप्रता और ठहराव और कहे गये का एक अविराम उत्खनन—यह सब आपको यहाँ दिखायी देगा। ठेठ पत्रकारिता की सुर्खियों और तथ्यात्मक विवरणों को भी जगूड़ी एक सघन भाषा में लगभग जादुई और बहुआयामी बना देते हैं और समय के सबसे बड़े अन्तर्विरोध सहसा हमें घेर लेते हैं। ताकत की संस्कृति, विध्वंस और हत्या की राजनीति, रोजमर्रा का अपराध से भरा हुआ बेहद पेचीदा संसार, एक विकृत और अभिशप्त फिर भी अपनी तरह 'सर्वाइव' करता हुआ लोकजीवन—यह सब कितनी कितनी तरह से हर बार कवि

को अपनी रचना यात्रा पर निकलने को प्रेरित कर सकता है, वे पाठक को कहीं भी रुकने और स्थिर होने का मौका देना नहीं चाहते। इस तरह वे पाठक को एक 'चार्ज्ड' भाषा में अनुभव की एक दुर्निवार दुनिया दिखाना चाहते हैं। निश्चय ही वे हार्दिकता, करुणा, मर्मस्पर्शिता, एकान्त, अवसाद, वैयक्तिक अन्तरंगता, संक्षिप्तता, आदर्शवादिता और रोमांस के कवि नहीं हैं कई बार वे शब्द बहुल और वाचाल भी लगते हैं (उनके पिछले कुछ संग्रहों में यह बात बहुत अखरती भी थी) पर इस नये संग्रह में कविता के अन्तिम प्रभाव में वह सब उनकी कुछ दूसरी बड़ी खूबियों की ओट में चला जाता है... किस तरह उनका यह काम उन्हें हमारे समय का एक महत्त्वपूर्ण और विशिष्ट कवि बनाता है यह देखना महत्त्वपूर्ण है। इन कविताओं को पढ़ते हुए कहीं यह भी एहसास होता है कि एक कवि की भाषा इस सूचना समय में सारी जानकारियों के बोझ से आक्रान्त होने के बावजूद अन्ततः किसी मर्मभेदी सुकमारता, किसी आदिम इनोसेंस, किसी निरायसता, किसी तर्कातीत विकलता के उस अमूर्त स्पेस की खोज कर सकती है जहाँ हम खुद को बचाये रखना चाहते हैं। समय और कविता के रिश्तों के कितने सारे रंग हैं।

('सृजन सन्दर्भ' में प्रकाशित)

कविता के निहितार्थ और मेरा समकाल

आज लिखी जा रही कविता के निहितार्थ क्या हो सकते हैं? अब तो इस निहितार्थ पद से ही एक भय-सा लगता है। हमारे समय में इस 'निहितार्थ' या 'implied meaning' ने कुछ कम गज़ब ढा रखा है क्या? वह अर्थ जो पहले से निर्धारित हो, तयशुदा हो। अधिकांश तो ताकत की संस्कृति ने चीजों के केवल एकल अर्थ बना छोड़े हैं। रघुवीर सहाय ने कभी लिखा था 'दो अर्थों का भय' शीर्षक कविता में–

मैं सब जानता हूँ पर बोलता नहीं
मेरा डर मेरा सच एक आश्चर्य है
पुलिस के दिमाग में वह रहस्य रहने दो
वे मेरे शब्दों की ताक में बैठे हैं
जहाँ सुना नहीं उनका अर्थ गलत लिया
और मुझे मारा

और वर्चस्व की यह दुनिया चाहती है कि चीजों के केवल एक ही अर्थ हों। सारी चीजें 'मोनोलिथिक' हो जायें। और जब भी तुम्हारी बात का कोई अर्थ उनके दिए हुए या पूर्व निर्धारित अर्थ से अलग होगा, तुम्हें ख़त्म कर दिया जायेगा। बाज़ार सारी चीजों के अर्थ निर्धारित कर रहा है, जो चीजों पर 'प्राइस टैग' की तरह लटके हुए हैं। जूते खरीदने का अर्थ पाँवों की हिफ़ाज़त नहीं, फैशन की किसी लकदक दुनिया में प्रवेश करना है। कार का अर्थ यात्रा की सुगमता में नहीं उसके किसी नये मॉडल में बसा हुआ है। और यह मॉडल समाज में आपकी हैसियत से जुड़ा हुआ है। घर मे एक बढ़िया पेंटिंग या आर्ट-पीस आपके कला-प्रेम को नहीं, आपके आभिजात्य को दर्शाता है। जूते, कार और पेंटिंग की तरह कविता-कर्म के निहितार्थ भी बाज़ार तय करने लगा है। तो क्या आज कविता लिखने का अर्थ उसे एक 'कमोडिटी' बनाकर उसकी exchange value प्राप्त करना है? सफलता और वर्चस्व आपकी रचनाधर्मिता के अन्तिम मूल्य बन जा रहे हैं, जबकि एक कविता सदा से इन अर्थों में अपने अन्तर्निहित मूल्य को सँजोती रही है कि उसका घटित होना स्वयं में एक पुरस्कार है। वह अपने से बाहर किसी भी प्रतिफल से निरपेक्ष होकर रहना चाहती

रही है क्योंकि आपने उसे रचने के लिए अपना ऐसा बहुत कुछ दाँव पर लगा दिया है जिसकी कोई भरपाई नहीं। वही उसका प्रतिपक्ष है। लेकिन आज तो आप उसे रचते ही तुरन्त उसके प्रतिलाभ की मंशा से बाहर निकल पड़ते हैं। यह जैसे कि कुछ निवेश करने के बाद उसका सूद खाने की लिप्सा है। आप जैसे कि कृति के एक रचयिता नहीं, उसकी 'फंक्शनल वेल्यू' पाने को आतुर एक निवेशक हैं। पिछले दशकों से साहित्य की दुनिया में सफलता और वर्चस्व की इस मानसिकता ने क्या गुल नहीं खिलाये हैं? पुरस्कारों की उठा-पटक, चीख़-पुकार, ललकार, हुंकार और अन्यों की तुलना में स्वयं को श्रेष्ठ जतलाने की तमाम विदूषकाना हरकतों के किस्से अब रोज़ ही सुनने को मिलते रहते हैं। और विडम्बना यह कि पचास करोड़ के विशाल हिन्दी भाषी समाज में मुट्ठी भर लोग भी एक कवि को जानने, पढ़ने और सराहने वाले नहीं, पर कवियों की एक अत्यन्त छोटी-सी फुलवाड़ी के भीतर ही वह सारी उछल-कूद, मान-सम्मान, पद-पुरस्कार, शाल-दुशाले, मद और आत्म-मुग्धताएँ। कविता के एवज में हासिल वह सब कुछ जो कवि के भीतर एक विशेषाधिकार, पूर्ण स्थिति या किसी 'मोनोपोली कैपिटल' का भरम चरने लगे। मुक्तिबोध ने कभी इस स्थिति को अपनी समस्त अकुलाहट और भयातुरता के साथ देखा था—

तरक्की के गोल गोल
घुमावदार चक्करदार
ऊपर बढ़ते हुए जीने

वह एक अलग समय था। मुक्तिबोध बहुत बड़े कवि थे पर सफलता के सौदागर नहीं थे। इस तरह की कामनाओं, स्मार्टनेस और निजी उपलब्धियाँ हासिल करने के दाँव-पेंचों से उनकी पटरी कभी बैठ नहीं पायी। उनके जीवन काल में उनका कोई कविता-संग्रह तक नहीं छप पाया। "तेज दुपहर भूरी/सब ओर गरम धार-सा रेंगता चला/काल बाँका-तिरछा।" और जगत शंखधर न होते तो शायद शमशेर की आधी कविताएँ गुम हो चुकी होतीं। धूमिल ने आत्म-ग्लानि के न जाने किन क्षणों में यह लिखा होगा।—

बहसों में होता हूँ
रह-रहकर चहकता हूँ
लेकिन हर बार घर लौटकर
जूते से निकाले गये पाँव-सा महकता हूँ

लेकिन आज मेरे जैसे किसी भकुए का इठलाना तो देखिए जरा। पाठक मेरी कविता से कितना प्रभावित है, मुझे कुछ नहीं मालूम। पर कविता-संग्रह में छपे मेरे परिचय को देखकर वह डर ज़रूर जाता है। मेरे तमाम पुरस्कार, तमाम वज़ीफ़े, तमाम फ़ेलोशिप, तमाम अनुवाद, मेरी तमाम विदेश यात्राओं के विवरण, मेरी सफलताओं

के तमाम तमाम ब्यौरे इस तरह मेरे कविता संग्रह के ब्लर्ब पर दमकते हैं मानो मैं कविता के किसी आई.पी.एल. टूर्नामेंट में शामिल होने उचक-उचक कर अपनी बोली लगवा रहा हूँ। ये मेरे कविता-कर्म का एक खास निहितार्थ रच रहे हैं कि मैं किस हद तक इस ताकत की संस्कृति का एक अभिन्न अंग हूँ। और वह गरीब पाठक? उसने तो बिना पढ़े ही मुझे महान मान लिया है। यानी कवि-चिन्तक-पत्रकार- बुद्धि जीवी आज डोमाजी उस्ताद के जुलूस में रात के अँधेरे में गुपचुप शामिल नहीं हैं, वे डोमाजी उस्ताद के दिये अर्थों को दिन दहाड़े प्रतिपादित करते घूम रहे हैं।

ताकत की इसी संस्कृति के बारे में रघुवीर सहाय की लिखी पंक्तियाँ याद आती हैं–

जिनसे डर था उससे दोस्ती कर ली है
लोग देखते हैं कि कितना सुरक्षित है
और सड़क पर एक हथियार बन्द के हाथों लुटते हुए
मुँह से आवाज़ नहीं निकलती
क्योंकि वह कह चुका है कि कोई सुनेगा नहीं

तीन दशक पहले रघुवीर सहाय ने जब कहा कि एक नयी भाषा की दरकार होगी तो वे प्रकारान्तर से ताकत के समक्ष प्रतिरोध की एक नयी भाषा पर ज़ोर दे रहे थे। भाषा का यह संकट संस्कृति का संकट था और अब तो वह एक प्रकार से जीने मात्र का संकट बन चुका है।

कमोडिटी कल्चर, एलियनेशन, विस्थापन और वर्चस्व की स्थितियाँ आज किसी भी ज़िन्दा एहसास को लगभग खदेड़ ही दे रही हैं। ऐसे में जब रचनाकार चारों तरफ़ से घिर गया है, तब भक्ति काल के कवि की वह आत्म-ग्लानि जैसे किसी बिजली की कौंध की तरह दमकती है–'मों सम कौन कुटिल खल कामी।' उनकी दीनता और विनयशीलता क्या सिर्फ़ एक दिखावटी काव्य-मुद्रा थी? या वह ताकत की दुनिया के सामने खड़े रहने का एक निर्मम आत्म-साक्षात्कार भी था। भक्ति-काल के सूर से लेकर आधुनिक युग के सार्त्र तक कितने रचनाकारों ने इसी एक मुद्दे को अपने-अपने तरीके से रखा है। ज्यां पाल सार्त्र 'पर्पज़ आर्फ़ राइटिंग' में कहते हैं "हर रचयिता को इस स्थिति का सामना करना पड़ता है जब घनी रात के जबड़ों से उसे अपने जीवन को खींच निकालना होता है"। एक खाली पृष्ठ को अपने शब्दों में रंगते हुए कवि किसी आने वाले अनिश्चय से और अधिक घिरा होता है। उसे इसी रिक्तता के बीच से दोबारा दोबारा अपने को रचना होता है। तो क्या कविता का निहितार्थ सबसे पहले अपने को मनुष्य कहलाने के किसी आत्मबल का रेखांकन है? आत्मबल जो हमारी तमाम भौतिक और आन्तरिक घेराबन्दियों, पस्ती और अन्तर्विरोधों से एक निर्मम सामना है। वहीं से शायद कोई राहत निकलती है।

यह शायद एक पुरानी-सी बात लगती हो कि कविता का प्रतिपक्ष मनुष्य की गरिमा, नैतिक साहस, स्मृति, स्वप्न, प्रेम, रागात्मकता, ललक, उछाह और जीवन्तता का प्रतिपक्ष है, लेकिन पहले के किसी भी दौर की बनिबस्त आज कविता की यह राह एक ज़्यादा कठिन प्रेम, एक ज़्यादा दुर्निवार स्वप्न, एक ज़्यादा भरभरायी स्मृति, एक ज़्यादा कड़ियल संशय, एक ज़्यादा भीतरी भय, एक ज़्यादा उद्विग्नता और एक ज़्यादा गहरे नैतिक सरोकार से होकर गुज़र रही है क्योंकि रैशनेलिटी, सन्देह, आत्म-निर्णय और उद्दातताओं को हमारी आत्म-तुष्टियों और सफलताओं के रेडीमेड प्रतिमानों ने देश निकाला दे दिया है।

एक रचनाकार को दूसरों को नहीं, शायद सबसे ज़्यादा अपने आप को याद दिलाते रहना पड़ता है कि रचना का आत्मिक इलाका हमारे चारों ओर की यान्त्रिक प्रतिक्रियाओं, विधिओं, सूचनाओं, तकनीकों, सनसनी और तदर्थवाद का प्रतिपक्ष है।

इसी वर्चस्व की संस्कृति के बीच कभी अग्रज कवि मुक्तिबोध के मन में यह विकल सवाल उठा होगा कि "दिल्ली जाऊँ या उज्जैन?" यह हमारे समय का एक मैटाफर बन गया है।

हर सार्थक कवि के अपने छोटे छोटे 'उज्जैन' हैं जिन्हें वह हर कीमत पर बचा रखना चाहता है। 'दिल्ली' जो तुम्हारे शब्दों को तयशुदा अर्थ देना चाहती है; जहाँ मद और विस्मृतियों की एक केन्द्रपरकता है; जहाँ सीकरी के गलियारों में आते-जाते पनही टूट जाती है, हरिनाम बिसर जाता है; तुम भीतर से खंख होते जाते हो; जहाँ तुम्हारी आत्म-रतियों के छोटे-छोटे तलघर बन जाते हैं, जिनसे तुम्हारे टुच्चे अहंकार के दुर्बल घोड़े तुम्हारे अवश्वमेध अभियान पर जब तक छूट निकलते हैं और तुरन्त किसी शक्ति-केन्द्र के अस्तबल में घुसकर हाँफने लगते हैं। 'दिल्ली' हमारे बाहर ही नहीं हमारे भीतर भी फैली होती है। यह आकस्मिक नहीं कि इधर साहित्य में केन्द्रपरकता के इस निहायत खोखले अहंकार के विरुद्ध लगातार आवाज़ें उठी हैं और रचनाओं में दिल्ली का मिथक बार बार आया है—कभी ठोस भौतिक सच्चाइयों के विडम्बनात्मक विवरणों में, कभी स्मृतियों में दबे भग्नावेशों में और कभी अन्धड़ के बीच खड़े रहने की किसी जगह की खोज में।

यदि दुनिया को बदल लेने के महान स्वप्न आज लहुलुहान हैं। पूँजी का अबाधित कारोबार और टेक्नोलॉजी का विकास कुछ खास वर्चस्ववादी शक्तियों के हाथ में है, और यदि वे एक खास तरह का विश्व-व्यापी विमर्श रच रही हैं तो एक कवि की मुश्किल यह है कि वह इन तमाम अवधारणाओं को ज्यों का त्यों उठाकर अपनी कविताओं में पिरो नहीं सकता। 'थ्योरी' में बार-बार दोहरायी जाती ये भारी-भरकम अवधारणाएँ जब बिना अपने केंचुआ उतारे कविताओं में उतरती हैं तो वे लगभग 'क्लीशों' में बदल गयी होती हैं। आज एक कवि की दिक्कत यह है कि उसके

होने और रचने के बीच के अन्तराल ज़्यादा भयावह हैं। युवा कवि आशुतोष दुबे ने अपने नये संग्रह 'यक़ीन की आयतें' की पहली ही कविता में लिखा है–

एक खेल होगा
हमेशा होने और कहने में
जिसमें होना छुपने की कोशिश करेगा
कहना उसे ढूँढ़ने की

अपनी एक दूसरी कविता में वे कहते हैं–

यह कविता
एक लापता वाक्य का घर बन जाना चाहती है

यह कैसा तनाव है आज एक एकदम नये कवि के यहाँ वस्तुओं के मानक और बहुविध, एब्सोल्यूट और सापेक्ष अर्थों के बीच? कोई नहीं कहता कि हमें आज दुनिया की जानकारी नहीं है। जानकारियों और सूचनाओं का तो एक जंगल ही हमारे चारों तरफ़ फैला हुआ है। लेकिन आत्मिक स्तर पर इन जानकारियों और सूचनाओं का कोई संसार हमारे लिए नहीं बन पाता। हम दुनिया भर में पल पल घटते की जानकारी रखते हैं पर चीजों से हमारी आत्मिक रिश्ते नहीं बन पाते। चीजों को देखकर गहरे आहत होने, ताज्जुब करने, उबल पड़ने, आह्लादित होने का हमारा 'स्पेस' किस कदर सिकुड़ता जा रहा है। रचनाकार का सच क्या होता है? हेनरी जेम्स ने 20वीं सदी की शुरूआत में कहा था कि रचनाकार का सच वह है कि जिसे न जानना वह गवारा नहीं कर सकता। लेकिन 21वीं सदी के इन वर्षों में हमारा सबसे बड़ा सच यह है कि हम जानते हैं कि कोई और मार दिया गया, कोई और यातना से गुजर रहा है पर हम तो सुरक्षित हैं। हमें अमानवीयता की तफ़सीलें वे लोग देते हैं जो त्रासदियों के बाद बचे रह जाते हैं। लेकिन उनसे हमारे सम्बन्धों का फ्रेम-वर्क कुछ बिचौलिये तय करते हैं। वे तय करते हैं कि हम कैसे और किन चीजों को देखें, कितना और कहाँ तक देखें। ये ताकतें हमारी प्रतिक्रियाओं तक को पहले से निर्धारित कर देती हैं। हम उन खाँचों के बाहर जा ही नहीं पाते। अक्सर तो हम सब कुछ देखते हैं और 'मूव' नहीं होते। देखने और महसूस करने के बीच की यह दूरी धीरे-धीरे हमारे सिस्टम में चली आ रही है। रोम जल रहा था और नीरो बाँसुरी बजा रहा था। नीरो की बंसी-वादन जलते हुए रोम से निरपेक्ष था। आज ज़्यादा भयावह त्रासदी यह है कि जलते हुए रोम को मैं दिखाना चाहता हूँ और यह दिखाना मेरा एक 'पेशा' हो गया है। मैं एक जगह अग्निकाण्ड पर कविता लिखता हूँ और दूसरी जगह पेट्रोल या दियासलाई का विज्ञापन करता हूँ।

अभी कुछ वर्ष पहले मेरे शहर में आतंकवादी हमले की एक बहुत बड़ी घटना घटी थी। ऐसे समय में जब बिना सूचना माध्यमों के कोई सच जाना ही नहीं जा

सकता तब उस तरह से हम तक आया वह सच कितना अपर्याप्त हैं यह एक विडम्बना नहीं तो क्या है कि एक ओर हम पूरी तरह इन माध्यमों पर निर्भर हैं और दूसरी ओर जब त्रासदी 'स्पेक्टेकुलर' हो तो इन माध्यमों में उसे दिखाने की सनसनी बाकी सारे मानवीय भावों पर भारी पड़ जाती है। अधिकांश ख़बरिया चैनलों के लिए यह एक रोमांच था, उन्माद था। क्लेश के वृतान्तों को परोसने की एक स्पर्धा-सी मची हुई थी। क्या यह हमारे समय की एक भयावह वास्तविकता नहीं कि सारी विराट त्रासदियाँ अपना मूल अर्थ खोकर सम्मोहक नाटकीय विवरणों में रूपान्तरित हो जाती हैं? उसमें से तकलीफ़ और सनसनी के एक मिश्रित 'उप-उत्पाद' या 'बादू-प्रोडक्ट' को 'क्रिएट' कर उसकी मार्केटिंग की जाने लगती है। कार्य-कुशलता, समयबद्धता, आक्रामकता, नियोजित उद्देश्य के लिए स्रोत सामग्री का दोहन, परिणामोन्मुखता, आकर्षक पैकेजिंग, बिक्री, दावेदारी और प्रतिलाभ—यही तो हमारे समय का क्लेश और द्वन्द्व रहित प्रबन्ध-विज्ञान है।

जो लोग सचमुच जानते हैं कि यह व्यवस्था बिगड़ रही है
वे उन लोगों के शोर में छिप जाते हैं
जो इस व्यवस्था को और अधिक बिगाड़ते रहना चाहते हैं
क्योंकि उसी में उनका हित है।

(रघुवीर सहाय)

घटनाओं की भयावहता और उनके पैमाने को दिखाने का यह उन्माद अन्ततः लगभग उसी बर्बर संस्कृति का एक हिस्सा बन जाता है जिसका विरोध किया जाता है। दूसरे की विपदा और अपने निर्वैयक्तिक कौतूहल के इन सम्बन्धों पर इधर एक नया पद सुनने को मिला है—'टैरर ट्रिप'। प्रसिद्ध विचारक ज्यां बोद्रीला ने लिखा है कि 11 सितम्बर को न्यूयार्क में जब वर्ल्ड ट्रेड सेंटर की इमारतों को गिरते हुए विश्व के ज़्यादातर लोगों ने अपने टेलिविजन सेटों पर देखा तो यह उनके लिए किसी हालीवुड फ़िल्म से लिए गये दृश्य की तरह था। मूल अर्थ खो गया था, एक भव्य नाटकीयता बची रह गयी थी। हमारे समय में घटित के निरी जानकारी से भरे सनसनीपूर्ण वृत्तान्त और कविता के आत्मिक सच के बीच का फ़ासला शायद यहीं से शुरू होता है।

मुम्बई के आतंकवादी हमले में मेरे लिए कविता उस फोटोग्राफ़ में थी जहाँ वीटी स्टेशन के रेलवे प्लेटफार्म पर खून से सने फर्श और यात्रियों के बिखरे हुए सामानों के बीच से एक अशक्त और लाचार बूढ़ा एक पुलिस वाले का हाथ थामे धीरे-धीरे अपना रास्ता बना रहा था। यह बचे रहने की इच्छा और उसमें लिथड़ा उसका अन्तर्मन सारे हड़कम्प और शोर-गुल के बीच शोक का एक अनचीन्हा कोना और वहाँ मौजूद असमाप्त जिजीविषा। यह व्यक्ति जो न पूरी तरह इतिहास की

किसी घटना में है, न सामाजिक सम्बन्धों के किसी सरलीकृत ताने-बाने में और न पूरी तरह अपने भीतर की किसी एकान्त अधिभौतिकता में। हर धरातल जो वहाँ शायद एक दूसरे से अन्तर्ग्रन्थित हो रहा होगा, यही वह स्पेस है जो आज कविता के लिए चुनौती है। यहीं उसका निहितार्थ रचित होगा।

मौजूदा समय में हमारी यह दुनिया अब पहले के समयों की तरह सरल रैखिक (यूनीलिनियर) और एकान्तिक रूप से तर्कपूर्ण नहीं रही है। तन्त्र की ताकत इस बीच इतनी बढ़ चुकी है कि वह परस्पर द्वन्द्वरत शक्तियों का एक 'कोलाज' रच उन्हें अपने भीतर एप्रोप्रिएट कर लेता है।

इस परिदृश्य में ज़रूरी है कि हम अनुभव के उन धरातलों और रूपाकारों की बात करें जिन्हें एक रचनाकार के रूप में हम कई बार समझते हैं और कई बार कतई नहीं समझ पा रहे होते। जीवन की पेचीदगियाँ, अनुभवों और रचना निर्मिति के बीच बैठे वे अन्तराल जो हमें एक रचनाकार के रूप में कई बार हताश और पराजित भी करते हैं लेकिन फिर फिर एक चुम्बक की तरह अपनी ओर खींचते भी हैं। वे अन्तराल जो हमारे सचेत बुद्धि व्यापार और हमारे ब्लाइण्ड-स्पाट के रिश्तों को गढ़ते हैं। हमारी भाषा के उस असाधारण कवि मुक्तिबोध ने इन्हें 'कण्डीशण्ड रिफ्लेक्स' कहा था। जब हम इन्हें जानने लगते हैं तो अभिव्यक्ति के खतरे भी उठाना चाहते हैं, बने बनाये मठ और गढ़ भी तोड़ना चाहते हैं। क्या कोई इस बात से इनकार कर सकता है कि एक समय कविता में जो कुछ नया और युक्तिपूर्ण लगता है वह आज कितनी जल्दी एक रूढ़ि में बदल जाता है। अभिव्यक्ति के तनाव एक जगह पड़े रह जाते हैं, सिर्फ़ भाषा और शिल्प के ढाँचे दोहराये जाने लगते हैं। हम देखते हैं कि इस बाज़ार समय में एक सफल कवि के ढ़ेर सारे 'क्लोन' कितनी जल्दी तैयार हो जाते हैं। शायद इसीलिए रचनाकार के मनःताप, बेकली, अनिश्चितताएँ, उलझनें, परेशानियों, तनावों और इन सबके बीच छोटी छोटी नामालूम खुशियों की बात मूल बात है। हम जानते हैं कि एक कठिन समय में मौलिक विफलता भी आत्म-तुष्ट किस्म की फ़र्जी सफलताओं से कहीं ज़्यादा मूल्यवान हैं। आज एक सच्ची और खरी कविता तमाम अवधारणाओं और शिल्प के चालू नुस्खों को अपर्याप्त बनाती हुई हर बार मानवीय अनुभव के किसी सारतत्त्व को फिर से खोजना चाहती है। उसका प्रयास महत्त्वपूर्ण है, उसकी सफलता नहीं। वह एक आरोपित समग्रता के बीच मनुष्य मन के दबे-ढके कोनों और अन्तरालों में छिपे राग को रचना चाहती है। धूमिल के शब्दों में—

लो यह रहा तुम्हारा चेहरा
यह जुलूस के पीछे गिर पड़ा था

वर्चस्ववादी समग्रता के खिलाफ़ कवि का इस तरह का दखल, इस तरह का

विखण्डन एक निषेधात्मक ऊर्जा है, जिसे एडोर्नो ने कला की 'नेगेटिव डाइलेक्टिस' कहा है। यह अकारण नहीं कि पिछले कुछ वर्षों में इस तरह की कविताएँ लिखी गयी हैं जो काव्य कर्म की दुश्वारियों का हवाला देती हैं—

एक और ही युग होगा
जिसमें ताकत ही ताकत होगी
और चीख़ न होगी

मुक्तिबोध से रघुवीर सहाय और युवा कवि आशुतोष दुबे और उन जैसे अनेक युवा कवियों तक की कविताओं से बना यह मेरा समकाल है। यही मेरी समकालीनता है। इससे अलग कुछ नहीं। इस समकालीनता के अलग-अलग रंग हैं, अलग-अलग शेड्स हैं। कहीं वह विडम्बनाओं का खेल है या सपाटबयानी में रखा गया एक भावोद्रेक भरा तर्क तो कहीं आस्था का गान और प्रार्थनाओं की पवित्रता में रंगा एक समर्पण। कहीं वह अवचेतन है, क्षतिपूर्ति है, जादू-टोना बन जाने का ख़्वाब है, संग-साथ, अप्रत्याशित हाथ आयी खुशी और मन का उछाह है तो कहीं एक अपराध बोध, आत्म-ग्लानि, विभक्त मन और दारुण अकेलापन, समकालीन दुनिया के अनुभव में अमानवीयता, हिंसा, परपीड़न, सन्ताप, कायरता, मिथ्याभिमान, विस्मृति, दुःस्वप्न किस तरह नैतिक ऊर्जा, स्फूर्ति, जीवट, रोमान और खिलन्दड़ेपन के अगल बगल बैठे हैं। इनकी सूची बनाने बैठो तो वह बहुत लम्बी हो जायेगी। हमारी सबसे महत्त्वपूर्ण कविताएँ वे हैं जिनमें भय, दुःश्चिन्ताओं और पराजय के सन्दर्भ हैं तो उन्हीं के बीच विद्रोह, जिजीविषा, करुणा, प्रेम, उत्ताप और डटे रहने का सच भी उजागर हुआ है। यथार्थ की ऐसी बहुस्तरीयता के कारण हम बार-बार उन कविताओं की ओर लौटना चाहते हैं।

कविता का निहितार्थ शायद आज यह भी है अत्याचार, शोषण और नृशंसता का शिकार लोगों के प्रति एक निष्क्रिय करुणा से बचा जाये। कला-कर्म में वह नैतिक विकलता ज़्यादा बड़ी चीज है जो करुणा को दया में परिणत हो जाने से रोकती है। हमारे समय की कविताओं में मनुष्यों की विशेषीकृत संज्ञाएँ नहीं हैं, बल्कि उनके 'प्रोटोटाइप' हैं जो खास स्थितियों और प्रसंगों के बीच से उभरते हैं और आदमी की स्वतन्त्रता, गरिमा और संवेदनशीलता को बचाये रखने की एक हिमकत का हवाला देते हैं। वे सत्ता-तंत्र की संस्कृति के उन रूपों की खोज करते दिखायी देते हैं जिनकी और साधारणतया हमारा ध्यान नहीं जाता। आज रचना कर्म ही जैसे चीजों को जानने और समझने के बाहर से आरोपित अर्थों और तथाकथित 'कामनसेंस' के भीतर छिपी हिंसा की खोज है।

राजेश जोशी की एक चर्चित कविता है—**'बच्चे काम पर जा रहे हैं'**। ऊपरी तौर पर यह एक सरल करुणा की कविता लगती है कि कोहरे की ढकी सड़क पर

बच्चों को आखिर सुबह सुबह काम पर जाना पड़ रहा है। इस तरह कविता में एक औसत कवि अपनी रोमानी ताकत का इस्तेमाल दृश्य विस्तार और अपनी भावुकता को फैलाते जाने पर खर्च करेगा पर यहाँ कवि एक सर्व स्वीकृत और सामान्य मान ली गयी स्थिति को अपनी पूरी ताकत से ध्वस्त कर देना चाहता है। वह एक क्रूर स्थिति को सामान्य स्थिति मान लेने वाली दृष्टि के विरुद्ध सवाल खड़ा करता है कि आखिर क्यों हमारे समय में अन्याय इतना सहज स्वीकार्य हो चला है? क्यों, आखिर क्यों? सवालों की यह तेज लय, आवेगधर्मी लय हमारे अवचेतन में हमेशा उन स्मृतियों को झकझोरती है जिसमें दुनियाबी सरल कार्य-कारण तर्क व्यापार से परे ही एक बुनियादी मनुष्यता का संस्कार बसा होता है लेकिन जो अन्ततः अन्यायपूर्ण स्थितियों की गिरफ्त में चला जाता है। दरअसल ऐसी कोई कविता हमारे उस संकट के मूल में जाती है जब इस कदर अमानवीय स्थितियाँ हैं तो हम क्योंकर इतने शान्त, व्यवस्थित और द्वन्द्व रहित हैं? यह कविता जहाँ ख़त्म होती है वहीं से उसके अर्थ दोबारा शुरू होते हैं।

समकाल के तो कितने ही सारे आयाम हैं। इस संक्षिप्त-सी टिप्पणी को युवा कवयित्री नीलेश रघुवंशी के हाल में प्रकाशित हुए कविता-संग्रह 'अन्तिम पंक्ति में' की एक कविता **'पागल समय'** के हवाले से समेटना उचित होगा, कभी इलियट ने कहा था कि एक नयी महत्वपूर्ण रचना अपने से पहले की रचनाओं के अर्थों को बदल डालती है। आज से पच्चीस साल पहले रघुवीर सहाय की एक कविता 'पागल औरत' पढ़ी थी जिसमें सड़क पर खड़ी एक पागल औरत का सरसरी तौर पर ज़िक्र था। बाद में राजेश जोशी ने एक कविता लिखी 'आठ लफ़ंगों और एक पागल औरत का गीत'। और भी कुछ कवियों ने इस विषय पर कुछ कविताएँ लिखी हैं। इन पंक्तियों के लेखक ने भी इस विषय पर कुछ कविताएँ लिखी हैं। रघुवीर सहाय की उस कविता में सड़क पर तेज रफ्तार से भागती मोटर की खिड़की से महज पल भर के लिए एक पागल औरत दिखायी देती है और ओझल हो जाती है। राजेश जोशी की कविता में शहर भर में भटकती एक पागल स्त्री की स्थिति लगभग एक जादुई यथार्थवाद तक पहुँच गयी है। लेकिन नीलेश ने तो अपनी इस कविता में उन तमाम पागल स्त्रियों को एक जगह लाकर उनका जमघट लगा दिया है। अब ऐसी कविता का शीर्षक 'पागल औरत' नहीं 'पागल समय' ही हो सकता है। वे तमाम औरतें जो तरह तरह की यातनाओं के बीच अब भी ज़िन्दा हैं पर सभ्य समाज ने उनके लिए एक वर्गीकरण खोज लिया है कि वे 'पागल' हैं। ये औरतें यदा-कदा अज़ूबों की तरह दिखती औरतें नहीं, वे हमारे बहुत नज़दीक हैं। हमारे गली, मोहल्लों में पिछवाड़े ही उनके बसेरे हैं। वे हम सब के बीच हैं और निर्वासित हैं। वे हमारे इतने करीब बसी हुई हैं कि हमें उनके होने का एहसास तक नहीं

होता। इन 'पागल' कही जाने वाली स्त्रियों की अलग-अलग कहानियाँ और किस्से हैं लेकिन हर जगह उनका वर्तमान लगभग एक चिथड़ा है, जिसके छोटे-छोटे छिद्रों से उनके अलग-अलग अतीत झाँक रहे हैं। उनके वजूद के अपने अपने तलघर हैं, जिनमें हम अपनी ताकत की संस्कृति के खौफ़नाक चेहरों को देख सकते हैं। इस कविता में तमाम पागल औरतों को लेकर बुना गया यह कैसा समय है, जिसमें बीत गया कल और मौजूदा आज, मूर्च्छा और स्मृति, चेतन और अवचेतन, क्रोध और बेबसी तथा उनकी चलती हुई साँसों का सिलसिला एक वाक्य नहीं, एक निर्जन और अनन्त समय का पठार है। वह सब कुछ जिसे हमने पहचानना बन्द कर दिया है। हमारे रोज-मर्रा में जो सब कुछ इतना सहज और सामान्य मान लिया गया है, लेकिन उसके पीछे कुछ गुम भी नहीं होता। ताकत की संस्कृति 'पागल' उसे कहती है, जिसके भीतर कोई स्मृति नहीं है। जबकि कला ठीक इसके विपरीत यह बताती है कि इस व्यक्ति पर अपनी स्मृति का बोझ इतना ज़्यादा है कि उसने उसके वर्तमान को आक्रान्त कर दिया है। हर 'पागल' कहा जाने वाला व्यक्ति बाहर से लादी गयी चौहद्दियों और वर्गीकरणों को ध्वस्त कर देता है, उसका एक निरन्तर और अबाधित समय है। वह भूतहा समय हमारे कामन सेंस पर हमेशा एक दुःस्वप्न की तरह मँडराता रहता है... हमारा वह कामन-सेंस जिसमें एक पूरी सभ्यता की बर्बरता छिपी रहती है। कविता को इसी कामन-सेंस पर हमला बोलना होता है। इसके लिए हर बार वह अपनी भाषा खोजती हैं। प्रख्यात विचारक लुडविग विटगेंस्टाइन ने कहा था कि 'to imagine a language means to imagine a form of life' और इसी के आगे वे कहते हैं कि "सिर्फ़ जो उम्मीद करते हैं वे ही अपनी भाषा का इस्तेमाल करते हैं।" आज यही एक कविता का अभिप्रेत हो सकता है।

पिछली पीढ़ी के अनेक वरिष्ठ कवियों से लेकर आज के युवतम कवि तक की कविता में यह समय के एहसासों की यात्रा है, जिसे एक नये सिरे से खोजना होगा।

('अकार'–27 में प्रकाशित)

यथार्थ की समकालीनता : कविता की समकालीनता

कुछ वर्ष पहले न्यूयार्क में स्टेच्यू ऑफ लिबर्टी देखते हुए एक बात दिलचस्प लगी थी कि इस विशाल मूर्ति के पीछे एक लिफ्ट है जो ठीक उस मूर्ति के नीचे है और मूर्ति के भीतर काफी ऊँचाई तक लोगों को ले जाती है। यह प्रतिमा स्वतन्त्रता का एक मिथक रचती है और लिफ्ट आधुनिक टेक्नोलॉजी की ताकत का एक तर्क। टेक्नोलॉजी इस तरह स्वतन्त्रता के इस मिथक की पवित्रता और स्वायत्तता को भीतर जाकर भेद देती है। टेक्नोलॉजी के इस उद्यम में वर्चस्व की एक आकांक्षा छिपी हुई है। टेक्नोलॉजी के इस तरह के प्रादुर्भाव ने हमारे समय में कविता के लिए भी एक खास तरह के संकट को जन्म दिया है। कविता अपने रूपक से मनुष्य के बोध और चीजों के साथ उसके सम्बन्धों को रूपान्तरित करती है, टेक्नोलॉजी का उद्देश्य चीजों को ही रूपान्तरित कर देना है।

हमारे समय के एक बड़े विचारक मार्टिन हाइडेगर का कहना था कि टेक्नोलॉजी मनुष्य और चीजों के बीच के तमाम सम्बन्धों का सबसे बड़ा नकार है। टेक्नोलॉजी के इस गुणधर्म को एक स्वायत्त चीज मानकर चलना उचित है या नहीं इस पर बहस हो सकती है, लेकिन इस बात से भला कौन इनकार करेगा कि कविता ने हमेशा से मनुष्य की नियति के स्वीकार या उससे मुठभेड़ में किसी चीज का रहस्योद्घाटन करना चाहा है। कविता अपनी इस कोशिश में बाहर के किसी भी निज़ाम, किसी भी व्यवस्था के सामने अपना एक प्रति-संसार रचती है जबकि उन्नत टेक्नोलॉजी के हमारे इस युग में जो भी चीज उपस्थित है वह बाहर के किसी सूत्र से नियन्त्रित है, किसी व्यापक कैलकुलेशन का एक अंग बन गयी है।

किसी भी युग की समकालीनता को हम उस युग के संकटों को परिभाषित करते हुए ही समझ सकते हैं। आज जिस समय में और धरती के जिस भू-भाग में हम कविता लिख रहे हैं, वह युग ऐसा नहीं है कि कविता लिखने की वजह से किसी कवि पर राज्य-व्यवस्था की सेंसरशिप लग रही हो, उसका उत्पीड़न या नजरबन्दी हो रही हो। कवियों को अपनी रचनाओं के कारण ऑश्तुवित्ज या साइबेरिया के यातना शिविरों में अपने दिन गुजारने नहीं पड़ रहे हैं। हमने वह दौर नहीं देखा है जब

एक तानाशाह की मूँछों पर कविता लिखने के कारण निरंकुशता के बूटों के नीचे कवि के जीवन और कृतित्व को रौंद दिया गया। वह एक बीता हुआ युग लगता है। लेकिन नकारात्मक रूप से ही सही, वह कविता की ताकत को भी प्रमाणित करता था। यह अभी कुछ दशक पहले की ही तो बात थी जब इन स्थितियों ने संसार के कुछ हिस्सों में कवि और कविता के पूरे परिप्रेक्ष्य को बदल डाला था। विनाश के खँडहरों के बीच बचा रह गया कवि कहता था, "सभ्यता, संस्कृति, मनुष्यता, कविता सभी कुछ मर चुके हैं और फिर वे जीवित हैं। मृत्यु के परे देखने के इस विचार के बिना किसी कवि का काम चलता नहीं। कविता को एक नया जन्म लेने के पहले मरना होता है। यदि आप ऐसी कविता नहीं रचते जो मानवीय अस्तित्व की किसी नयी जटिलता को व्यक्त करती है तो आपका लिखने का पूरा प्रयत्न व्यर्थ है।" मैं समझता हूँ कि समकालीनता की यह एक बहुत अर्थपूर्ण अभिव्यक्ति है।

कविता हमेशा किसी निरंकुशता और वर्चस्व के खिलाफ होने के लिए बाध्य है। और यह भी क्या कम दिलचस्प है कि निरंकुशताओं ने अनजाने ही उत्पीड़न के द्वारा कवि को एक असाधारण व्यक्तित्व भी दे दिया है। लेकिन आज हम जिस युग में कविता लिख रहे हैं, उस युग में शक्ति-तन्त्र की शक्लें बदल गयी हैं। निरंकुशताओं को आज रचनाकार की ज्यादा चिन्ता नहीं है। व्यापक समाज में विराट जनसमूहों के मनोजगत् का सांस्कृतिक स्तर पर नियन्त्रण किया जा रहा है। उनके सोच और संवेदना के रूपाकारों का योजनाबद्ध तरीकों से अनुकूलन किया जा रहा है। एडोर्नो के शब्दों में, "यह एक ऐसा युग है जब तमाम तरह की लोकप्रिय सांस्कृतिक गतिविधियाँ पूँजी और शक्ति के केन्द्रों के एकाधिकारवादी वर्चस्व के लिए रास्ता साफ करने में लगी हुई हैं। सारे जनसंचार माध्यम एक ऐसी व्यवस्था को बनाने के काम में लगे हुए हैं जो हमें सार्वभौमिक लगती हो, जिसका इकहरा अर्थ हो, जो सम्पूर्ण और खुशहाल प्रतीत होती हो।" टेक्नोलॉजी पूँजी के इस खेल में उसकी सहचर है। पिछले एक-डेढ़ दशक में पूँजी, टेक्नोलॉजी और बाजार ने मिलकर व्यापक जनसमाज में छलावे और प्रपंच की भूमिका इस हद तक तैयार कर दी है कि आज इसी से लड़ते-झगड़ते हमारा समकालीन अनुभव बन रहा है। इसकी पेचीदगियाँ अलग तरह की हैं। इस टेक्नोलॉजी में नवयुग के विज्ञान का भविष्यवाद नहीं, केवल मुनाफा है। समय का वह 'स्पेस' जिसके भीतर हमारा इतिहासबोध संचित होता रहा है, हमारी संवेदनाएँ रूपाकार लेती रही हैं, जिसमें ठहरने, विचरने की आजादी थी, टेक्नोलॉजी ने समय के उस महत्त्व को ही नकार दिया है। टेक्नोलॉजी का मूल स्वभाव परिवर्तन और गति की तीव्रता का है, लेकिन उसका कोई लक्ष्य नहीं। इस तरह वह किसी भी सारतत्त्व का निषेध करती है। वह सिर्फ छवियों को गढ़ती है और ढहाती है। आज जो छवि गढ़ी गयी है वह कल नष्ट हो जाने के

लिए अभिशप्त है। सारी छवियाँ क्षणभंगुर हैं। इस तरह टेक्नोलॉजी किसी भी दिये हुए अर्थ को नष्ट करती जाती है और एक निहिलिज़्म को रचती है। टेक्नोलॉजी के इस युग में हमने जाना कि अब परिवर्तन का अर्थ प्रगति नहीं है। निरंकुशताएँ और वर्चस्व की रणनीतियाँ पहले के युगों में भी थीं, लेकिन इस तरह नहीं कि वे दिखायी देनी ही बन्द हो जाएँ। इस तरह नहीं कि वे आदमी के भीतर घुसकर अपना काम करने लगें। तमाम तरह के विभेद, अन्तराल, स्वायत्तताएँ, स्थानिकताएँ, परम्पराएँ और स्मृतियाँ सभी कुछ तो मिटता जा रहा है। विस्थापन के इस समय में हम क्या बचाना चाहते हैं? किसी के भीतर शेष रह गयी किसी कोमलता को? किसी अनकहे, अनसुने स्वर को? किसी जातीय परम्परा को? एकान्त कोनों और किन्हीं अक्षुण्ण मान लिए गये स्रोतों को? धरती को? आकाश को? पहाड़ों को? वनस्पतियों को? पर्यावरण को? मिथकों और परम्पराओं की किसी निष्कलुष अर्थवत्ता को? किसी ऐसी पवित्रता को जिसमें हमारे होने और बने रहने का साहस छिपा हुआ हो? यानी जिन्दगी पर अपने मालिकाना हक को? हमारे युग में कविता के हिस्से यह कितना भारी-भरकम काम आन पड़ा है। कविगण परेशान हैं। वे इस घुप्प अँधेरे से भरे समय में एक दूसरे की उपस्थिति का एहसास पाना चाहते हैं और टटोल-टटोलकर अपना रास्ता ढूँढ़ रहे हैं। कवि विज्ञापन और प्रचार के एक विकराल दैत्य के सामने खड़े हैं। टेक्नोलॉजी ने नये मिथक तैयार किये हैं। उनमें अभूतपूर्व सनसनी, मादकता और त्वरा है। नयी उपासनाएँ हैं। नयी एकांगिकताएँ हैं। नयी तरह के अन्धविश्वास हैं। और समाज के अधिसंख्यक वर्ग को तो मालूम भी नहीं कि उनके चारों ओर घेराबन्दी किस तरह की है। यह वह समय है जब कवि अपनी कविता में जनसाधारण का आदर्शीकरण भी नहीं कर सकते। कविता उसकी कोई रूमानी छवि नहीं बना सकती।

बाजार, पूँजी और टेक्नोलॉजी की इस दुनिया में आज कवि का एक नयी तरह का द्वन्द्वात्मक अनुभव है। वह एक ही समय में पूँजी की इस मायावी शक्ति-संरचना का हिस्सा भी है और बाहर भी खड़ा है। न वह सभ्यता की इस विकास-यात्रा से अलग-थलग रह सकता है और न उसका अन्ध समर्थन कर सकता है। अपनी इस घेराबन्दी की कुछ मोटी-मोटी बातें उसे मालूम हैं। वह कहता है कि टेक्नोलॉजी आज की राजनीति, समाजनीति और अर्थनीति, सभी कुछ से मनुष्य तत्त्व को विस्थापित कर देना चाहती है। वह कहता है कि एक नया मनुष्य बन रहा है, जिसे एक साथ पूरी दुनिया की खबर है और वह अपने ही पड़ोसी के दुख-दर्द से बेखबर है। यह एक ऐसा समय है जब दुनिया में दूर-दराज के किसी हिस्से में एक भयावह युद्ध होता है और वह युद्ध दृश्य-माध्यमों में एक वीडियो गेम में तब्दील हो जाता है। निर्दोष नागरिक बस्तियों पर बम गिरते हैं, कत्लेआम होते हैं, आगजनी और गोलीबारी होती

है। चारों तरफ भगदड़, धर-पकड़, चीख-पुकार, आर्तनाद और असहायता के दृश्यों की एक बरसात-सी होती रहती है और हम सब यह जब देख रहे होते हैं तो उसी समय अपने कमरे में डाइनिंग टेबल पर बैठे सुस्वादु भोजन भी कर रहे होते हैं।

एक ऐसा समय है जब बिम्बों और छवियों का एक जंगल है कविता के चारों ओर। अभी सृजनात्मकता के एक पिछले दौर में यथार्थ की प्रामाणिकता की माँग की जाती थी। हमारी मुश्किल यह है कि आज हम यथार्थ की इस यथातथ्यता से किस तरह से निपटें। यथार्थ की यथातथ्यता भी तो आखिरकार एक बड़े फरेब को रच सकती है। यह वह समय है जब तमाम तरह की सूचनाएँ और ब्यौरे भी अन्ततः किसी चीज की पर्दादारी ही करते हैं। हमने अपने समय में इस बात को एक नयी तरह से जाना है कि यदि आपदाओं के चित्रण के पीछे कोई मूल नैतिक विकलता नहीं है तो मनुष्य का दुख और क्लेश भी अन्ततः एक उपभोग की वस्तु बन जाते हैं। तमाम तरह की आपदाएँ और मुसीबतें रोज-रोज 'लार्जर दैन लाइफ' भंगिमाओं में मीडिया में प्रस्तुत होती रहती हैं, यह एक प्रकार का अर्ध-सत्य बन जाता है। हमारा ध्यान उनकी भव्य प्रस्तुतियों और रोमांच में ही उलझा रह जाता है। हम परिवर्तन की किसी बुनियादी विकलता की ओर नहीं जाते। यह असम्पृक्ति ही हमारा मूल संकट है। हमारी भाषा के एक महत्त्वपूर्ण कवि रघुवीर सहाय का कहा हुआ याद आता है कि यह वह समय है जब यथार्थ भी यथास्थितिवाद का ही पोषक बन चला है। यथार्थ के बीचोबीच रहते हुए भी असम्पृक्त बने रहने या किसी मोरल इम्यूनिटी में घिर जाने का यह संकट क्या पहले किसी युग में इस तरह से बना था? एक ऐसा समय जब भूख, गरीबी, उत्पीड़न और लाचारी के तमाम वृत्तान्त रंगीनी और खुशहाली के समय के साथ गड्डमड्ड हो गये हैं। रघुवीर सहाय की पंक्तियाँ हैं–

मेरा सब क्रोध सब कारुण्य
भाषा में शब्द नहीं दे सकता
क्योंकि जो सचमुच मनुष्य मरा
उसके पास भाषा न थी

इस समय लिखी जा रही कविता के लिए सबसे बड़ी चुनौती शायद यही है कि वह दुख की उन शक्लों से कैसे निपटे जो उपभोग की एक रेडीमेड संस्कृति ने उसे दी हैं। अत्याचार की तमाम चर्चाएं जहाँ एक पाखण्डी निश्चिन्तता के भीतर से जन्म ले रही हैं। जहाँ विनाश का चित्रण कुल मिलाकर एक सनसनी ही पैदा करता है। दुख के ये तमाम ब्यौरे आखिर क्यों हमारी कविता की भाषा में आकर कुछ 'क्लीशों' में बदल जाते हैं? हमें रंज बहुत है मगर आराम के साथ। हम तो बाज़ वक्त यह भी नहीं जानते कि हमारे ये मन कितने मरे हुए हैं और ये भोग ऐश्वर्य की दुनिया में आखिरकार किस तरह हमें हत्यारों के बगल में खड़ा कर देते हैं। इन्हीं स्थितियों

के सन्दर्भ में कवि अरुण कमल की पंक्तियाँ हैं—

बीसियों मरे उस मोटर दुर्घटना में
जो बचे वे भी जैसे तैसे
एक मैं ही बचा साबुत
और मैंने यारों को दारू पिलायी इस मौज में
इसमें आखिर ऐसी क्या बात है?

हिन्दी कविता का एक रूप इमरजेंसी के बाद के वर्षों में अस्सी के दशक में आरम्भ हुआ और पिछले 25 वर्षों में विकसित हुआ है, उसमें सम्भवतः सबसे प्रमुख बात यही है कि रेडिकल की एक नयी समझ की ओर बढ़ा गया है। यह कविता राष्ट्रवादी चेतना, स्वच्छन्दतावाद, परिवेश और व्यक्ति के अस्तित्ववादी तनाव और मोहभंग आदि के पिछले तमाम युगों को पार कर यहाँ तक पहुँची है। आज यह कविता मनुष्य मात्र के बचे रहने की चिन्ताओं की कविता बन गयी है। मनुष्य के बचे रहने का यह सवाल हमारे समय तक आते-आते कोई काव्यात्मक उक्ति नहीं, एक विशुद्ध भौतिक और मनोवैज्ञानिक मसला बन चुका है। हमारी इस कविता का मनुष्य के अमानवीयकरण की बहुत सूक्ष्म स्तरों पर चल रही प्रक्रियाओं से सामना है। पिछले पचास बरस में भारतीय समाज में संघीय ढाँचे में पैदा हुए क्षरण ने किस प्रकार साधारण मनुष्य के जीवन में असुरक्षा, अभाव, अपराध, काहिली और स्मृतिहीनता को रचा है, इसका एक समूचा वस्तुबोध हमारी कविताओं में देखा जा सकता है। दूसरी ओर यह कविता साधारण मनुष्य की जिजीविषा और उसके दैनन्दिन संसार की तमाम घटनाओं, प्रसंगों और दृश्यों की कविता भी है। इसमें इस मनुष्य की इच्छाएँ, स्मृतियाँ, रिश्ते-नाते, राग-विराग, पास-पड़ोस, सब कुछ रोजाना के एक मूर्त और ठोस संसार में दिखाये गये हैं। एक बड़ा परिवर्तन यह भी हुआ है कि रोजमर्रा के संसार में मनुष्य के 'एलियनेशन' को आज केवल उसके परिणामों में ही नहीं चित्रित किया जा रहा है, उसके कारक तत्त्वों की खोज भी है। बहुत सारे ब्यौरे और विवरण हमारी इन कविताओं में बढ़े हैं। खासी गद्यात्मकता भी कविता के ढाँचे के भीतर चली आयी है। विस्थापन और विस्मृति की तमाम प्रक्रियाओं और स्थितियों के चित्रण से हमारी कविताएँ भरी पड़ी हैं। जीवित मनुष्यों के समूहों को संख्याओं में बदल देने और बेचेहरा भीड़ बना देने वाले तन्त्र के खिलाफ आज की कविता ने शायद इस तरह से अपना प्रतिपक्ष खोला है।

लेकिन यह भी सच है कि ये तमाम बातें तो समकालीन कविता के बारे में पिछले तीस वर्षों से कही जा रही हैं। क्या इतने भर से हम आज समकालीन कविता के पैरोकार बन सकते हैं? इन तमाम वर्षों में गंगा में बहुत सारा पानी बह चुका है—बाहर की वास्तविक गंगा में भी और कविता की गंगा में भी। यदि

हम यह कहते हैं कि हिन्दी कविता में पिछले तीन दशकों से इतिहास के दबावों को सीधे-सीधे झेलने की प्रवृत्ति रही है तो हमें यह भी देखना होगा कि उसने इस कोशिश में किन खास प्रवृत्तियों को पोषित किया है। क्या आप इस बात से इनकार करेंगे कि समकालीन कविता का एक बड़ा हिस्सा स्थितियों और वस्तुओं को सिर्फ 'देखने' और 'निरखने' में लगा हुआ है। यथार्थ का समूचा बोध कविता के बाहर की अपनी सर्वस्वीकृत नैतिकता से बन रहा है और ज्यों का त्यों कविता में उतर आ रहा है। उधर इन पिछले तीन दशकों में जनसंचार माध्यमों ने किसी भी वैयक्तिक, आत्मनिष्ठ और निजी संस्कारजनित भाषा को तो जैसे देशनिकाला ही दे दिया है। कविता के सम्मुख इस केवल खबर देने वाली निर्वैयक्तिक भाषा के सामने खड़े होना सबसे बड़ी चुनौती है। मास मीडिया और मास कल्चर मनुष्य के सारे जटिल अनुभवों को औसत और कामचलाऊ रूपों में ढाल देना चाहते हैं। क्या कविता की भाषा भी इस तरह से एक औसत, कामचलाऊ और मानक भाषा बन सकती है?

मुश्किल यह है कि मीडिया यथार्थ का निषेध नहीं करता, वह सिर्फ चीजों के पास जाकर उन्हें चिकना, सपाट और लगभग अर्थहीन बना देता है। टेक्नोलॉजी द्वारा रची गयी सारी छवियाँ बाजार की उत्पादन प्रक्रिया का हिस्सा हैं, जबकि कविता किसी तात्कालिक माँग और यथार्थ के साथ निर्वैयक्तिक किस्म के सम्बन्धों से नहीं रची जा सकती। हमें यह स्वीकार करना होगा कि इस दौर में एक बड़ी हद तक हमारे काव्य-व्यक्तित्व का लोप हुआ है और यही कारण है कि पिछले दौर के हमारे कुछ बड़े कवि हमारे लिए आज भी रेफ़रेंस पाइंट बन सकते हैं, हम उनसे काफी कुछ सीख सकते हैं। हमें मुड़कर उनकी तरफ देखना चाहिए। इसका सबसे बड़ा उदाहरण पिछले दौर के एक बड़े कवि मुक्तिबोध की कविता है। वह कविता यथार्थ के तनाव से जन्मती है, लेकिन वह यथार्थ की यथातथ्यता में जाने के बजाय उसके मानसिक प्रक्षेपण को ज्यादा महत्त्व देती है। वहाँ यथार्थ अनेकआयामी है। पर्त दर पर्त चीजें एक दूसरे से जुड़ी हैं, आवेगपूर्ण हैं, गतिशील हैं। इस कविता ने मनुष्य के भीतर और बाहर के कठघरों को तोड़ दिया है। मुक्तिबोध की कविता में जितना बाहर का भौतिक जगत् है उतना ही मन की सब्जेक्टिव मनोदशाएँ, स्वप्न, विकलताएँ, ऊहापोह, संशय, घिराव और जिजीविषा है। यह बड़ी कविता इसलिए है, क्योंकि उसमें लगातार अपनी संवेदना में बन चुके 'कण्डीशण्ड रिफ्लेक्सेस' से लड़ने की तैयारी है। वह मनोदशाओं के एक विराट ड्रामे और अपने अकिंचन होने के एहसास को एक साथ उठाती है। एक दूसरा छोर नागार्जुन की कविता का है जहाँ सचेत विचार, इतिहास के तात्कालिक दबाव और उनके सबसे रुक्ष अनुभव भी एक फकीराना अन्दाज, फक्कड़ तबीयत, विनोदी वृत्ति और बेलौस किस्म की देसी रूमानियत के साथ व्यक्त हुए हैं और ये सब चीजें मिलकर वहाँ कविता की भाषा में

एक 'स्पेस' को रचते हैं। ऐसी कविता में व्यक्ति की सोशियोलॉजी ही नहीं, व्यक्तित्व की फिजियोलॉजी भी है। वहाँ भाषा केवल सृजन की भाषा नहीं, सृजनात्मक भाषा भी है। भाषा का यह 'स्पेस' आपको रघुवीर सहाय में दिखाई देता है। बाद में और भी कुछ कवियों में दिखायी देता है। सवाल यह है कि क्या ये सब चीजें आज भी प्रासंगिक नहीं हैं?

कहने का तात्पर्य यह भी है कि कविता महज किसी चीज के बारे में कहना नहीं, उस कहने के तरीके में भी निहित है। दुर्भाग्य से समकालीन कविता के एक बड़े हिस्से में यह 'भाषायी स्पेस' धीरे-धीरे बहुत क्षीण होता गया है। हमारी समकालीन कविता के ज्यादातर हिस्से में बहुत छोटी-छोटी चीजों के ब्यौरे तो आपको खूब मिल जाएँगे पर इन विवरणों को लिखनेवाले का आत्मजगत् लगभग अनुपस्थित है। कवि क्यों एक निर्वैयक्तिक किस्म की भाषा का वाहक बनकर रह गया है? आज यह भाषा उस हद तक वस्तुओं को तोड़ती-फोड़ती क्यों नहीं जिस हद तक यह काम हमेशा ही एक बड़ी कविता के लिए अनिवार्य रहा है, इस बात को राजेश जोशी ने अपनी एक टिप्पणी में ज्यादा काव्यात्मक ढंग से कहा है कि "लगता है कि कविता की सारी आन्तरिक 'स्पेस' चीजों से इतनी अधिक भर गयी है कि उसमें चलने-फिरने की कोई जगह नहीं बची है। उसमें भटका नहीं जा सकता।"

मैं समझता हूँ कि मनुष्य के बुनियादी राग और 'सब्जेक्टिविटी' तो हर समय हमारे लिए अनिवार्य गुण बने रहेंगे। यदि कविता की भाषा में ठहरने, लड़ने-भिड़ने, छीजने, बिखरने, सँवरने का ताप नहीं है, तनाव, खुरदुरापन और कशमकश नहीं है, कौतुक और खिलवाड़ नहीं है तो वह महज एक कामचलाऊ और सूचना देनेवाली भाषा है।

इसे दोहराने की आवश्यकता नहीं कि भाषा एक सामाजिक सम्बन्धसूत्रता से जन्मती है और सृजन की भाषा चीजों के अर्थ और हमारे बीच खड़े रहने को अभिशप्त है। यदि कोई भी भाषा इतनी पारदर्शी हो जाए कि वह मनुष्य अनुभवों को उनमें तोड़-फोड़ किये बिना ही व्यक्त कर दे तो फिर कविता और रेलवे-टाइम टेबल में फर्क क्या होगा? नामवर जी अभी कुछ साल पहले जब कविता में सपाटबयानी की वकालत करते थे तब भी वहाँ वे निरी सूचना की भाषा के समर्थक तो नहीं ही थे। ब्रेष्ट ने किसी दूसरे सन्दर्भ में सृजनात्मक भाषा में 'एलियनेशन इफेक्ट' की बात की है। वास्तविकता का चित्रण जब शक्ति केन्द्रों को इतना ज्यादा पसन्द आने लगे कि हर अति परिचित चीज उपभोग की वस्तु बन जाये तब dislocation of normal syntax की बात महत्त्वपूर्ण है, जिसका ज़िक्र ब्रेख़्त ने किया है।

युवा कवि अनिल कुमार सिंह की एक कविता की पंक्तियाँ हैं :

अयोध्या एक ऐसा शहर भी है

जिस पर हिन्दी के कवि कविताएँ नहीं लिखते
कविता के कालजयी न होने के भयवश
या पता नहीं किस कारण

लेकिन स्थिति तो इसके विपरीत है। सच यह है कि बाबरी मस्जिद के टूटने और गुजरात की साम्प्रदायिक हिंसा पर हिन्दी में बेशुमार कविताएँ लिखी गयी हैं। सवाल कविताओं की संख्या का नहीं, गुणवत्ता का होना चाहिए।

बाबरी मस्जिद के ध्वंस और गुजरात में राज्य द्वारा प्रायोजित साम्प्रदायिक हिंसा ने हमारे पूरे समय में एक गुणात्मक परिवर्तन ला दिया है। सिर्फ सामाजिक परिदृश्य के सन्दर्भ में ही नहीं, समय और कविता के नये समीकरणों में भी। यह गौरतलब है कि इस दौर में कुछ भी दबा-ढका नहीं है। मीडिया ने हमें इन हादसों के असंख्य बिम्ब और बेशुमार सूचनाएँ दी हैं। पर क्या हम उन्हें ज्यों का त्यों कविता में दोहरा सकते हैं? वर्तमान में कितनी हिन्दी कविताएँ हैं, जो सार्वजनिक जीवन की नैतिक शून्यता, धार्मिक उन्माद और पेशेवर हत्यारों के सम्मिलन से जन्मी नयी किस्म की जटिलताओं को रेखांकित करती हैं? यह हमारा समय है जब दलबद्ध राजनीति के दैनिक मंसूबों और सांस्कृतिक परम्पराओं की 'ओवरलैपिंग' हो रही है। मिथकों के साथ की जा रही छेड़छाड़ को हम इस तरह अपनी विषयवस्तु नहीं बना पाये हैं कि झूठ को एक वैलिडिटी, एक वैधता देनेवाले प्रचार-तन्त्र और नागरिक जीवन की असुरक्षा का आपसी सम्बन्ध हमारी कविताओं में उद्घाटित हो रहा हो। यह दिनोदिन ज़्यादा कठिन बनती जाती चुनौती है। कविता को उस नयी आर्थिक क्रियाशीलता और खुशहाल दुनिया के मिथक को भेदना है जिसने शक्ति-तन्त्र के बाहर अँधेरे में खड़े मनुष्य के प्रति 'अन्य' की अवधारणाओं को रचा है। आज विराट जनसमूहों के सामुदायिक अवचेतन को कुतरने वाली नयी-नयी प्रबन्ध रणनीतियाँ हैं। और इस सबके बीच जीते हुए मनुष्य के भीतर कभी अपनी एक सहज वल्नरेबिलिटी का स्वीकार है तो कभी बचे रहने की एक मार्मिक और कातर छटपटाहट। एक कविता में शायद ये दोनों स्थितियाँ एक दूसरे में लिपट जाना चाहती हैं। एक कविता शायद किसी 'आइरनी' को ही नहीं रचती, वह उसके पार भी चली जाना चाहती है। जो बेहतर रचनाएँ इस बीच लिखी गयी हैं, उनकी स्मृतियाँ दिमाग में टँगी रह जाती हैं। उदाहरण के लिए उदय प्रकाश की एक कविता की पंक्तियाँ हैं—

सबसे सरल है
सबसे मुश्किल और सबसे महान चीजों को नष्ट करना
सिर्फ एक तीली पर्याप्त है
इतिहास की सबसे प्राचीन और दुर्लभ
पाण्डुलिपि को राख बना देने के लिए एक रुपये का

चाकू, बीस पैसे की ब्लेड
दो पैसे की तीली
या किसी अपराधी का मामूली-सा पराक्रम
जरूरत से कुछ ज्यादा ही है
मोनालिसा की रहस्यपूर्ण उस हँसी की हत्या के लिए

हजारों वर्षों की मूल्यवान वस्तुओं, असाधारण धरोहर, सामूहिक अस्मिताएँ और स्मृतिकोशों को यकायक नष्ट कर दिया जाना हमारे समय में खबर नहीं है। खबर इस ध्वंस की सहजता में है और यह एक भयानक खबर है। यूँ ऊपरी तौर पर इस कविता में भी कुछ ब्यौरे हैं, लेकिन हमारा ध्यान भयावह स्थितियों के बीच स्वर के उस ठण्डेपन की ओर जाता है जो इस संसार को लगभग एक दुःस्वप्न की तरह दिख रहा है। इस आइरनी में सूचना, विकलता और स्तब्ध कर देने वाली हैरानी की अन्तर्धाराएँ हैं, जो एक दूसरे में मिल गयी हैं। कविता जैसे हमें हमारे किसी 'इनरशिया' से जगाना चाहती है। कोई कविता सेंसिबिलिटी के क्षरण की इस वास्तविकता पर जब एक शोक प्रस्ताव बनकर आती है, तो वह केवल स्थितियों का इतिवृत्त ही नहीं रचती, वह असुरक्षा से जन्मी विकलता का एक भाषायी 'स्पेस' भी निर्मित करती है। हमारे इस दौर में संकट किसी एक चीज के नष्ट हो जाने से नहीं, माहौल में व्याप्त अपराध की सर्वव्यापकता से भी नहीं, बल्कि एक अन्तिम छोर पर आकर हमारे भीतर के 'सिस्टम' में उसके खप जाने को लेकर है।

आचार्य शुक्ल ने बीसवीं सदी के पूर्वार्द्ध में कहा था कि सभ्यता का ज्यों-ज्यों विकास होता जायेगा, कवि-कर्म उतना ही कठिन होता जायेगा। लगभग एक सदी बाद हमें लगता है कि नये कवि-कर्म की सम्भावनाएँ भी इन्हीं कठिनाइयों के भीतर से ही पैदा होंगी।

(भारतीय उच्च अध्ययन संस्थान, शिमला एवं इलाहाबाद विश्वविद्यालय हिन्दी विभाग द्वारा 'समकालीनता का प्रश्न और हिन्दी साहित्य' विषय पर आयोजित सेमिनार में पढ़ा गया आलेख।)

('आलोचना' अक्तूबर-दिसम्बर' 05 में प्रकाशित)

समाचार समय में कविता

समकालीन कविता पर बहस के लिए भेजे गये प्रस्तावना लेख को पढ़कर उस अनाम टिप्पणीकार पर हँसना और रोना एक साथ आया। हँसी इस पर कि उन्होंने कितनी आसानी से सारी समकालीन कविता को खारिज कर दिया और रोना उनके इस आत्मविश्वास पर। अंग्रेजी की एक पुरानी कहावत है कि कुछ ज्यादा समझदार लोग बच्चे को नहलाने के बाद टब में बचे पानी के साथ बच्चे को भी फेंक आते हैं।

समकालीन कविता से शिकायतें होना जायज है। वर्तमान ठहराव को लेकर टिप्पणीकार का स्वर आक्रामक भी है लेकिन वह किसी बहस को उकसाता नहीं। कुल मिलाकर ये आरोप एक अधीरता, अतिवाद और सरलीकरण में रिड्यूस हो गये हैं। कविता यदि आज कहीं पहुँचकर ठहर गयी-सी लगती है तब भी सारा ठीकरा कवियों के सिर पर फोड़ने के बजाय उचित तो यही होता कि समय की जटिलताओं, अनुभव संरचनाओं के अब तक उपलब्ध दायरों, मूल्य-दृष्टि और अभिव्यक्ति तेवर जैसे तमाम मुद्दों के अन्दरूनी इलाकों में घुसा जाता। किसी जमादार या मुकादम की तरह बाहर खड़े होकर काव्य-मजदूरों को फटकार लगाने के बजाय समकालीन कविता के उस पूरे फ्रेमवर्क को समझा जाता कि पिछले कुछ दशकों के दौरान इसके भीतर क्या काम हुआ है और कैसे अब वह परवर्ती कवियों के लिए एक चुनौती बन गया है।

टिप्पणी का बुनियादी परिसर ही भुरभुरा था। लेखक यह मानकर चलता है कि हमारे यहाँ उत्तर-आधुनिक समय आ चुका है और आधुनिक युग के सारे यूटोपिया, उन्हें पाने की ऊहा-पोह, संशय और तनाव अब बेमानी हुए। लेकिन हमारी कविता अभी भी उसी सब में साँस ले रही है। प्रौद्योगिकी, अनियन्त्रित उत्पादन, सांस्कृतिक आक्रमण, मार्क्सवाद के व्यावहारिक पराभव और वैश्वीकरण के अनैतिहासिक किस्म के प्रपंच का सतही तौर पर उल्लेख करते हुए उत्तर-आधुनिकता की दलील देना इधर एक फैशन बन गया है। सवाल यह है कि तीसरी दुनिया के देशों में विकास का स्वरूप कैसा है? वैश्विक पूँजी का यह सारा खेल उत्पादन बढ़ानेवाली पूँजी का है या तीसरी दुनिया के शेयर बाजारों में लगनेवाली चंचल वित्त पूँजी के चरित्रहीन

करिश्मों का? क्या इस पूँजी से सचमुच हमारे देश में निर्माण कार्य बढ़ रहा है? विकासशील समाजों में पूँजी संसाधनों और मानवीय अपेक्षाओं के बीच विपर्यय की कैसी स्थितियाँ हैं? हमारे यहाँ ग्रासरूट स्तर पर इसने किस तरह की नयी असंगतियों को जन्म दिया है? क्या इन तमाम बातों में जाने की आवश्यकता नहीं? यह ठीक है कि भारतीय सन्दर्भ में भी अब कारपोरेट जगत्, बाजार सूचना और संस्कृति एक नियोजित तरीके से परस्पर जुड़ रहे हैं पर साथ ही यह भी तो देखना होगा कि हमारे यहाँ, जब बुनियादी संरचनाओं—शिक्षा, स्वास्थ्य, रोजगार, आवास और जनकल्याणकारी विकास की योजनाएँ ही अभी तक उचित शक्ल नहीं ले पायी हैं तो बात किस उत्तर-आधुनिकता की हम कर रहे हैं? पुरानी मान्यताओं, अन्धविश्वासों, रूढ़ सामाजिक पूर्वाग्रहों और बदहाली के साथ हमारे यहाँ नये की खिचड़ी किस तरह पक रही है? कैसे उत्तर-औपनिवेशिक समाज में अलग-अलग समय एक साथ उपस्थित हैं? रचनात्मक स्तर पर यह स्थिति हमारे लिए किस तरह की चुनौतियाँ पेश करती है? क्या अमरीकी अकादमियों में पल्लवित उत्तर-आधुनिक विमर्श को हम सीधे-सीधे अपने यहाँ प्रत्यारोपित कर सकते हैं? विकास असन्तुलन से जुड़ी जटिलताओं का हिन्दी कविता में पिछले पचास वर्षों में प्रतिफलन किन रूपों में हुआ है? नहीं, टिप्पणीकार की इस तरह की खोज में कोई दिलचस्पी नहीं। फिलहाल इस प्रस्तावक टिप्पणी को एक तरफ रखकर अलग से ही समकालीन हिन्दी कविता पर चन्द बातें करना ज्यादा अच्छा होगा।

कविता के बचे रहने या न बचे रहने या उसके भविष्य की अटकलें लगाने का यह काम नया नहीं है। इस तरह की बहस में बहुत सारे अलग-अलग दृष्टिकोण बनते रहते हैं। प्लेटो के समय से ही कवियों और कविता के अस्तित्व पर सवाल उठाये जाते रहे हैं। वह हजरत तो अपने गणतन्त्र में कवियों को रखना ही नहीं चाहते थे।

शायद सुकरात ने भी कहा था कि कविता को गम्भीरता से लेने की जरूरत नहीं है क्योंकि वह किसी सच का बयान नहीं करती। यह भी कम दिलचस्प नहीं कि इंग्लैंड में सर फिलिप सिडनी ने सन् 1595 के आसपास जब अपना प्रसिद्ध निबन्ध **'अपोलॉजी फॉर पोएट्री'** लिखकर कविता की स्थिति पर अफसोस प्रकट किया था, उन्हीं दिनों शेक्सपीयर 'रोमियो जूलियट' और 'मिडसमर नाइट्स ड्रीम' जैसी कृतियाँ लिख रहे थे। आधुनिक समय के सर्वाधिक विकसित देश अमेरिका में कविता के अस्तित्व को बड़े सन्देह के साथ देखा जाता रहा है और इधर के वर्षों में 'कविता के अन्त' को लेकर वहाँ न जाने कितनी पुस्तकें प्रकाशित हुई हैं। लगभग एक दशक पहले अमेरिकी पत्रिका 'एटलाण्टा' में डाना गिओइया का एक अत्यन्त विवादास्पद लेख 'कैन पोएट्री मैटर?' छपा था, जिस पर अमेरिका के साहित्यिक

हलकों में खासी प्रतिक्रियाएँ हुईं। गिओइया ने यह मुद्दा उठाया था कि अमरीकी समाज में कविता अब एक मुख्य संस्कृति नहीं, उप-संस्कृति का गौण अंग है और उसका अस्तित्व केवल वहाँ के विश्वविद्यालयों और साहित्यिक लघु पत्रिकाओं में ही सिमटकर रह गया है। अकादमी में सैकड़ों की संख्या में प्रकाशित होने वाले कविता संग्रहों, काव्य-पाठ कार्यक्रमों, कार्यशालाओं, सेमिनारों और तमाम-तमाम लघु पत्रिकाओं, कविता वजीफों, फेलोशिपों, फाउण्डेशनों और पुरस्कारों के बावजूद अब केवल कवि या कुछ आलोचकनुमा लोग ही कवियों को पढ़ते हैं। आम आदमी की कविता में कोई दिलचस्पी नहीं रह गयी है। हम अपने यहाँ भी यदि हास्य कवि सम्मेलनों की चुटकुलेबाज मंचीय कविता को छोड़ दें तो गम्भीर कविता की कमोबेश यही स्थिति है। लेकिन कविता के भविष्य को यदि हम इस तरह से बहस का मुद्दा बनाएँ तो यह सवाल कविता के अपने रूप और गठन का कम, समाज की वर्तमान स्थिति और सोशियोलॉजी का अधिक बन जाता है। फिर उस बहस की दिशा भी दूसरी होगी।

कविता के भविष्य पर एक दूसरी तरह से बहस बदलती स्थितियों में किसी कविता की अन्तर्वस्तु के प्रासंगिक या अप्रासंगिक होते जाने की हो सकती है। यह शायद ज्यादा उत्तेजक बहस है। दूसरे महायुद्ध के दौरान गैस चैम्बरों और यातना शिविरों में जब लगभग 6 लाख यहूदियों को मार डाला गया तो एडोर्नो जैसे चिन्तक ने कहा था कि "आश्तवित्ज़ के नर-संहार के बाद अब कविता लिखना एक अमानवीय कर्म है।" एडोर्नो की यह अत्यन्त मशहूर उक्ति है, जिसे जब-तब उद्धृत किया जाता रहा है।

ऐसा कहने के पीछे शायद उनके दिमाग में उस प्रचलित कविता की छवि थी जिसमें लय का सौन्दर्य और जाने-पहचाने रूपक होते हैं। यहूदी उत्पीड़न के बाद कविता में ऐसा लयात्मक सौन्दर्य शायद एक भयावह अश्लीलता ही होती। एडोर्नो शायद कहीं यह भी मानते रहे होंगे कि गैस चैम्बरों और यातना-शिविरों के अकल्पनीय त्रास को कविता की थोड़ी-सी पंक्तियों में कह डालना उन घटनाओं, आन्तरिक असंगतियों को बहुत छोटा बना देना होगाा क्योंकि यातना का बखान भी अक्सर एक रंजक वस्तु में बदल जाता है। वे शायद यह भी सोचते थे कि नर-संहार की विकरालता को व्यक्त करने का सबसे प्रभावशाली तरीका बचे रह गये लोगों की खामोशी ही है। उन्होंने कहा भी था कि "केवल शब्दहीनता ही भीतर की सत्यनिष्ठा को व्यक्त कर सकती है। वास्तविकता को अपर्याप्त कहना वास्तविकता और उन बेआवाज मृतकों को

लेकिन इस बात पर बहुत कम ध्यान जाता है कि कुछ समय बाद एडोर्नो ने यह भी स्वीकार किया था कि "सतत यातना को अपनी अभिव्यक्ति का वैसा ही अधिकार है जैसे कि एक सताये मनुष्य को चीखने का अधिकार है।" सच तो यह

है कि इस भयावह नर-संसार के बाद भी कविताएँ लिखी गयीं और कुछ तो हमारे समय की सबसे मार्मिक कविताएँ बन गयी हैं। इस त्रासदी के बाद भी कवियों ने अपने होने की प्रासंगिकता को साबित किया। यातना-शिविरों और गैस-चैम्बरों के बाद जो यहूदी कवि बचे रह गये उन्होंने मनुष्य के जीने की व्यवस्था का एक सम्पूर्ण विखण्डीकरण देखा था। यह विखण्डन भौतिक अस्तित्व के स्तर पर तो था ही, यह मनुष्य के आध्यात्मिक जगत् का, उसकी इच्छाओं, धारणाओं, विश्वासों, स्मृतियों और सौन्दर्यदृष्टि का भी था।

आधुनिक समय में सत्ता की ताकत ने बर्बरता की जो अलग-अलग शक्लें अख्तियार की हैं और अत्याचार का जैसा संस्थानीकरण हुआ है उसके चलते सामान्य मनुष्य की कोई आवाज यदि अभी बची हुई है और हमारा कवि यदि आवाज को सुनता है और उसे अपनी कविता में आकार देना चाहता है तो कहना न होगा कि कवि की इस तरह की आकांक्षा में आज एक बुनियादी अपर्याप्तता का बोध भी जुड़ा हुआ है। लेकिन अर्थ की तलाश तो तब भी जारी रहती है। प्रसिद्ध पोल कवि ज्बिग्न्यू हर्बेत ने एक जगह लिखा है कि "हम सब जानते हैं कि जीवन हमेशा नहीं चलता रहेगा। हर चीज अपने अन्त की ओर जाएगी फिर भी मुझमें यातना सहने की क्षमता है। मैं एक बेहतर नैतिक व्यवस्था के लिए लड़ सकता हूँ। कविता लिखने जैसे एक अजीब गोरखधन्धे के सहारे मैं उन तमाम चीजों को बचा लेना चाहता हूँ जो मेरे लिए महत्त्वपूर्ण हैं। यह अब भी सम्भव है कि शब्दों को एक जगह एकत्रित किया जाए और उन्हें पढ़ा जाए। इसमें शायद कोई झीनी-सी सम्भावना बनी हुई है। यातना सहने का अर्थ यथार्थ से मुठभेड़ करना है—यही मूल बात है। मैं जानता हूँ कि मैं अपने देश तो क्या, मोहल्ले में रहनेवालों को भी नहीं बचा सकता, फिर भी मैं इस तरह का कोई प्रयास करूँगा कि मानो यह सम्भव है। बस एक कोशिश और दुनिया में कोई ऐसी सरकार नहीं है जो मुझे इस संघर्ष से रोक सके। अर्थवत्ता की तलाश हमारा प्राथमिक कार्य है।"

नोबेल पुरस्कार विजेता जर्मन कवयित्री नेल्ली शाख से एक बार जब यह पूछा गया कि इतनी भयावह त्रासदी के बाद वे कविता क्यों लिखती रहीं तो उनका जवाब था, "जिन अमानवीय अनुभवों ने मुझे मृत्यु और अन्धकार के कगार पर पहुँचा दिया था, उन्होंने ही मुझे सबक भी दिया। यदि मैं न लिखती तो बची भी न रहती। मेरे काव्य रूपक मेरे जख्म हैं।"

यह सच है कि हमारे समय में पूँजी का अबाधित प्रसार और टेक्नोलॉजी का विकास जिन शक्तियों के हाथ में है वे एक खास तरह का विश्वव्यापी विमर्श रच रही हैं। आज निर्धारित फ्रेम में चीजों के अर्थों को निरपेक्ष, निर्बन्ध और समतल दिखाने की पुरजोर कोशिशें हैं। इसके विपरीत कलाएँ हमेशा सापेक्ष, गतिशील, आत्मिक और परस्पर सम्बद्ध सचों की तरफ बढ़ना चाहती हैं। आज यह एक खास

तरह का व्यतिक्रम है और इसके तनाव को हम अपने मानस पर अनुभव करते हैं। यह तनाव वस्तुओं के एब्सोल्यूट और सापेक्ष अर्थों के द्वन्द्व का है। जानकारियों और सूचनाओं का विस्फोट आज एक अनोखा समाँ बाँध रहा है। हम लगातार घटनाओं के बीच हैं लेकिन आत्मिक स्तर पर इनके अर्थों का कोई संसार हमारे लिए नहीं बन पाता। इन घटनाओं को देखकर आहत होने, ताज्जुब करने, उबल पड़ने या सँभलने का हमारा 'स्पेस' लगातार सिकुड़ता जा रहा है। लेकिन एक सच्चे कवि के लिए इस असहायता और बेकली की भी तो अपनी एक मार्मिकता है। सवाल यह है कि एक रचनाकार का 'सच' या 'वास्तव' होता क्या है? हेनरी जेम्स ने बीसवीं सदी की शुरुआत में कहा था कि " 'सच' वह है जिसे न जानना हम गवारा नहीं कर सकते।" मैं समझता हूँ कि हमारा आज का सबसे बड़ा सच यह बन रहा है कि हम जानते हैं कि कोई और यातना सह रहा है और हम सुरक्षित हैं। हमें अमानवीयता की तफसीलें वे लोग देते हैं जो त्रासदियों के बाद बचे रह जाते हैं। लेकिन उनसे हमारे सम्बन्धों का फ्रेम-वर्क कुछ बिचौलिया शक्तियाँ तय करती हैं। वे यह तय करती हैं कि हम कैसे और किन चीजों को देखें और कितना देखें। ये शक्तियाँ हमारी प्रतिक्रियाओं तक को गढ़ती हैं। बाजार और टेक्नोलॉजी ने अज्ञात पर से पर्दा उठा दिया लेकिन साथ ही शीशे की दीवारें खड़ी कर दीं। आप देखते हैं पर 'मूव' नहीं होते। यह एक भीतरी संघात है। ताकत के इस्तेमाल और क्रूरता के इस खेल में अब कुछ भी रहस्यमय नहीं रहा। देखने और महसूस करने के बीच की यह अलंघ्य दूरी धीरे-धीरे हमारे सिस्टम में चली आ रही है। संवेदनहीनता, पैसिविटी और विस्मृति की कुछ अजीबोगरीब बाधाएँ पैदा हो रही हैं। हमारे समय में क्रूरताओं के ये नये आयाम हैं या दूसरे शब्दों में त्रासदियाँ भी अब प्रदर्शन की वस्तु बन गयी हैं। ऐसा प्रदर्शन जिसमें दिखानेवाले को कोई क्लेश नहीं, बल्कि घटित को दिखाने की तत्परता, पेशेवर निपुणता, अचूक पैनापन और निर्वैयक्तिकता मुख्य चीज है। देखनेवाले के पास भी हर बार एक नवीनता का रोमांच ही अन्त में बचा रह जाता है। क्रूरताओं, उत्पीड़नों और त्रासदियों के ये वृत्तान्त इन्हें परोसने वाले की एक बाध्यकर, 'कोएसिव' ताकत बनकर उभर रहे हैं और पैसिव दर्शक से एक प्रकार की वैधता हासिल कर लेना चाहते हैं।

सूचना, तथ्यों और बिम्बों के इस घटाटोप में कविता का रास्ता क्या हो सकता है? मौजूदा समय में यह दुनिया जो कि अब पहले के समयों की तरह सरल, रैखिक और एकान्तिक रूप से तर्कपूर्ण नहीं रही, जहाँ मनुष्य के किसी बड़े स्वप्न या आदर्श को लगातार झुठलाया जा रहा है और परस्पर विरोधी हित लड़ने के बजाय पिघलकर एक 'कोलाज' तैयार कर दे रहे हैं, वहाँ संस्थानों और शक्ति संरचनाओं के सम्मुख

मनुष्य के अन्तर्जगत् के दबे-ढके कोनों, अन्तरालों, अनिश्चयों और संशयों की भूमिका क्या पूरी तरह समाप्त हो चुकी है? बाजार और प्रौद्योगिकी में उपलब्ध वास्तविक, नियन्त्रित, नियोजित और नपे-तुले के प्रति स्वैर जगत् की नूरोटिक प्रतिक्रियाएँ क्या मनुष्य के सबसे मार्मिक इलाकों की बानगी नहीं देंगी? जुरगेन हेबरमास ने इसे "भावनाओं के प्राचीन भग्नावशेषों में एक सन्देहवादी 'फेंसिंग' " कहा है। यदि आज बाहरी ताकतें मनुष्य की किसी खास पहचान का एक झूठा छद्म रच रही हैं और बेचेहरा मनुष्यों की एक विशाल भीड़ तैयार की जा रही है तो कविता इस झूठी सार्वजनिकता के बीच किसी विशेषीकृत पहचान को बनाये रखने के संघर्ष से शायद अब भी जुड़ी हुई है। वह तमाम तरह की अवधारणाओं से बाहर निकलकर किसी सारतत्त्व की ओर जाना चाहती है और अपने इस काम की समस्याओं को भी वह जानती है और इसे कहती भी है। एक पुरानी अवधारणा से वह बाहर तो निकलती है लेकिन बाहर उसके सामने बियाबान है। निहत्थे और बेबस मनुष्यों का एक विराट महासागर है। लेकिन जब इनके पास वह जाती है, इनके अनदेखे चेहरों को टटोलती है तो वह एक झूठी और आरोपित समग्रता के खिलाफ एक विखण्डन रचती है। वर्चस्ववादी समग्रता के खिलाफ इस तरह का विखण्डन शायद सभी कलाओं में आनेवाले दिनों में और अधिक तीव्र होता जाएगा। यह एक तरह की निषेधात्मक ऊर्जा है जिसे एडोर्नो ने 'नेगेटिव डाइलेक्टिक्स' कहा है।

एडोर्नो कहते हैं कि हमारे इस दौर में कविता किसी नयी अवधारणा को बनाने का काम नहीं करती बल्कि वह 'वास्तव' और 'विचार' के ठीक बीच बैठे हुए एक बेहद बुनियादी विरोधाभास को उठाती है। यह विरोधाभास ही उसका सारतत्त्व है। वह बार-बार इस एक पुरानी जिद की ओर लौटना चाहती है क्योंकि बाहर की तमाम ताकतें इस मूल विरोधाभास को ढक देने पर आमादा हैं।

दिलचस्प बात शायद यह देखना है कि तमाम तरह के अवरोधों के बीच लिखी जाती हुई आधुनिक कविता की बुनावट कैसे एक आदर्शवादी व्यक्तिनिष्ठता और सामाजिक ऑब्जेक्टिविटी की कशमकश में उजागर होती है। हिन्दी में यदि हम चार ऐसे कवियों को देखें जिन्होंने समकालीन कविता को उसके कुछ विशिष्ट मुहावरे दिये हैं, तो हम पायेंगे उन्होंने अपने-अपने तरीके से वर्तमान की धोखादेह समग्रता को तोड़ा है। मेरी मुराद मुक्तिबोध, रघुवीर सहाय, केदारनाथ सिंह और विष्णु खरे की कविता से है (इनके अलावा भी कई महत्त्वपूर्ण कवि हैं पर मैं इन चारों को चुन रहा हूँ।)

हम देखते हैं कि इन चारों के कवि-स्वभाव, संस्कार, वस्तु जगत् और अभिव्यक्ति पैटर्न एक दूसरे से कतई अलग हैं, पर 'वर्तमान ही इन सबकी सबसे बड़ी मुश्किल' है। ये वर्तमान का अतिक्रमण करने के लिए वर्तमान से मुठभेड़ करते हैं। या इस

बात को एक दूसरे तरीके से भी कहा जा सकता है कि वर्तमान के तदर्थवाद से ये इस हद तक आत्मिक स्तर पर निपटते हैं कि वह अपने सारतत्त्व में एक सर्वकालिक समय बन जाता है। इनकी कविता की सारी ऊर्जा इस एक मूल भाव से चालित होती है कि हम सबके भीतर कुछ ऐसा है जो मूल रूप से असम्प्रेषणीय बना रहता है, जो सारी बनी-बनायी अवधारणाओं के बाहर का इलाका है। इस तरह कवि का यह जो वर्तमान है, वह एक दूसरे स्तर पर समयातीत भी बन जाता है। यही शायद कविता का सबसे बड़ा रहस्य है। अपने इस कवि-समय को ढूँढ़ने में ये कवि कविता को उन दिशाओं में ले गये हैं जहाँ इसके पहले वह गयी नहीं थी। कई बार तो यह अनिश्चित और अज्ञात अर्थों की उन खतरनाक हदों को भी छू आती है जहाँ उसे कविता मानने या न मानने की दुविधा पैदा हो जाती है। और कहना न होगा कि इन खतरों को उठाते हुए ही काव्यार्थ की नयी सम्भावनाओं को हासिल किया गया है, अभिव्यक्ति के बने-बनाये 'क्लीशों' से बाहर निकला गया है, आत्म-संघर्ष के नये इलाकों की खोज की गई है, नयी भाषा और नये मेटाफर गढ़े गये हैं। मैं समझता हूँ कि हमारे इन चार कवियों का साहस केवल बाहरी विषय और थीम में ही सिमटा हुआ नहीं है, बल्कि वह भाषा को बरतने के इनके तौर-तरीकों, पैटर्न और लय में दिखायी देता है। शिल्प के ये सारे तत्त्व इनकी सेंसिबिलिटी का अन्दरूनी हिस्सा बनकर उभरे हैं।

मुक्तिबोध को अपने समय में प्रचलित बुर्जआ मध्यमवर्ग की शान्त, सरल, चमकदार, चुस्त-दुरुस्त, नपी-तुली अभिव्यक्ति में कोई बुनियादी खोट दिखायी देता था। उन्हें लगता था कि ऐसी आत्मतुष्ट अभिव्यक्ति अन्ततः सत्ता केन्द्रों से, उसकी संस्कृति की नाभि-नाल से जुड़ी होती है और अपनी प्रवृत्ति में रेडिकल प्रतिपक्ष की किसी तनाव भरी, बेचैन और जोखिम भरी भूमिका को उठाने में असमर्थ है। लेकिन साथ ही मुक्तिबोध अपनी स्वयं की जिस अभिव्यक्ति को खोज रहे थे या खोज पाये थे, वहाँ भी वे निरन्तर एक संशय, तनाव और अपर्याप्तता के बोध से भरे हुए थे। वे एक ऐसी कविता लिखना चाहते थे जो एब्सोल्यूट माने जा रहे अर्थों के संकट में जन्मी कविता हो। वर्चस्व की संस्कृति को दर्शानेवाले चिह्नों और वस्तुओं के नीचे जो अस्थिरता होती है, मुक्तिबोध उसे देखने का यत्न कर रहे थे। दरअसल उनका यह संघर्ष जितना बाहर के वस्तु संसार से था उतना ही अपने मन के भीतर बने हुए खाँचों से था।

कवि और परिवेश के बीच सारे पुराने पुलों के टूट जाने की ऐसी पहली इंटेंस बानगी हमें मुक्तिबोध की कविता में ही मिलती है। उनकी कविता हमारे समाज में असन्तुलित भौतिक विकास, आधुनिकीकरण की प्रक्रिया और उसमें मौजूद अन्तरालों की कविता है। वे वर्ग विभक्त समाज में अपने होने को 'लोकेट' करते हैं। मध्यमवर्ग की सामाजिक-सांस्कृतिक अवस्थिति, उसके अन्तर्विरोध और

उसकी दबी-ढकी और उजागर मनोदशाएँ पहली बार हिन्दी कविता में रूपायित होती हैं। इनमें अमर्ष से आत्मग्लानि तक के अनेक शेड्स मिलते हैं। बुर्जुआ सार्वजनिक 'स्फेयर' की जटिलताओं की शिनाख्त होती है और इसी के साथ आजाद भारत में मध्यमवर्गीय बौद्धिक के आत्मविहीन खालीपन का एक भयावह दृश्य बनता है। अपराध भावना का एक समाजशास्त्र सामने आता है जिसमें शामिल होने की इच्छा और शामिल न हो पाने की बेचैनी दोनों की समान उपस्थिति है।

मुक्तिबोध का आत्म विभाजित है। उसकी अनेक तहें हैं। वह किसी पूर्णता या किसी 'यूनिटी' की ओर नहीं जाता। चेतना पर छाये छद्म से मुक्तिबोध एक विकेन्द्रित मनःस्थिति के द्वारा लड़ते हैं। वे एक गहरी तोड़-फोड़ करते हैं—यथार्थ के प्रचलित भावबोध में, यूटोपिया के पुराने सरल रैखिक मिथ में, अपने वस्तु संसार में, भाषा में, शिल्प में—सभी जगह। इस सारे प्रपंच में वे किसी दुर्निवार आत्माभिव्यक्ति को पाने के लिए वर्तमान के प्रति गहरे अविश्वास और संशय को अपनी थीम बनाते हैं। जड़ीभूत सौन्दर्यबोध से बाहर निकलकर वे खुले में एक अनिश्चय और अज्ञात की तरफ जाने का खतरा उठाते हैं। बाहर कवि का 'स्व' जितना दबावग्रस्त है, अपने भीतरी आयतन में वह उतना ही फैलता है। उनकी यह विफलता अपने स्वरूप में लैंडस्केपिक है। यह सौन्दर्यमूलक तो है ही, चेतना के सैद्धान्तिक रूप का भी एक अन्दरूनी अवयव है। ठोस दृश्य जगत् से मनोजगत् के सूने गलियारों तक उनकी आवा-जाही दर्शनीय है।

यह गौरतलब है कि 'आत्म' के संकटग्रस्त हो जाने के बावजूद मुक्तिबोध के पास किसी हद तक एक रहस्यवादी ढंग की रोमांटिक काव्य-भाषा भी थी। वे हाशिए पर ठेल दिये जाने की भरपाई करते हैं—पलस्तर भरी दीवारों वाली स्याह कोठरियाँ से; भीतर की ओर जाते लम्बे गलियारों से; उन चक्करदार सीढ़ियों से कोई जितना ऊपर चढ़ता है उतना ही तलघर में उतरता जाता है। वे भुतैली छायाओं वाले पुराने बरगद, श्याम प्राक्तन बावड़ियों, स्याह टीलों और आदिम ब्रह्मराक्षसों से अपना एक सौन्दर्यलोक निर्मित करते हैं। यह औपचारिक और तदर्थ दुनिया के बीचोबीच रख दिया गया एक विराट प्रेत संसार है जिससे अभी शायद पूरी तरह समझा नहीं गया है। एक आघात, घबराहट और जिजीविषा में लिपटा यह नैतिक विषाद इतना इंटेंस है कि वह एक हद तक बाहर के मूर्त जगत् तक को अपदस्थ कर देता है। मुक्तिबोध की कविता में मन की भीतरी दुनिया ही बदलते समय की रंगस्थली बन जाती है। और वहाँ पल-पल रचे जाते दृश्य की शिनाख्त होती रहती है।

मुझे एक बात हमेशा बड़ी दिलचस्प लगती है कि अपनी एक सबसे महत्त्वपूर्ण जिरहप्रधान कविता का अन्त मुक्तिबोध इन पंक्तियों से करते हैं जो किसी हद तक एक गैर-काव्यात्मक तरीके से उस कविता के ढाँचे में खड़ी हुई लगती है :

कविता में कहने की आदत नहीं, पर कह दूँ
वर्तमान समाज चल नहीं सकता
पूँजी से जुड़ा हुआ हृदय बदल नहीं सकता
स्वातन्त्र्य व्यक्ति का वादी
छल नहीं सकता मुक्ति के मन को
जन को

कविता के अन्त में आया यह निष्कर्षात्मक स्वर उस कविता के अन्दरूनी ढाँचे से कहीं मेल नहीं खाता। मुक्तिबोध का सारा तनाव एकाएक जैसे एक हद तक आकर इस किंचित् बाहरी से निष्कर्ष पर टूट जाता है। यह आश्वस्ति कविता के भीतर से नहीं जन्मी है। निश्चय ही यह एक फाँक है। लेकिन ऐसा क्यों हुआ? मुझे लगता है कि यह कहते हुए मुक्तिबोध निहिलिज्म की एक खतरनाक दहलीज को छूकर लौट आते हैं। एक दारुण अकेलेपन का अन्त अचानक अपने परिवेश में विलयन के द्वारा। क्या यह हमारे किसी जातीय मनोविज्ञान की विशेषता है?

मुक्तिबोध के ठीक विपरीत रघुवीर सहाय के यहाँ एक घटनाप्रधान बहिरंग है। अखबार के पन्नों पर छपनेवाली रोजमर्रा की घटनाओं का एक ठोस संसार है। लेकिन रघुवीर सहाय इन्हें देखने और समझने के औसतपन से लड़ते हैं। वे असंवेदनशील होते जाते मनोजगत् की शिनाख्त करना भी उतना ही महत्त्वपूर्ण मानते हैं। ये उनकी कविता के मूल सरोकार हैं। वे बार-बार इस सवाल को उठाते हैं कि जो दृश्यगत है उसका तब तक कोई अर्थ नहीं है जब तक वह अनुभवगम्य न हो। इलियट से लेकर अज्ञेय तक ने 'तथ्य' और 'सत्य' की कुछ दिलचस्प बहसें उठायी हैं। रघुवीर सहाय एक समूची व्यवस्था के चरित्र को देखते हैं जो मनुष्य के अस्तित्व की अन्दरूनी तहों तक पैठ गयी है। ऐसी कविता में 'तथ्य' से 'सत्य' तक का फासला केवल मनोगत नहीं हो सकता, उसके मूल कारण बाहर के संसार में हैं। इसलिए जो मसला इलियट या अज्ञेय के यहाँ विशुद्ध सौन्दर्यगत था, वह रघुवीर सहाय के यहाँ आते-आते समाज व्यवस्था और उससे जुड़े मनोविज्ञान का मसला बन जाता है। रघुवीर सहाय की कविता में अनुभव करनेवाला व्यक्ति एक सम्पूर्ण और अखण्डित व्यक्ति नहीं है। उसकी अनेक तहें हैं। एक जटिल संसार है। वे कहते हैं कि "जो व्यक्ति पीड़ित है वही इस व्यवस्था में किसी जगह पीड़क भी होगा। एक आसान करुणा इस सारे शृंखलाबद्ध पापाचार को खोल ही नहीं सकती।"

इसलिए रघुवीर सहाय की कविता भी दृश्य और विमर्श की कविता एक साथ है। उसमें अपने समय की काव्य-रूढ़ियों के प्रति हिकारत, खीझ, चुहल, आक्रोश और विडम्बना के अनेक रंग दिखायी देते हैं। रघुवीर सहाय कविता को वहाँ ले जाना चाहते हैं जहाँ वह आस्वादपरक और उपभोगवादी आदतों के लिए फालतू और अनुपयोगी बन जाए। जहाँ उसका सत्ता-संस्कृति में एप्रोप्रिएशन न हो सके :

मैं सब जानता हूँ पर बोलता नहीं
मेरा डर मेरा सच एक आश्चर्य है
कविता न होगी साहस न होगा
एक और ही युग होगा जिसमें ताकत ही ताकत होगी
और चीख न होगी
कुछ होगा कुछ होगा अगर मैं बोलूँगा
न टूटे न टूटे तिलिस्म सत्ता का मेरे अन्दर
एक कायर टूटेगा टूट
मेरे मन टूट एक बार सही तरह

रघुवीर सहाय इस बुनियादी बात को उठाते हैं कि "सच्चाइयाँ आज कवि-व्यक्तित्व के बाहर पड़ रही हैं। भाषा, रचना, समाज की समझ आदि के रूप में जिन्दगी जीने के जो साधन हमें मिल रहे हैं, उन साधनों की प्रकृति में कोई मंजिल फतह कर लेने जैसी भावना शामिल नहीं हो सकती।"

भाषा के तैयारशुदा रूपों को रघुवीर सहाय ने हमेशा सन्देह की दृष्टि से देखा। वे लगातार इस बात को अनेक कोणों से उठाते हैं कि जिन भाषिक रूपों में हम किसी जेनुइन मानवीय व्यथा का रूप रचना चाहते हैं, वे लगातार हमसे छिनते जा रहे हैं। अत्याचार का विस्तृत और स्थूल वर्णन करने का कोई अर्थ हमारे समय में नहीं बचा है क्योंकि अत्याचारी के पास अत्याचार दिखाने के साधन हमसे कहीं ज्यादा प्रभावशाली और दूरगामी हैं।

सवाल उठता है कि तब फिर क्रूरता, विद्रूप और पाशविकता के समाचारों के बीच कविता कहाँ जन्म लेगी? रघुवीर सहाय ही इसका एक रास्ता अपनी कविता के माध्यम से दिखाते हैं कि हर वृत्तान्त को कहीं न कहीं बहुत आत्मिक होना होगा। वे कहते हैं कि "जिस अत्याचार की रिपोर्ट हम बना रहे हैं, उस अत्याचार पर प्रतिक्रिया देनेवाले हमारे मन की कोई तस्वीर भी इन कविताओं में बननी चाहिए।" शायद यह एक वजह है कि रघुवीर सहाय की कविताओं में हम बाहरी यथार्थ के साथ हर जगह एक मानसिक सन्ताप और विकलता की छाया को भी अनुभव कर सकते हैं। लेकिन कवि को परम्परागत करुणा और भावुकता भी एक तरह का नकली काव्य-व्यापार लगती है। यह आधुनिक हिन्दी कविता में एक महत्त्वपूर्ण प्रस्थान बिन्दु है।

रघुवीर सहाय का अति सतर्क और अति संवेदनशील मन कविता की एक नयी हिकमत को ईजाद करता है। वह भाषा में रैटारिक, प्रतीक और उपमान जैसे तमाम परम्परागत अलंकरणों को हटा देता है। काव्य भाषा लगभग सपाट और नंगी हो जाती है। महत्त्वपूर्ण मुद्दा शायद यह है कि इतनी सपाट और नंगी भाषा उसी समय इतनी आत्मिक कैसे हो सकती है? दरअसल इन दो विपरीत स्थितियों का यह अजीबोगरीब मेल ही रघुवीर सहाय की कविता को इतना प्रभावशाली बनाता है।

रघुवीर सहाय रोजमर्रा के जीवन के प्रत्यक्ष सन्दर्भों और जानी-पहचानी घटनाओं से गुजरकर उनके अतिक्रमण के रास्ते ढूँढ़ते हैं। यथार्थ का सहज उपलब्ध हो गया रूप उन्हें हमेशा नाकाफी लगता है। वे किसी अवधारणात्मक सरलीकरण से बाहर निकलते हैं। उनकी नैतिकता कविता के बाहर पहले से बनी हुई रेडीमेड नैतिकता नहीं है। वे दृश्य के बीच करुणा, व्यथा और जिजीविषा की अन्तर्धाराओं को पकड़ते हुए एक काव्यात्मक नैतिकता की खोज करते हैं। लेकिन एक अधूरेपन का बोध भी उनमें हर जगह है। वे लगातार इस बात का आभास अपने पाठक को कराते हैं कि यथार्थ का कोई भी सम्पूर्ण रूप मिलना अब नामुमकिन है। पंक्तियों में जितना कुछ उजागर हुआ है उससे कहीं अधिक कहा जाना चाहिए था लेकिन न कह पाने के संकोच और संशय भी उतने ही बड़े हैं। वे पाठक को तमाम दिये हुए अर्थों के प्रति सशंकित रहना सिखाते हैं। यह कविता में पाठक की एक नयी तरह की हिस्सेदारी थी। यह कविता अवधारणात्मक फ्रेम-वर्क और उसके बाहर फैले गैर-अवधारणात्मक समग्र के बीहड़ सम्बन्धों को खोलती है। वह एक नयी तरह की अमूर्तता को रचती है। किन्हीं विस्तारवादी भाषिक रूपों को अपनी ताकत बनाने के बजाय कविता वस्तुओं को उनके सबसे नंगे और वलनरेबल क्षणों में पकड़ना चाहती है। इस तरह का नंगा और वलनरेबल क्षण ही कविता का सत्त्व है। यह कविता यह भी बताती है कि सत्ता और शक्ति संरचनाओं को किन्हीं संस्थानी औपचारिकताओं में न देखकर रोज-मर्रा के जीवन, कर्म और आचरण पर पड़ती परछाइयों में ही समझा जा सकता है। बेचेहरा समझ लिए गये लोगों के चेहरे इस कविता में दिखने लगते हैं। क्रिया-प्रतिक्रियाओं में उनका अन्तर्जगत्, उनके स्वप्न, उनके मनोभावों को पढ़ा जा सकता है। इस तरह के बहुत सारे खण्डित अनुभव रघुवीर सहाय की कविता में हैं और उनमें एक असन्दिग्ध विकलता है। दार्शनिक हेडेगर की एक बात याद आती है कि जब हम अपने आपको विकलताओं के लिए इस प्रकार खोल देते हैं कि हमारी अहम्केन्द्रित निश्चितता समाप्त हो जाती है तो यह सारा संसार अपनी अपरम्पार प्रकृति के साथ हमारे सामने किसी अचरज की तरह खुल जाता है। रघुवीर सहाय की कविता में यह खूबी है। वह बहुत औपचारिक सार्वजनिक में घिरे हुए मनुष्य के गुह्यतम निजी संकेतों को निरख लेती है और एक अत्यन्त निजी क्षण को उठाकर सार्वजनिक स्फेयर में रख सकती है। एक ढीले-ढाले और खुले काव्य ढाँचे में इस कविता ने वास्तविकता के 'कोर' एरिया को पकड़ा है।

कवि के आत्म को लेकर केदारनाथ सिंह की सौन्दर्यदृष्टि कुछ अलग तरह की हैं। वे हमारे समय में अवसाद की एक एंटीथिसिस बनाते हैं। जीवन की किसी बुनियादी ऊर्जा और गतिशीलता को केदारजी लगभग बहुत मूर्त और ठोस स्थितियों/प्रसंगों के बीच से उठाते हैं और उनमें एक अनोखी नाटकीयता का आविष्कार

करते हैं। वे सकारात्मक जीवन मूल्यों की तरफ सीधे और क्षिप्रता के साथ जाते हैं। दृश्यजगत् हमेशा उनके लिए अबूझ पहेली-सा है। 'रोटी', 'सूर्य', 'बैल', 'माँझी का पुल' या 'टूटा हुआ ट्रक' जैसी कविताओं से उन्होंने समकालीन हिन्दी कविता को प्रगतिशील जीवन मूल्यों का एक नया सौन्दर्यशास्त्र दिया है। यह सौन्दर्य चेतना न फार्मूलाबद्ध, इकहरी और सैद्धान्तिक खाँचे की कैद में किसी ठस कवायद से जन्मी है और न ही एक बिखरी हुई अराजकता के दूसरे छोर पर खड़ी है।

केदारनाथ सिंह एक लोक संवेदना के 'फोर्स' को अपने साथ लेकर आते हैं और रोजमर्रा की अत्यन्त साधारण और बेजान-सी दिखती चीजों को रौशन और बेशकीमती बना देना चाहते हैं। दृश्य-जगत् की बहुत सारी अलग-अलग और विच्छिन्न चीजों को वे करीने से उठाते हैं, उन्हें झाड़ते-पोंछते हैं और उन्हें एक साथ गूँथ देते हैं। वे एक परिष्कृत नागर चेतना में लोक जीवन की कसमसाहट को भरते हैं। स्मृति और कल्पना यहाँ नये सिरे से औजार बने हैं। यान्त्रिक बने हुए संसार का पूरा परिदृश्य अचानक सजीव, सनसनीखेज और ताप से भरा हुआ लगने लगता है। इस कविता में वस्तुएँ अपनी भावहीन पदार्थमयता से बाहर निकलती हैं और एक रहस्य भरी दुनिया का अंग बन जाती हैं। दरअसल उनकी कविताओं में वस्तुओं का एक 'आश्चर्यलोक' है :

मैं सिर्फ आपको आमन्त्रित करूँगा
कि आप आयें और मेरे साथ चलें
उस आग तक चलें
उस चूल्हे तक—जहाँ वह पक रही हैं
एक अद्भुत ताप और गरिमा के साथ
समूची आग को गन्ध में बदलती हुई
दुनिया की सबसे आश्चर्यजनक चीज
पक रही है।

('रोटी')

ऐसी कविता एक तदर्थ कार्य-कारण वाली दुनिया में ठहरकर वस्तुओं को उनका विशेषीकृत अर्थ देना चाहती है। इस कविता में ठहरने का यह अवकाश महत्त्वपूर्ण है। वस्तुओं से पहचान का यह आत्मनिष्ठ रूप अपनी समूची ऐन्द्रिकता और रूमानी आवेग को अपना काम करने की छूट देता है। यह आत्मनिष्ठ या सब्जेक्टिव उड़ान बाहर की वस्तुनिष्ठता के साथ एक अनोखे तरीके से पेश आती है। वह कहीं भी वस्तुगत सच्चाई को विरूपित नहीं करती लेकिन बुनी हुई अवधारणाओं के बाहर निकल जाना चाहती है। वह वास्तव और विचार के बीच फैले किसी विरोधाभास को उठाती है। यह कविता अपने सबसे अच्छे क्षणों में इसकी प्रतीति कराती है कि शुद्ध

अनुभववाद और शुद्ध विचारवाद के बीच कोई धुँधली-सी जगह है जहाँ वस्तुओं के सारतत्त्व बसे हुए हैं। वस्तुओं का रूप विवरणात्मक, छूटे हुए अन्तरालों और तदर्थता के बीच से उठता है। यह केदारनाथ सिंह की कविता का एक रोचक खेल है। वे वस्तुओं के पीछे से झाँकती उनकी आभाओं को गिरफ्त में लेते हैं। एक कसावट में लगभग नाटकीयता के अन्दाज में उन्हें घेरते हैं। उनकी कविता में सर्वत्र उदात्तता और खुशहाली की कसमसाहट है। यह उपयोगितावाद के खिलाफ एक नये तरह का रूमान है। वे वस्तुओं को खुला छोड़नेवाले नहीं, उन्हें 'होल्ड' करनेवाले कवि हैं। एक खास तरह के तर्क-आधारित इस राग संसार में त्वरित स्वीकृति के कुछ मूल्यवान तत्त्व हैं।

विष्णु खरे की कविता ऊपरी तौर पर एक थीम प्रधान, आसान और तफसीलों से भरी दृश्य-कविता लगती है लेकिन उसकी इस धोखादेह सरलता के परे भी कुछ है। सवाल कविता में उसकी आन्तरिक ऊर्जा और गतिशीलता का है। विष्णु खरे की कविता की भाषा में कोई उक्ति वैचित्र्य नहीं है, रैटारिक, अलंकार, उड़ान जैसा कुछ भी चमकदार नहीं है। वे भाषा को वस्तुओं की अन्दरूनी उपस्थिति से चलाने में यकीन करते हैं। वस्तुओं, दृश्यों, प्रसंगों और स्थितियों को देखते हुए समय देखने की बनी-बनायी आदतों को निरस्त करते हैं क्योंकि ये आदतें 'समय' की एक औपचारिक रफ्तार पर आधारित होती हैं। कवि-समय बाहरी समय की इस औपचारिक रफ्तार में उलट-फेर करता है।

गूँगे की आँखें देखती हैं कौए की आँख में
कौए का गरम जिस्म और घबराया हुआ दिल
धड़कता है उसकी गिरफ्त में और जब भी
वह हिलता है तो गूँगा उसे मारता है सिर पर
झटके और वार के कारण कौए की चोंच खुलती है
जिसका अन्दरूनी रंग गूँगे के मसूढ़ों की तरह लाल है

(गूँगा)

कवि के पास एक अनन्त धीरज है। उसका देखना चीजों के सारतत्त्व को पाना है—उनमें छिपे हुए किसी तर्क या कार्य-कारण सम्बन्ध को उद्घाटित करना है। इसलिए वस्तुओं के विवरण यहाँ बाहर से ज्यों का त्यों लिए जाने के बावजूद कविता में उनके रूपान्तरण का एक ड्रामा खुलता है। कवि इन्हें देखते हुए किसी 'अप्रत्याशित', किसी 'अजीब' और किसी 'अतिरिक्त' की तरफ जाता है। यही एक दिये हुए समय में किन्हीं प्रच्छन्न रहस्यों की खोज है। अमरीकी कवयित्री एलिजाबेथ बिशप ने एक जगह लिखा है कि "हम अतीत नहीं, बल्कि वर्तमान के खँडहरों से अपनी कविता उठाते हैं।" इस उक्ति के निहितार्थ व्यापक हैं। विष्णु खरे की

कविता चीजों को देखते हुए, जिन विच्छिन्न और विशृंखलित तत्त्वों को खोजती है, उन्हें एक व्यवस्था, एक क्रम देना चाहती है। यह नये सम्बन्धों की तलाश है। ये नये सम्बन्ध कभी एक नैतिक विषाद से बनते हैं, कभी समय के दो अन्तरालों से होकर गुजरते हुए बनते हैं, कभी एक ठहरे हुए बन्द समय में दृश्य की ऊपरी पर्त के नीचे छिपी किन्हीं मानवीय विकलताओं और जिजीविषाओं की शिनाख्त से बनते हैं। इस कविता में हर जगह एक प्रकार का घिराव है। सारी अमूर्त भावनाएँ और मनोदशाएँ दृश्य की किसी ठोस वास्तविकता से अपना प्रमाण प्राप्त करती हैं और लगभग एक तर्क की तरह उपस्थित होती हैं।

दरअसल विष्णु खरे की कविता हमें किन्हीं औचक स्थितियों में वस्तुओं के बारे में अतिशय अचूक बयान देती है। जब वे एक चीज के पास दूसरी चीज रखते हैं तो उसमें एक अतिरेक तक पहुँची हुई नुकीली निश्चितता है। इसलिए कविता के पहले पाठ में ये सामान्य और भारी-भरकम विवरण लगते हैं लेकिन धीरे-धीरे उनका आन्तरिक तर्क उद्घाटित होता जाता है। लगता है कि जैसे कोई लम्बा दृश्य पर्त दर पर्त खुलता जा रहा हो। विष्णु खरे की कविताओं की बुनावट को देखकर मुझे कई बार फ्रेंच कवि फ्रांसिस पोंज और अमरीकी कवि स्टीफेंस डोबिंस की कविताएँ याद आती हैं। लेकिन विष्णु खरे में इन दोनों से कहीं अधिक विविधता है। विष्णु खरे को पढ़ते हुए लगता है कि जैसे वे एक यथातथ्यता के किले में उसी यथातथ्यता की भाषा में सेंध लगाते हैं। भीतर घुसते हैं और सम्बन्धों की सहवर्तिताओं की तलाश करते हैं, वस्तुओं के कुल-गोत्रों के छिपे हुए रहस्यों को उघाड़ते हैं। एक वस्तु के बारे में कोई बयान किसी दूसरी चीज का छूटा हुआ अंश लगता है। एक ऐसा सृजन जिसमें विवरणों को कोई अप्रत्याशित काम करने के लिए छोड़ दिया गया है। ये विवरण सतह के नीचे फलते-फूलते हैं, नयी अनुगूँजों, सहायक और गौण क्रियाओं को तलाशते हैं—उसी एक तदर्थ दुनिया में जिसे इतना कामकाजी, स्वायत्त और आत्मनिर्भर मान लिया गया है। विष्णु खरे की सबसे अच्छी कविताओं की मूल ताकत यह नहीं कि उनके यहाँ चीजों की इतनी सारी तफसीलें हैं बल्कि मूल बात शायद यह है कि ये कविताएँ मनुष्य को एक आर्गेनिक प्राणी के रूप में खोजना चाहती हैं। किसी खास दृश्य प्रसंग में मनुष्य के अन्तर्द्वन्द्व, उसकी नैतिक असफलताओं, उसकी सीमाओं, उसकी चूकों के ग्राफिक विस्तार के साथ उसकी जीवन इच्छा, प्रेम और प्रच्छन्न करुणा का एक मानवीय पक्ष कविता में उभरता है। कविता इसे लगभग एक कविताहीन निरायासता के साथ सामने लाती है। ये कविताएँ प्रकारान्तर से यह कहती हैं कि हमारी मार्मिकताएँ हमारी असफलताओं से जन्मती हैं, जहाँ अन्तिम फैसले के रूप में वादी या प्रतिवादी की भूमिकाएँ अदा नहीं की जातीं क्योंकि रचना का फैसला उसके प्रत्यक्ष भाषिक निष्कर्षों में नहीं,

उसकी अन्दरूनी तनाव भरी दुनिया में है। किन्हीं फैसलों तक जाने की यात्राएँ भी जीवित मनुष्य की मांस-मज्जा में लिथड़कर ही जाएँगी। यहाँ एक बहुत ठोस संसार के नाटक को खड़ा कर उसमें नैतिक अभिप्रायों और जैविक स्पेस को ढूँढ़ा गया है। इस डाक्यू-ड्रामा में हमारा ध्यान तथ्यों और तफसीलों पर नहीं, इनके आन्तरिक सम्बन्धों पर जाता है। एक बार यदि ये गतिशील सम्बन्ध शक्ल लेने लगते हैं तो तफसीलें अखरती नहीं, वे रचना के समग्र तनाव में तिरोहित हो जाती हैं।

इन चार कवियों के आधार पर समकालीन समय और उसमें लिखी गयी कविता को किसी हद तक समझ सकते हैं। बाद के बहुत सारे कवियों को इन कवियों के काव्य-पैटर्न सहज उपलब्ध हो गये हैं लेकिन अब उन्हें दोहराया नहीं जा सकता। कला में कोई भी हिकमत कुछ समय बाद एक रूढ़ि बनने लगती है इसीलिए आज की हमारी कविता में 'क्लीशों' की कमी नहीं है। एक बहुत बड़ी संख्या तो ऐसी कविताओं की है जो काव्याभास ही हैं क्योंकि वहाँ भाषा में किसी मूलगामी तनाव की अनुपस्थिति है। इसे पत्रिकाओं के कविता विशेषांकों में सबसे ज्यादा महसूस किया जा सकता है। वहाँ जब 25-30 कवि एक साथ छपते हैं तो कविताओं की विषयवस्तु, काव्य-युक्तियों, स्वर, शब्द चेतना, पदावली, लय, संवेदना तापमान और यहाँ तक कि कविताओं में पंक्तियों की संख्या तक का एक मानकीकरण महसूस होता है। लेकिन इसके लिए हमारा आज का आलोचना-परिदृश्य भी एक हद तक दोषी है। उसमें नये सन्दर्भों और रचना-कर्म की बुनावट पर गम्भीर विमर्श अब लगभग नहीं है। यह स्थिति कवियों को एक खास तरह की आत्म-तुष्टि भी दे देती है। लेकिन कला-कर्म तो हमेशा ही बने-बनाये रास्तों से भटकता रहा है और असफलताओं के खतरे भी उठाता रहा है। काव्य जोखिमों के दरवाजे हमेशा खुले रहते हैं लेकिन एक बने-बनाये पैटर्न को दोहराना विमर्श की नयी सम्भावनाओं पर पटाक्षेप करना है। मूल बात यही है कि आज दाँव पर लगे हुए मुद्दे ज्यादा जटिल हैं और नयी आकस्मिकताओं की माँग करते हैं। हम अपने इन वरिष्ठ कवियों को अनदेखा नहीं कर सकते पर लगातार उनसे लड़ते हुए ही अपनी कोई राह खोज सकते हैं।

('आलोचना' जनवरी-मार्च' 2003 में प्रकाशित)

हर समय के समानान्तर चलता है कोई और समय

"संवाद एक खामोशी की ओर बढ़ता है, और सुनने वाला वास्तव में मौन सहभागी है। कहने वाला उसी से अर्थ पाता है; खामोश श्रोता अर्थ का वह स्रोत है जिसे अभी हड़प नहीं लिया गया है।"

—वाल्टर बेंजामिन ('मेटाफिजिक्स ऑफ यूथ')

आज कविता क्या उन कोनों की तलाश की कविता है जहाँ अभी कुछ बचा हुआ है? कवि बोलता है पर उससे ज्यादा खामोश है। इस दशक का आरम्भ उस कविता से हुआ है जहाँ अपने माध्यम की विश्वसनीयता ही रचयिता के लिए सन्दिग्ध हो गयी है। लिखना कविता के बाहर पसरे हुए एक अधूरेपन से जन्मता है। जीवन जीने वाले मनुष्य और कविता लिखने वाले मनुष्य के बीच का अन्तराल पहले से कहीं ज्यादा कठिन है। कभी इलियट ने इस अन्तराल के बारे में बड़ी लुभावनी बात कही थी। आज निर्वैयक्तिक होते जाते के टापू बहुत कम बचे हैं। लिखना जीवन को ठीक ठीक परिभाषित कर पा रहा है इसका यकीन लिखनेवाले को भी नहीं है। एक घना अँधेरा इस रचनात्मक कौंध के दोनों सिरों पर लरजता रहता है। सदी के अन्तिम दशक से कुछ पहले रघुवीर सहाय ने एक कविता लिखी थी जिसकी कुछ पंक्तियाँ इस पूरे दशक की पीठिका है—

यह युग है जिसका अन्त हमें दिखता है
पर अगले युग का आरम्भ नहीं जानते
मनहूस शून्य के अथाह में पाँव नहीं टिकते हैं
हम डूबते नहीं उतराते रहते हैं
बार-बार यह कोशिश है कि हर एक संवाद
अर्थहीन हो जाये
लोगों के सम्बन्ध मध्यस्थों द्वारा बना करें
आज इन टूटते रिश्तों को सार्वजनिक मान्यता देते हैं अध्येता
करते हैं प्रबन्ध की एक शैली का उद्घाटन
जनता के साधनों से नये लाभ की

जनता और तन्त्र के विपत्तिग्रस्त सम्बन्धों की यह दास्तान पिछले पाँच दशकों से चल रही है और आज हमारी समूची विषय वस्तु की धुरी है। एक घोर वर्तमान हम सबकी मुश्किल है। समाज और राजनीति के संगठित रूपों के आन्तरिक क्षरण हमारी बहुत परिचित और पड़ोस की सच्चाई को बदल रहे हैं। एक तरफ फासीवादी शक्तियाँ सांस्कृतिक अभिप्रायों के बहुआयामी परिवेश को घेर रही हैं दूसरी ओर उपभोगमूलक संस्कृति सामाजिक विभेदों को झुठलाती हुई एक स्मृतिहीन समय को रच रही है। सामुदायिक चेतना के परम्परागत रूप और सरोकार, पारिवारिक अभ्यारण, सम्बन्धों की पुरानी संस्थाएँ, निजी अवकाश, स्मृति, स्वप्न और आकांक्षा—क्या कुछ भी विरूपित होने से बच पा रहा है? यह औसत मनुष्य के भौतिक परिवेश ही नहीं, उसके मनोजगत् के भी विस्थापित होते जाने का समय है। संशय, घिराव, भय और असुरक्षा आज पश्चिमी आधुनिकता से आयातित शब्दावलियाँ नहीं हैं। ये हमारे बहुत तात्कालिक अन्तरंग इलाकों की सच्चाइयाँ हैं। कवि इस घिराव में अपने आत्म को टटोलताा है--शायद थोड़ी-सी दूरी बरती जा सके; शायद यह सब कुछ एक दुःस्वप्न साबित हो सके; शायद कहीं खड़े होने की थोड़ी-सी जमीन मिल सके। एक बेचैन समय में हमारी ज्यादातर कविताएँ इतिहास को घेरना चाहती हैं और उनके पास उपकरण नहीं हैं। वे संवेदना तन्त्र पर पड़े आघात से आरम्भ होती हैं और एक कठिन विकलता की तरफ जाती हैं। कभी इस विकलता में कुछ बचा रखने की कोई धुँधली-सी उम्मीद है तो कभी किसी पराजय बोध की स्पष्ट आशंका तो कभी एक गहरी पस्ती में किसी शोकगीत की अनुगूँजें। आज से लगभग चार दशक पहले मुक्तिबोध ने एक विकल कविता के अन्त तक आते-आते कहा था—

कविता में कहने की आदत नहीं, पर कह दूँ
वर्तमान समाज चल नहीं सकता
पूँजी से जुड़ा हुआ हृदय बदल नहीं सकता
स्वातन्त्र्य व्यक्ति का वादी
छल नहीं सकता मुक्ति के मन को
जन को

मुक्तिबोध कविता के अन्त तक आते आते कविता से बाहर निकलकर बाहर किसी उम्मीद की ओर एकटक देख सकते थे। क्या आज कविता में ऐसी किसी उम्मीद का घोषित आयात आसान रह गया है? चार दशक बाद कविता एक ध्रुवीय और समतल हो जाते हुए संसार में है। सामाजिक अन्तरालों में मौजूद क्रूरताओं के नये रूप बन रहे हैं। कविता के बाहर समय की एक तेज रफ्तार है। श्रम, पूँजी, भूमि और मुद्रा का लगातार संकुचन और केन्द्रीकरण हो रहा है। शक्ति के केन्द्रों से बाहर जी रहे लाखों-करोड़ों लोग अपनी जमीन, जलवायु, परिवेश और परम्परा से विस्थापित होते जा रहे हैं। लाचारियों और पीड़ाओं के अनसुने वृत्तान्त हैं। थोड़े से

लोग और बहुत सारे लोगों की अलग-अलग दुनियाएँ बन रही हैं। सामाजिक ढाँचे में असन्तोष, तनाव, घृणा, लालसाओं और हिंसा के नये सन्दर्भ हैं। जनआकांक्षाओं का विरूपीकरण इतने नियोजित तरीके से हो रहा है कि आज कविता किसी जनसमूह का आदर्शीकरण करने की स्थिति में नहीं है। हिंसा, मस्ती, लाचारी, क्लेश और स्मृतिहीनता का ऐसा विलयन शायद ही पहले के किसी समाज में हुआ था। रघुवीर सहाय की कविता 'समझौता' की पंक्तियाँ हैं--

एक भयानक चुप्पी छायी है समाज पर
शोर बहुत है पर सच्चाई से कतराकर गुजर रहा है
एक भयानक एका बाँधे है समाज को
कुछ ने बदलने के समझौते कर है एक

इन पंक्तियों में तुरन्त किसी चरम निराशावाद को देख लेना बहुत आसान है, कठिन है इसे स्वीकार करना कि यह कविता सामाजिक द्वन्द्वों के बीच अपने विखण्डित अनुभवों को न सुलझा पाने की कविता है। यह मौजूदा समय में एक मध्यमवर्गीय कवि के लिये विकल्पविहीन होते जाने की कविता है। यह जन समूहों को उनकी आदर्श स्थितियों में देखने वाली कविता नहीं, बल्कि एक व्यक्ति इकाई के सामूहिक ताकतों से लगातार छिटकते जाने और उसके अकेले पड़ते जाने को दर्ज करनेवाली कविता है। लिप्साओं, आत्महनन, अपमान, असुरक्षा और हिंसा की अव्यक्त स्थितियों के बीच अस्तित्व के सबसे निचले धरातल पर जीते साधारण मनुष्य के अवचेतन को कविता में किस तरह व्यक्त किया जायेगा? स्थापित व्यवस्था के प्रचार माध्यम बड़े सूक्ष्म तरीकों से हर विपत्ति को एक सामान्य स्थिति बना देने का साजो-सामान जुटा रहे हैं। सारी नृशंसताएँ रोजमर्रा के अनुभव में तब्दील कर दी जा रही हैं और उसके ओर-छोर पर खाते-पीते लोगों का एक आनन्द मुदित संसार है। सामाजिक आचार-विचार के अध्येता विकास से जुड़े तर्कवाद को ऐसी जगह पहुँचा चुके हैं जहाँ मानवीय सदिच्छा किसी विमर्श के केन्द्र में नहीं है। सच कहने के स्थान पर सच कहने के 'जेस्चर्स' हैं जो बहुत ज़्यादा दिखाया जाता है वह अन्ततः सबसे ज्यादा असत्य साबित हो रहा है।

ऐसे ही एक घिरे हुए समय में 1945 की जर्मनी के बारे में ब्रेश्त ने ये पंक्तियाँ लिखी थीं—

घरों के भीतर प्लेग से मौत है
घरों के बाहर ठण्ड से मौत है
तब हमारा ठिकाना कहाँ हो?

कविता आज सामान्य परिबोध के आरोपित इलाकों का अतिक्रमण कर जाना चाहती है। वह एक सार्वजनिक 'स्पेस' में रहने को विवश है, सहभागी स्थितियों से

गुजरना उसकी नियति है पर इसके बावजूद अपने 'होने' के अर्थ को पाना चाहती है। वह इसी संसार में अपना प्रति-संसार रचना चाहती है जिसमें मनुष्य होने के अभिप्रायों, चयन, पीड़ाओं और भ्रमों को निरखा जा सके। हमारी सबसे सुन्दर कविताओं में दो संसारों की वे उपस्थितियाँ चेतना के 'कोर एरिया' के तिलिस्म को व्यक्त करती हैं।

वह एक स्वप्न है उस जीवन का
जो हमेशा कुछ दिखता है कुछ ओझल रहता है
जिसका एक हिस्सा प्रकाश है, एक अन्धकार
यथार्थ होते ही नष्ट हो जाएगा
वह स्वप्न
और उसका वह यथार्थ।

—मंगलेश डबराल (**'वह स्वप्न'**)

यह एक विडम्बना और विस्मय की कविता है। यह एक घिरी हुई असुरक्षित जमीन के बारे में कुछ कहना चाहती है। यहाँ कोई भी स्थिति, कोई चरित्र, कोई प्रसंग सम्पूर्ण नहीं है। छोटी-छोटी खण्डित इच्छाओं और जीवन क्रियाओं पर बाहर से लादा गया समय हावी हो रहा है। दृश्य धुँधले हैं, स्मृतियाँ अस्पष्ट हैं। चारों तरफ एक असमाप्त शोर है। इस शोर में कुछ बातें चाहने पर भी सुनायी नहीं पड़ रही हैं। एक अन्धकार में कुछ अजनबी लोग साथ साथ चल रहे हैं। उन्हें अनदेखी जगहों के पते मालूम नहीं हैं। लगातार कुछ घट रहा है। उसे सीधे-सीधे देख पाना सम्भव नहीं है। बहुत सारे व्यवधान हैं। जो घटता है, वह सिर्फ कुछ प्रभावों में बचा रह जाता है। यह देखने और विस्मृति के बीच जीते लोगों की अनसुलझी स्थितियों की कविता है।

जिनसे मिलना सम्भव नहीं हुआ
उनकी भी एक याद बनी रहती है जीवन में
जिनसे मुलाकात होने में कुछ ही पल की देर हुई
और उन वजहों से भी जो मिलने के रास्ते में आयीं
वे कहते दिखते हैं कुछ
इस तरह कि हम अनजाने ही उसमें शामिल हो लें
और कुछ दूर चलें पैदल
जैसे जाते हों उनसे मिलने
चलते चलते दिख जाता है कोई और बगल में चलता
और अँधेरे में भी लगता है कोई हाथ प्रेम भरा
हमारी ओर बढ़ रहा है आहिस्ता

आते दिखते हैं कई अजनबी राहगीर
पूछते हुए पता अनदेखी जगहों का

मंगलेश डबराल (**'दृश्य'**)

यह कविता सम्पूर्णता के बारे में रचे जा रहे किसी भी मिथक के खिलाफ है। वह अपना कोई सच देने की स्थिति में नहीं है पर बाहर से रचे गये झूठ को भी नकार देती है। वह मनुष्यों के अन्तर्जगत् के दबावग्रस्त इलाकों की कविता है। इसमें जिये जा रहे जीवन की भौतिक अवस्थाएँ और अवचेतन पर बनती उसकी छवियाँ एकसाथ हैं। शक्ति संरचनाओं द्वारा गढ़े गये सच के बीच यह औसत मनुष्यों के लगातार अकेले पड़ते जाने, विस्थापित होने और उससे जन्मी अस्थिर मनस्थितियों की अधिभौतिक सच्चाई बताने वाली कविता है। उदासीनता और हिंसा के बीच जीवन जीने वाले तमाम लोग हैं जो एक विराट अँधेरे में परछाइयों की तरह लगते हैं। एक मास कल्चर के नीचे हजारों लाखों का अवचेतन अलग तरह से बन रहा है। उसमें बसे क्लेश और तकलीफों का कोई निराकरण नहीं होता, पर उसकी कोई ठोस और मुकम्मल शक्ल भी नहीं बन पाती।

इस तेज बहुत तेज चलती पृथ्वी के अन्धड़ में
जैसे मैं बहुत सारी आवाजें नहीं सुन पा रहा हूँ।

अरुण कमल (**'जैसे'**)

एक भागते दौड़ते शोरगुल भरे समय के भीतर भाषा अपना मौन रच रही है जो शब्दों के पड़ोस में ही बसा हुआ है।

अब वो तुम्हारे बोले गये वाकये के सिर्फ अन्तिम शब्द
दोहराती है
वो एक परछाई की तरह चलती रही तुम्हारे साथ-साथ
उसने खो दिये अपने सपने और
अपना बातूनीपन

राजेश जोशी (**'प्रतिध्वनि'**)

अन्त में मेरे पास फिर वही कुछ निराश शब्द बचे रहते हैं
चमक दमक और रईसी के बीच चमकते हैं करोड़ों पैबन्द

कुमार अम्बुज (**'एक राजनीतिक प्रलाप'**)

इन विखण्डित अनुभवों और अभिव्यक्ति की कठिनाइयों को बाबरी मस्जिद के ध्वंस के बाद लिखी गयी बहुत सारी कविताओं की मानसिक बुनावट में देखा जा सकता है। साम्प्रदायिक फासीवाद की यह घटना हमारे समय की एक केन्द्रीय घटना है—भारतीय राजनीति ढाँचे में उभरती मंशाओं व कार्यविधि में आये गुणात्मक परिवर्तन की दृष्टि से भी और समाज के खाते-पीते तबकों में फासीवादी विचारधारा

का आधार पुख्ता होते जाने की दृष्टि से भी। एक संवेदनशील रचनाकार के लिए बाबरी मस्जिद के ध्वंस पर कविता लिखना किसी स्थूल घटना का वृत्तान्त बनाना नहीं था। यह एक आत्मबोध के खण्डित हो जाने की ग्लानि से भरा अनुभव था। कवि अपनी नैतिक पक्षधरता और घटित वास्तविकता के बीच किसी मर्मान्तक शून्य में खड़ा था। बाबरी मस्जिद के बाद लिखी गयी कुँवर नारायण की कविता 'अयोध्या 92' आत्म के लिए एक रूपक को तलाशती नजर आती है। कविता का आरम्भ ही एक पराजय बोध से होता है। शक्ति संरचना ने राम के व्यापक अर्थ को निर्वासित कर दिया है। कविता अपने उस विस्थापित राम को सम्बोधित है–

इससे बड़ा क्या हो सकता है
हमारा दुर्भाग्य
एक विवादित स्थल में सिमटकर
रह गया तुम्हारा साम्राज्य
अयोध्या इस समय तुम्हारी अयोध्या नहीं
योद्धाओं की लंका है
मानस तुम्हारा चरित नहीं
चुनाव का डंका है।

यह एक विच्छिन्नता और आत्म-विस्थापन की कविता है। उस शोकगीत की तरह है जो अर्थों के अवसान से उपजता है। कवि अपने आत्मबोध के नैरन्तर्य को खो चुका है। वह किसी सम्पूर्णता, किसी भूले स्वप्न, किसी वृहत्तर सच्चाई को अब बचाये नहीं रख सकता। उसका अब तक का अर्जित छीज रहा है। वह ग्लानि, क्रोध व हताशा के बीच से अपने आत्मबोध को चुपचाप विदाई देता है--

सविनय निवेदन है प्रभु कि लौट जाओ
किसी पुराण में-किसी धर्मग्रन्थ में
सकुशल सपत्नीक
अब के जंगल वो जंगल कहाँ
जिनमें घूमा करते थे वाल्मीकि

एक बर्बर समय में निरन्तर अपनी जमीन खोते चले जाने की आत्मस्वीकृति राजेश जोशी की इस कविता में देखिए–

जब तक मैं एक अपील लिखता हूँ
आग लग चुकी होती है सारे शहर में
हिज्जे ठीक करता हूँ जब तक अपील के
कर्फ्यू का ऐलान करती घूमती है गाड़ी
अपील छपने जाती है जब तक प्रेस में

दुकाने जल चुकी होती हैं
मारे जा चुके होते हैं लोग
छपकर जब तक आती है अपील
अपील की जरूरत खत्म हो चुकी होती है।

(जब तक मैं एक अपील लिखता हूँ)

उदयप्रकाश इस घोर वर्तमान की एक खास विडम्बना को रचते हैं। तमाम मूल्यवान वस्तुएँ असाधारण धरोहर, सामूहिक अस्मिताएँ और स्मृति कोश बहुत साधारण उपायों से नष्ट किये जा सकते हैं। यह एक तर्क बन रहा है। चीजों को यकायक नष्ट कर दिया जाना खबर नहीं है। खबर ध्वंस की सहजता में है जो अपने पूरे प्रभाव में भयानक है। वह चिरन्तनता के हमारे भरोसे को ही डगमगा दे रही है। यह अविश्वसनीय है, पर सच है।

सबसे सरल है
सबसे मुश्किल और महान चीजों को नष्ट करना
सिर्फ एक तीली
इतिहास की सबसे प्राचीन और दुर्लभ
पाण्डुलिपि को राख बना देने के लिएं

(तीली)

चन्द्रकान्त देवताले की कविता **'ये तस्वीरें'** या **'अब उसी वक्त'** में भी कवि स्वयं को एक ऐसी जगह अवस्थित करता है जहाँ घटना से अधिक महत्त्व घटना से जुड़ी मानसिक प्रतिक्रियाओं का है। भाषा बहुत सीधी, सरल और सपाट है। उसमें अन्योक्ति नहीं है। वह एक हद तक बाहर का निरा बखान ही करती है पर फिर उसी समय उसका एक पाठ अपनी अन्तःक्रियाओं को जानने समझने का भी है। कवि को हया की एक तलाश इसे दौर में जीने की अनिवार्य शर्त जैसी दिखायी पड़ती है।

और इसे भी पूजा कहा जा रहा है
यह युद्ध से भी बदतर युद्ध है
और करोड़ों आँखें इस सबको
सिर्फ खबरों की तरह पढ़ने को अभिशप्त हैं

बाबरी मस्जिद ध्वंस पर और उसके बाद भड़के साम्प्रदायिक दंगों पर और भी अनेक महत्त्वपूर्ण कविताएँ हिन्दी में लिखी गयीं। इस प्रसंग में देवी प्रसाद मिश्र, नरेन्द्र गौड़, नवल शुक्ल, नीलाभ, पंकज सिंह, प्रभात त्रिपाठी, विनय दुबे, विनोद दास, सत्यपाल सहगल, स्वप्निल श्रीवास्तव, ज्ञानेन्द्र पति आदि की अनेक कविताएँ इस दौर की संवेदना को रूपायित करती हैं। ये नाम कुछ उदाहरण भर हैं। यह सूची खासी लम्बी हो सकती है। अनेक कविताएँ बड़े सजग रूप से इस बिन्दु से प्रस्थान करती

हैं कि आज कवि का सत्य एक बहु प्रचारित छद्म चेतना के सामने खड़े रहने के लिए अभिशप्त है। सत्य को कहने के सारे माध्यम उससे छिनते चले जा रहे हैं। इन सारी कविताओं में सामाजिक ताने-बाने का विखण्डन एक दुःस्वप्न की तरह है। ये एक गहरी आत्मग्लानि से गुजरते हुए सामूहिक अवचेतना को रूपायित करती हैं। यहाँ मुझे पोल कवि चेश्वाव मिवोश की एक बात याद आती है। इतिहास के भयावह बवण्डर से गुजरे इस कवि ने अपने निबन्ध **'खँडहर और कविता'** में लिखा है कि **''सच्चाई का बुनियादी ढाँचा तब प्रकट होता है जब दुर्भाग्य सामूहिक रूप से मनुष्यों को जकड़ता है। तब भाषा अपनी सबसे सादा कार्रवाई को पुनः प्राप्त करती है और साथ ही वह किसी उद्देश्य का साधन भी होती है। कोई इस बात की माँग नहीं करता कि भाषा को उस सच्चाई को बताना चाहिए जो उसके बाहर वस्तुगत, विराट, स्पष्ट और अपनी समस्त ठोस भयावह में हमारे सामने उपस्थित है।''**

इस दौर में लिखी जा रही ज्यादातर कविताओं में एक गहरी आत्मग्लानि है। क्या आत्मग्लानि का हमारे सगय की संवेदना में कोई केन्द्रीय महत्त्व है? क्या इसका कोई अर्थ एक वर्ग विभक्त समाज में निरुपाय हो जाने की किसी बुनियादी त्रासदी से जुड़ा है। क्या यह सारी निरुपायता के बावजूद मनुष्य की किसी असमाप्त इच्छा, किसी स्वप्न, किसी जिजीविषा का केन्द्रीय तत्त्व है? क्या यह बुनियादी चेतना और आत्मबोध को बचाये रखने के आपद्धर्म से उपजा उपक्रम है जिसे संचार के आधुनिक माध्यम घटनाओं और सूचनाओं के मलबे के नीचे ढक देना चाहते हैं? एडोर्नो ने कहा है कि कला वास्तविकता के किसी दबे ढके अंश का अपने लिए पुनर्संयोजन करना चाहती है। यही वह जगह है जहाँ हम किसी भी बाहरी प्रसंग को अपने लिए तभी अर्थपूर्ण बना पाते हैं जब हमने अपने आत्म के साथ उसे प्राप्त किया हो। कविता अपनी बुनियादी प्रकृति में उन तमाम सपाट, चमकदार और तथ्यपरक सूचनाओं और विवरणों का अमूर्तन करती है जो किसी भी मानवीय अर्थवत्ता से रिक्त है। दुर्घटनाओं के पीछे छिपी शर्म और ग्लानि का संचार माध्यमों के लिए कोई मूल्य नहीं है। वहाँ तो जो क्रूरताएँ दुर्घटनाओं से उठती हैं वे बाद में उन्हें प्रस्तुत करने वाली जेहनियत में वास करने लगती हैं।

क्या कविता की भाषा सच्चाई को उन्हीं विवरणों, ब्यौरों, सूचनाओं के साथ दोबारा रच सकती है जो अन्यथा बाहर के समाज में सहज उपलब्ध रहती हैं और हमारा एक सामान्य बोध उनसे बनता है। क्या कविता के विवरणों और संचार माध्यमों के विवरणों में कोई बुनियादी फर्क है? इस सन्दर्भ में इधर के वर्षों में विष्ण ु खरे की कविता के महत्त्व को जाँचा जाना चाहिए।

विष्णु खरे एक दृश्य खण्ड, एक प्रसंग, एक फ्रेमवर्क, एक सन्दर्भ को चुनते हैं। वे तमाम छोटे-छोटे महीन और नाजुक विवरणों के सहारे उस सन्दर्भ या प्रसंग

की गतिशीलता को रूपायित करते हैं—हमारे निम्न मध्यमवर्गीय जीवन का कोई भूला-बिसरा अध्याय, कोई दुख से भरी स्मृति, कोई अनदेखा रह गया कोना। यह विवरणों की लुभावनी-सी कविता होते हुए भी अपनी अन्तिम परिणति में उन विवरणों का अतिक्रमण करती है। इस कविता का मूल आशय सम्भवतः इस अरूप दुनिया को देखने और समझने के लिए अपना कोण चुनता है। विष्णु खरे स्थितियों में एक 'स्पेस' निर्मित करते हैं। कवि जब स्मृतियों की ओर लौटता है तब वे खालिस स्मृतियाँ नहीं रह जाती हैं। उनमें रचे बसे गये जीवन को फिर से पकड़ा जाता है, उसका पुनर्संयोजन होता है उसकी एक चुपचाप समीक्षा बनती है, उन पर एक परोक्ष नैतिक टिप्पणी उभरती है जो दृश्य के साथ ही दर्ज होती जाती है। ये कविताएँ एक दूसरे से स्वायत्त नहीं हैं। वे एक जटिल और बहुस्तरीय समय की भिन्न-भिन्न लड़ियों की तरह हैं जिसमें स्थितियाँ और मनुष्य अभिप्राय प्रायः एक-दूसरे में गुथे नजर आते हैं। इन कविताओं में दृश्य की गहनता बाहर की दुनिया में बने हमारे बोध की निरकुंशता को तोड़ती है।

विष्णु खरे की कविता के माध्यम से नब्बे के दशक में कविता की जिस भाषा ने हस्तक्षेप किया है वह एक कतई गैर रूमानी, तटस्थ और एक हद तक निर्मम भाषा है जो दृश्य के प्रति किसी भी रेटारिकल अदा को निरस्त करती है। ये कविताएँ उन स्थितियों के बारे में हैं जिनमें लगातार एक 'शिफ्टिंग' हो रही है। यहाँ स्थितियों में छिपी हुई हिंसा, करुणा, क्रोध, बेबसी या विद्रूपता के तत्त्व जैसे स्वतः उजागर होते जाते हैं। कई बार लगता है कि इन दृश्य खण्डों में उभरे मनुष्यों का जीवन किसी बाहरी शक्ति के दिशा निर्देशों से निर्धारित है। पर इन मनुष्यों के अपने-अपने असाधारण खण्डित जीवन भी हैं, यहाँ मनुष्य और मनुष्य के बीच अनेक दिलचस्प अन्तराल हैं, उनके आचरणों की प्रच्छन्न जटिलताएँ हैं। इनमें उदात्तता और क्षुद्रताओं का अजीब सम्मिलन है। यहाँ जीवन की शुद्धता समाप्त होती है। निरे विवरण पीछे छूट जाते हैं। कोई स्थिति सरल रैखिक नहीं है, जबकि कविता में उसका रचाव सरल रैखिक दिखाई पड़ता है।

नब्बे के दशक की कविता में ब्यौरों के माध्यम से ही ब्यौरों का अतिक्रमण करने की कलात्मकता लीलाधर जगूड़ी और उदय प्रकाश की कविताओं में देखी जा सकती है। लीलाधर जगूड़ी की 'मन्दिर लेन' जैसी कविता हिंसा, खून खराबे से भरी एक मार्बिड दुनिया को उसकी अतिरंजनाओं में प्रस्तुत करती हैं। कविता का कुल प्रभाव हमें एक एब्सर्ड अनुभव तक ले जाता है। कवि यहाँ भयानक विवरणों को प्रस्तुत करने में अन्तरंगता और तटस्थता की एक अजीब तकनीक का इस्तेमाल कर रहा है। ये विवरण एक-दूसरे से एकदम सटे हुए हैं। यहाँ इस बात को रूपायित किया जा रहा है कि ये तमाम भयावह बातें कैसे एक समाज में रोजमर्रा का अनुभव बनती

चली जा रही हैं यह कविता एक सामूहिक अवचेतन के भीतर बैठ गये अन्धकार को सामने रखती है। क्रूरता के इन्हीं हवालों को सघनता से एक-दूसरे के एकदम निकट रखते हुए उदय प्रकाश ने 'औरतें' जैसी कविता लिखी हैं। यहाँ क्रूरताओं और बेबसी के अलग-अलग विवरण किसी केलिडोस्कोपिक दृश्य की तरह हैं। हम विचलित होते हैं कि इन विवरणों के बीच जरूरी अवकाश और अन्तराल क्यों नहीं हैं। किसी लम्बे दुःस्वप्न की यही तहदारी इस पूरे समय की आन्तरिक सच्चाई बन जाती है। हम कविता की पूरी संरचना से झाँकती उस निर्मम तटस्थतता को अनुभव करते हैं जो क्रूरताओं के इन तमाम सन्दर्भों का विन्यास करती है, उन्हें दर किनार किये जाने से रोकती है। यहाँ भाषिक वास्तविकता बाहरी दुनिया की वास्तविकता से साथ एकमेव हो गयी है। घटनाएँ ट्राजेंड होती हैं एक पूरा समय गूँजता रहता है।

आज बहुत सारी कविताओं को पढ़ते हुए लगता है कि हमारे समाज में समय की गति बहुत तेज हो गयी है। हमारी कविताएँ अप्राप्य सम्भावनाओं की कविताएँ लगती हैं जो एक क्रूर दुनिया में हमसे कहीं छूट गयी हैं। अब शब्दों के बीच छूटी हुई जगहों को दोबारा पढ़ने की जरूरत है। एक संहारक समय के तमाम विवरणों के बीच वह बात एक तत्त्वज्ञान की तरह कविताओं में है कि मनुष्य की अधूरी इच्छाओं का एक रहस्य संसार हमेशा आसपास गूँजता रहता है, वह अनश्वर है अपने विवरणों और अपने अधूरेपन में, अपने शब्दों और अपनी खामोशियों में। ये कविताएँ एक बेहद भौतिक और इकहरी हो चली दुनिया में मनुष्य की जिजीविषा की अधिभौतिकता या मेटाफिजिकल सच्चाई बन जाना चाहती हैं। युवा कवि मोहन कुमार डहेरिया की एक कविता **'चीजें और मेरी दुनिया'** की पंक्तियाँ हैं–

कहाँ से प्रकट होती अचानक चीजें
हर समय के समानान्तर चलता है कोई और समय
या मौजूद दृश्यों से ज्यादा ताकतवर अवचेतन के अस्पष्ट धब्बे
वरना कैसे
मेरी परछाई को ढाँप लेती किसी और की परछाई।

('हंस' 2003 में प्रकाशित)

बच्चे काम पर जा रहे हैं

एक रिपोर्ट के अनुसार भारत में लगभग साढ़े ग्यारह करोड़ बच्चे ऐसे हैं, जिनका बचपन किलकारियों, खेलकूद, मस्ती, हँसी-ठिठोली, रूठने-मनाने, किस्से-कहानियों, खिलौनों और गुब्बारों और पढ़ायी-लिखायी में नहीं बीत रहा है। उन्होंने होश भी नहीं सँभाला और वे मेहनत-मजदूरी में लग गये हैं। संसार में सबसे अधिक बाल-श्रमिक भारत में हैं। अखबारों और मीडिया में आये दिन हमें इसके आँकड़े और विवरण दिये जाते हैं। एक सामान्य जानकारी के रूप में प्रायः हम किसी हद तक इस स्थिति को जानते भी हैं। दिलचस्प यह देखना है कि इस भयावह नागरिक समस्या का रचनात्मक साक्ष्य हमारी कविताओं में किस तरह का बना है। इधर पिछले 20-25 वर्षों में हिन्दी में बहुत सारी कविताएँ बाल-श्रमिकों को लेकर लिखी गयी हैं।

कविता केवल एक सूचना नहीं होती। गरीबी, भूख, अशिक्षा और एक भविष्यहीनता के कुचक्र में फँसे हुए ये छोटे-छोटे मासूम बच्चे एक कवि के लिए केवल कुछ आँकड़े नहीं हो सकते। वे हाड़-मांस के जीवित शरीर हैं। उनके भीतर एक स्पन्दन है। उनका एक छूट गया संसार है। सामाजिक समस्याओं के नैतिक आयामों की तलाश अलग-अलग कवि अलग-अलग तरह से करते दिखाई पड़ रहे हैं। स्वप्न के संसार के बाहर मेहनत-मजदूरी में लगे हुए बच्चों को लेकर करुणा, दया, विडम्बना, मार्मिकता, अमर्श, व्यंग्य, आत्मग्लानि, उद्‌बोधन और अपनी सामाजिक स्थिति के अपराधबोध के अनेक शेड्स इधर की कविताओं में उभरे हैं जिनकी जाँच की जानी चाहिए। ये अलग-अलग रचनात्मक सम्भावनाएँ हैं। काम करते हुए बच्चे हमारे चारों ओर हैं फिर भी वे प्रायः हमें दिखाई नहीं पड़ते या हम उनके अस्तित्व के प्रति अनजान बने रहते हैं। कुछ है जो रोजमर्रा के हमारे संवेदन-संसार में दर्ज नहीं होता। एक भीषण त्रासदी एक औसत दृश्य का रूप ले लेती है। कुल मिलाकर हम इस बुनियादी धारणा से अपनी बात को आरम्भ कर सकते हैं कि आज कविताएँ कुल मिलाकर किसी बने हुए सामान्य बोध का अतिक्रमण करते हुए ही अपने होने के अर्थ को रच सकती हैं। यह एक चुनौती है कि वे सतह पर दिखती किसी स्थिति को भेदते हुए कितनी दूर तक ऐसी सच्चाई की ओर बढ़ती हैं जो बहुविध हो, इंटेंस

हो, हमारे मूल मनोभावों को झकझोरती हो और जिसमें स्थितियों को देखने वाले कलाकार का अपना रचनात्मक व्यक्तित्व भी गुँथा हुआ हो। कवि जो दिखा रहा हो हम उसे ही न देख रहे हों, बल्कि दिखाने वाले के दिलो-दिमाग को भी देख रहे हों।

बच्चों द्वारा किया जाने वाला श्रम किसे कहेंगे? इसकी सुनिश्चित और सटीक परिभाषा भी अभी गढ़ी नहीं गयी है। विश्व श्रम संगठन के विशेषज्ञों की अपनी-अपनी व्याख्याएँ हैं। लेकिन एक कवि के लिए इस तरह की तमाम बहसें एक हद के बाद बेमतलब हो जाती हैं। कवि का तो रास्ता ही दूसरा है। 12 वर्ष से अधिक उम्र के मेहनत-मजदूरी करने वाले बच्चे को आप बाल-श्रमिक कहेंगे या नहीं इस पर एक समाज-विज्ञानी अपनी थीसिस लिख सकता है लेकिन कवि रेलवे-प्लेटफार्म पर सिर पर तीन-तीन सूटकेस उठाये हुए एक मासूम बच्चे के पास जाकर उसकी आयु का सर्टिफिकेट नहीं माँगता। वह इस अथाह संसार में उस बच्चे के इस तरह होने को, उसके समूचे वजूद को महसूस करना चाहता है। अन्तरराष्ट्रीय बाल श्रम कानून से सम्बन्धित अध्ययन बताते हैं कि बच्चों के काम के घण्टे भी अनिश्चित हैं। उनसे बड़ों की तुलना में ज्यादा देर तक काम लिया जाता है और तुलना में कम वेतन दिया जाता है। लेकिन इन बच्चों पर आश्रित परिवार की एक तिहाई कमाई इसी श्रम पर आधारित होती है। बच्चे खतरनाक परिस्थितियों में काम करते रहते हैं पर उनके पास अपनी सुरक्षा के न्यूनतम उपाय तक नहीं होते। रोजगार देने वाला मालिक बच्चे की सरलता और निरुपायता का जमकर शोषण करता है क्योंकि यह बच्चा अपने हक के लिए लड़ भी नहीं सकता। उसका सारा श्रम गैर-कानूनी है और वह किसी श्रम-संगठन का सदस्य नहीं है। ये अध्ययन यह भी बताते हैं कि बच्चों से श्रम करवाने वाला माहौल किस कदर अमानवीय, शुष्क, क्रूर, यान्त्रिक, अपमानजनक और भावनाहीन होता है।

एक बच्चे की यह निरुपायता एक कवि के संवेदन जगत् में दूर तक जगह घेरने वाली चीज है। बच्चे के काम का वातावरण उसकी दिनचर्या, बीतता समय, उसका शरीर, उसकी थकान, उसकी हारी-बीमारी, उसका जागरण, उसकी निद्रा, स्वप्न, स्मृतियाँ, सामूहिक समय और अकेलापन, हँसी और रुलाई, अपमान और आत्म-गौरव, पीछे छूट गये दिन और आने वाले दिनों की कल्पना, बच्चे का हुनर और उसकी कमाई—ये सब कविता में अपना एक स्पेस रखते हैं। कवि के लिए जीवन की असुरक्षा, क्रूरता, यान्त्रिकता, अपमान, भावहीन या शुष्कता केवल कुछ शब्द या मनोवैज्ञानिक पद नहीं हैं। शब्द की स्मृति किसी खास तासीर, छवियों और अनुगूँजों को अपने साथ लाती है। यहीं से एक कवि का रास्ता शुरू होता है। वह अपने शब्दों में सूचना के अतिरिक्त भी कुछ भरना चाहता है। ये छोटे-छोटे बच्चे जो पढ़ने-लिखने या खेल-कूद से वंचित कर दिये गये हैं, वे किस कदर खेतों-खलिहानों,

चाय-बागानों में, छोटे-छोटे कुटीर उद्योगों में, ईंट की भट्ठियों पर, कालीन बुनकरों के यहाँ, धातुओं को गलाने और ढालने वाली दहकती आग के पास, तेज-तेज आवाज में रन्दे के साथ उड़ती हुई काँच की धूल में, हलवाइयों के यहाँ खौलते तेल से भरे कड़ाहों के करीब, आतिशबाजी का सामान और विस्फोटक पदार्थ बनाने वाली फैक्टरियों में, चाय की दूकानों में मुँह अँधेरे से लेकर देर रात तक जुटे रहते हैं। कवि ने सड़कों पर आते-जाते उन सैकड़ों बच्चों को कुछ देर ठहरकर देखा है जो ट्रेफिक सिग्नलों पर रुकी कारों के बीच दौड़कर अखबार बेच रहे हैं, फुटपाथों पर फेरी लगा रहे हैं, बूट पालिश कर रहे हैं, ट्रेनों और बसों में गा-बजाकर अपना पेट पाल रहे हैं। कवि चन्द्रकान्त देवताले के शब्दों में **"जिनकी स्मृतियों में फिलवक्त चीख और गिड़गिड़ाहट की हिंसा है।"** छोटे-छोटे असंख्य हाथों, कटे-फटे, गन्दे मैले-कुचैले पाँवों, नींद से भरी आँखों और लोहे, पत्थर, कोयले व बिखरी हुई गिट्टियों के बीच खो गये चेहरों का प्रवेश कविता की पंक्तियों में केवल सूचना के स्तर पर नहीं हो सकता। एक पूरा समय है जिसे कवि इन बच्चों की आँखों से देखना चाहता है। जब आप आम तौर पर एक बच्चे की आँखों में देखते हैं तो वहाँ किसी स्वप्न, भरोसे या मासूमियत को पाने की उम्मीद करते हैं। लेकिन कवि देखता है कि बच्चों की इन आँखों में बचपन के सारे चिह्नों को किसी छलावे, भूख, डर, सन्देह या थकान ने पूरी तरह विस्थापित कर दिया है। यह इन बच्चों और समाज के बीच बनने वाले सम्बन्धों को ठहरकर महसूस करने का 'स्पेस' है। कविताओं में अलग-अलग ढंग से इस 'स्पेस' को सँजोया गया है। कवयित्री परवीन शाकिर लिखती हैं–

वह चेहरा
बहार के फूल की तरह ताजा था
और आँखें
पहली मोहब्बत की तरह शफ्फाक
लेकिन उसके हाथों में
तरकारी काटते रहने की लकीरें थीं
और उन लकीरों में
बर्तन माँजने की राख जमी थी
उसके हाथ
उसके चेहरे से बीस साल बड़े थे

कवि अशोक चक्रधर इन आँखों में उस कड़ियल दृष्टि को देखते हैं जिसके पीछे एक बेपनाह दर्द छिपा है लेकिन जो उजागर होना नहीं चाहता। वह दृष्टि जो मार खाकर भी रोयी नहीं है–

वह जो काटता है, वह जो सिलता है

वह जो कूटता है, वह जो पीसता है
वह जो मढ़ता है, वह जो चढ़ता है
वह जो ढोता है
वह जो इस सबके बावजूद
रोता नहीं लेकिन
काम करता है
पूरी नींद सोता नहीं लेकिन

बाल श्रमिकों की स्थितियों को इस तरह से कविता में लाने के तरीके से थोड़ा अलग तरीका हिन्दी के चर्चित कवि राजेश जोशी का है जो ब्रेख्तियन शैली में दृश्य और दर्शक के बीच एक सार्थक हस्तक्षेप करते हैं। कवि का इरादा यहाँ केवल एक मार्मिक दृश्य की रचना करना नहीं, उससे आगे जाकर हमारे देखने की आदत की मीमांसा करना है। इस बनी हुई आदत के सातत्य को भंग करना है। राजेश जोशी की एक बहुश्रुत और बहुपठित कविता है–**'बच्चे काम पर जा रहे हैं'**–"कोहरे से ढँकी सड़क पर बच्चे काम पर जा रहे हैं सुबह-सुबह"

कविता पहली पंक्ति में जैसे किसी दृश्य की तरह खुलती है। आप अभी ठीक से सँभले नहीं हैं। सुबह का वक्त है। कोहरे से ढँकी सड़क की धुन्ध आपकी आँखों में है और उसी धुन्ध में आप देखते हैं काम पर जाते हुए बच्चों को। ये मैले-कुचैले बच्चे जो अपने साजो-सामान उठाये जा रहे हैं, पहली नज़र में स्कूल जाते बच्चों की तरह ही दिखते हैं। लेकिन नहीं, ठहरिए जरा, कवि इस धुन्ध में हमें गौर से देखने के लिए कहता है। वह जोर देकर दोबारा कहता है, "बच्चे काम पर जा रहे हैं।" यह पंक्ति जैसे तमाम दिशाओं में गूँजने लगती है। वह जैसे कि कविता की केन्द्रीय पंक्ति है। बच्चे काम पर जा रहे हैं और कविता इस दृश्य को 'फ्रीज़' कर देना चाहती है–स्वर के बलाघात से, बार-बार दोहरायी जाती टेक से, दूसरी तमाम बातों के 'जक्स्टापोज़' से। इससे पहले कि आप इस दृश्य की सनसनी में डूबें, कविता इस सवाल के आगे दुनिया की तमाम दीगर बातों को स्थगित कर देना चाहती है कि 'आखिर बच्चे काम पर क्यों जा रहे हैं?'

यह एक भावुक मन का अबोध प्रश्न नहीं है। और न ही किसी सीधे-सरल जवाब से इस यक्ष-प्रश्न का समाधान हो सकता है। कविता इस सवाल को सभ्यता का बुनियादी सवाल बना देना चाहती है। वह समाज में व्याप्त एक भयावह संवेदनहीनता या हमारी नैतिक 'इम्युनिटी' को कटघरे में ले आना चाहती है। कोई सोशियॉलॉजी इस बेचैनी का शमन नहीं कर सकती। शक्ति संरचनाओं के अपने तर्क होते हैं और वे अपना एक पाखण्ड रचते हैं। स्थापित व्यवस्था हर विपत्ति को एक सामान्य स्थिति बना देने का भ्रम खड़ा करती है। सारी नृशंसताएँ रोजमर्रा के

औसत दृश्यों में तब्दील होकर अपना अर्थ खो बैठती हैं और हम उन्हें यथावत देखते रहने के अभ्यस्त बना दिये जाते हैं। कविता यहीं अपना हस्तक्षेप करती है। तमाम तरह के जस्टीफिकेशनों पर कविता में उठाया गया यह एक सवाल भारी पड़ता है। कोई भी खुलासा, कोई भी उत्तर इस प्रश्न से बड़ा नहीं हो सकता। कवि जानता है कि यह समय इतनी धूर्तताओं और चालाकियों से भरा हुआ है कि कला में तमाम तरह के विवरण और तफसीलें तक कई बार मूल बेचैनी की अनुपस्थिति को छिपाने के काम आती हैं या पाठक को एक अलग सनसनी की दुनिया में ले जाना चाहती हैं। जो जितना ज्यादा दिखाता है, वह किसी मूल बात को उतना ही ज्यादा छिपाता है। मीडिया का यह चरित्र पिछले दशकों में खुलकर सामने आया है। इसलिए कवि कहता है—

बच्चे काम पर जा रहे हैं
हमारे समय की सबसे भयानक पंक्ति है यह
भयानक है इसे विवरण की तरह लिखा जाना
लिखा जाना चाहिए इसे सवाल की तरह
काम पर क्यों जा रहे हैं बच्चे

और यदि यह सचमुच भयानक स्थिति है तो इस दुनिया का यह सारा काम-काज इतनी सहजता से क्यों चल रहा है? हमारे समय में एक कविता रोजमर्रा की दुनिया के खिलाफ इसी तरह से खड़ा होना चाहती है। उद्विग्न मनःस्थिति में वह सामने छँटते हुए और आमफहम मान लिये गए को स्वीकार करने को तैयार नहीं है। आमफहम का तर्क एक भयावह मनुष्यहीनता को पैदा कर रहा है। कविता इन स्थितियों में एक बुनियादी निर्वासन को रचती है। लगभग एक आश्चर्य, एक शॉक, एक आघात से आरम्भ हुई यह कविता उस शक्ति-संरचना को उघाड़ देना चाहती है, जिसमें चीजों के अर्थ सुनिश्चित किये जा रहे हैं, हमारे रेस्पांस के तयशुदा खाँचे बन रहे हैं। ऐसी कविता एक कामचलाऊ कामनसेंस के खिलाफ, तमाम तैयार समाधानों, जानकारियों, विश्लेषणों के द्वारा रचे जा रहे यथास्थितिवाद के खिलाफ खड़ी होती है। वह मानवीय अभिप्राय की किसी मूलभूत विकलता को साधना चाहती है। यह नैतिक उद्विग्नता जब कविता का केन्द्रीय स्वर बन जाती है तो तमाम तरह के बाहरी विवरण किसी हद तक छँट जाते हैं, गैर-ज़रूरी बन जाते हैं।

हमारे समय में यथास्थितिवाद और क्रूरताओं का एक अन्तर्ग्रन्थन है। यही कारण है कि हर महत्त्वपूर्ण रचनाकार के लिए आज अपनी समाजिक स्थिति, वर्ग आधारित मनोरचना और अपनी प्रतिक्रियाओं के स्वरूप को टटोलते रहना भी अनिवार्य हो गया है। संकट बाहर ही नहीं, भीतर भी है। यह सिर्फ एक संयोग नहीं है कि अनेक कवियों ने बाहर के किसी दृश्य को रचते हुए बहुत ही सूक्ष्म स्तरों पर

अपने वर्णित व्यवहारों और मनोदशाओं की जाँच भी की है। यह महत्त्वपूर्ण है कि बाल-श्रमिकों पर लिखी गयी इधर की अनेक कविताएँ कवि के भीतर छिपी किसी बुनियादी ग्लानि से जन्मी हैं–

जैसे ही कौर उठाया
हाथ रुक गया
सामने किवाड़ से लगकर
रो रहा था वह लड़का
जिसने मेरे सामने
रखी थी थाली

–अरुण कमल (**'होटल'**)

यह एक छोटी-सी लेकिन सम्पूर्ण कविता है। रोते हुए बच्चे का यह दृश्य हमेशा के लिए हमारी स्मृति में टँग जाता है। किवाड़ के उस तरफ एक दुनिया है और इस तरफ दूसरी दुनिया। उस बच्चे के रोने का कोई प्रकट कारण यह कविता नहीं बताती और यही इस दृश्य की मार्मिकता है। इसके तमाम अर्थ निकल सकते हैं। उस बच्चे की समूची दुनिया एक रहस्य के आवरण में घिरी हुई है। हम उसे कभी भेद नहीं पाएँगे। दृश्य की संरचना ऐसी है कि खाने वाले आदमी और खिलाने वाले बच्चे के दो भिन्न संसारों को आमने-सामने रख दिया गया है। एक अलंघ्य दूरी है दोनों के बीच। कवि ने हमें व्याख्या का अधिक अवसर नहीं दिया लेकिन एक इंटेस और आत्मीय दृश्य की रचना की है। एक 'स्टिल लाइफ' की तरह। मूल बात है वह 'फ्रीज' हुआ क्षण जब उस रोते हुए बच्चे को भोजन करने बैठे आदमी ने देखा और उस दृश्य की समूची व्यथा उसके भीतर बस गयी। रोते हुए बच्चे और थाली से कौर तोड़कर रुके हुए हाथ के 'फ्यूजन' से वर्ग-विभक्त समाज का एक जटिल समय बनता है। कविता शायद इसी समय को रचना चाहती है। हमें यह स्वीकार करना चाहिए कि यह विकलता भी अन्ततः खण्डित मनःस्थिति का ही एक रूप है। घटित के पहले के समय और घटित के बाद के समय के बीच बैठा हुआ एक छोटा-सा 'इन्टरल्यूड'। शायद जीवन फिर उसी ढर्रे पर चलने लगेगा। मनुष्य के रूप में हम आखिरकार उन्हीं शक्ति-संरचनाओं में अपनी-अपनी भूमिकाओं में दोबारा लौट आयेंगे। दुनिया के काम-काज वैसे ही चलते रहेंगे। कदाचित थोड़ी देर बाद हम इस दर्द से उबर भी आते हैं। पर फिर भी कविता उस क्षण को पकड़ती है वह क्षण जिसमें हमने अपने मनुष्य होने को जाना था। जिसमें हम अपनी वर्ग सीमाओं और परिबोध के दायरों से बाहर निकल आये थे, जिसमें एक दृश्य का अर्थ हमारे लिए खुला था। जिसमें हम पहले से अधिक मनुष्य थे।

बाल-श्रमिकों पर लिखी गयी कविताओं में यही वह केन्द्रीय बिन्दु है जिसे

अनेक प्रकार से टटोला जाना चाहिए। निरन्तर शुष्क होते जाते, अमानवीय और क्रूर बनते जाते इस दौर की सबसे बड़ी त्रासदी यही है कि क्रूरता और अमानवीयता के सन्दर्भ भी कितने सहज ढंग से हमारे इस रोजमर्रा के सिस्टम में आत्मसात् हो गये हैं। मेहनत-मजदूरी करते बच्चे हर जगह हमारे चारों ओर उपस्थित हैं, फिर भी हम उनके होने से नावाकिफ होते हैं। वे मूक पशुओं की तरह हमारी दुनिया में हैं। हम सिर्फ उनका उपयोग करते हैं। और अपने उपयोग की इस दुनिया के बाहर उस ओर हमारा ध्यान नहीं जाता, हम विचलित नहीं होते। उनका होना रोजमर्रा के औसत सच का और हमारी आदतों का हिस्सा बना रहता है। किसी क्षण जब हमारी और उनकी दुनियाएँ एक दूसरे से टकराती हैं तो कुछ और अर्थ भी खुलते हैं। वे अनुभव ही कविता बन रहे हैं। लेकिन वहाँ भी हमारे 'कण्डीशण्ड रिफ्लेक्स' इस तरह के हैं कि वे हमारे अनजाने ही चीजों को देखने और महसूस करने की हमारी कुछ खास किस्म की सीमाएँ तय कर देते हैं। युवा कवि नरेश चन्द्रकर की कविता **'चाय की गुमटी में काम करते लड़के को देखकर'** इसी सन्दर्भ को उभारती है—

"उसकी देह भाषा से एक भी शब्द नहीं पढ़ा गया होगा
कभी"
"कितना छोटा हूँ अभी...!"
"खेलने कहाँ जाता हूँ मैं...!"
"घर कहाँ है मेरा...!"
"मुझे नहीं मालूम मैं कब यहाँ आया...!"
आश्चर्य है
होते हुए भी वह लड़का गायब था सबके बीच से

इस तरह की स्वीकारोक्ति से हमारे समय में एक खास तरह की कविता का जन्म हुआ है। उसकी मनोवैज्ञानिक व्याख्याएँ अभी होनी हैं। कवि की सारी भलमनसाहत के बावजूद ऐसी कविता में एक दृश्य को देखकर या तो किसी आश्चर्य की अभिव्यक्ति होती है या फिर कवि अपनी 'सब्जेक्टिव' मनोदशाओं में सारे तनाव का पर्यवसन कर लेना चाहता है।

मंगलेश डबराल की एक कविता है **'गाता हुआ लड़का'** जिसमें दिल्ली की बसों में गा-बजाकर भीख माँगते हुए अपना पेट भरने वाले बारह-तेरह बरस के लड़के और उसकी चार बरस की बहन का चित्र खींचा गया है—

"लड़का बीच-बीच में उसे डाँटता अपने पास बुलाता था
कहीं गिर न जाए वह नीचे चलती बस से
वह बार-बार ऊपर करता अपनी फटी पैंट को

जो नीचे खिसक रही थी
फिर भरपूर गले से गाता था किसी विकल राग के
कच्चे पक्के सुर
जिसमें नदियाँ बहती थीं पहाड़ पिघलते थे
जो बस की गर्मी और अधजगे मुसाफिरों के ऊपर
बादल की-सी छाया देते थे"

हम जब किसी दूसरी दुनिया में जी रहे उस बच्चे से जुड़ रहे हैं तब भी प्रकारान्तर से अपनी निजी भावदशाओं को ही पूरे दृश्य पर आरोपित कर रहे हैं। यह हम सबका संकट है। बाहर की सच्चाई के थोड़े से स्थूल विवरणों को रचने के बाद हमारे पास कोई उपाय नहीं रह जाता। वह संसार फिर भी एक रहस्यमय संसार ही बना रहता है। और जुड़ने के क्षण की यह भाव-ऊर्जा एक सीमा के बाद अन्ततः किस तरह हमें उतनी ही तेजी से अपनी निजबद्ध दुनिया में ला फेंकती है, आगे की पंक्तियाँ उसका एक उदाहरण हैं—

"वह गया हुआ ओझल
रस्ते भर रही मेरे साथ वह मीठी धुन
जिसमें उम्मीदें थीं और खुशी थी
इस तरह महज एक रुपये में मिली मुझे कविता
घर आकर मैंने वह धुन गायी मन में और रो पड़ा
कितना रहा अकारथ मेरा होना
कैसा विचित्र रात में यह रोना"

जहाँ ये दोनों दुनियाएँ मिलती हैं, उन बिन्दुओं पर बड़े तटस्थ ढंग से अपने वर्ग चरित्र की एक बेबाक पड़ताल नरेश सक्सेना ने अपनी कविता **'अच्छे बच्चे'** में की है। बड़े भोलेपन से शुरू होकर यह कविता अपनी पंक्ति में सहसा सारे भेद खोल देती है—

"कुछ बच्चे बहुत अच्छे होते हैं
इतने अच्छे बच्चों की तलाश में रहते हैं हम
और मिलते ही उन्हें घर
ले आते हैं, अक्सर
तीस रुपये महीने और खाने पर"

बाल-श्रमिकों पर लिखी जाने वाली कविताओं के लिए एक दूसरा आयाम चन्द्रकान्त देवताले और विष्णु खरे जैसे कवियों ने खोला है। देवताले की कविता **'थोड़े से बच्चे और बाकी बच्चे'** और विष्णु खरे की कविता **'घर'** बाल श्रमिकों पर लिखी गयी हिन्दी की सबसे महत्त्वपूर्ण कविताओं में गिनी जाएँगी। ये कविताएँ

अपने मूल स्वभाव में फोटोग्राफिक हैं लेकिन वे केवल फोटोग्राफिक ही नहीं हैं। हमारे यहाँ इन दिनों एक मानइर कविता ऐसी भी मिलती है जिसकी आकांक्षा मात्र किसी दृश्य का एक सरल-सा फोटोग्राफ रच देने तक सीमित है। शायद कवि-प्रेरणा के लिए यह सबसे प्राथमिक और कनविंसिंग रास्ता हो भी लेकिन अन्ततः तो किसी चित्र का मूल्यांकन आप इसी आधार पर करेंगे कि उसकी आन्तरिक जीवनन्तता कितनी तीक्ष्ण है, उसमें दृश्य की नाटकीयता का रचाव कैसा है, उसकी भंगिमा, तनाव और गतिशीलता के रूप कैसे हैं। और ये सब चीजें भाषा को कितनी दूर तक 'चार्ज' करती हैं, वास्तविकता के औसत बोध का किस हद तक अतिक्रमण करना चाहती हैं। ऐसी कविता में दृश्य के विवरणों को रचने में कवि यदि अपने आपको एक हद तक ओट में कर लेता है तब भी उस दृश्य की सघनता में हम हर जगह कवि-व्यक्तित्व को अनुभव करते हैं।

देवताले की कविता **'थोड़े से बच्चे और बाकी बच्चे'** इस दृष्टि से उल्लेखनीय है कि पूरे काव्य-तनाव को यहाँ बिना किसी अतिरिक्त प्रयास के सिर्फ चाक्षुष बिम्बों के एक जटिल 'कोलाज' में पाया गया है। सुखी और समृद्ध दुनिया के बच्चों की तुलना में भूख, अँधेरे और अभाव की दुनिया के बच्चों को दिखलाते हुए कवि दो दुनियाओं को एक-दूसरे के इतने करीब रख देता है कि अर्थ का एक विस्फोट-सा होता है। कवि कहीं भी आपको रुकने की सहूलियत नहीं देता। दृश्यों की वेग से भरी भीषण दुनिया है जिसमें आप अचानक घिर गये हैं। खाते-पीते बच्चों की दुनिया की तुलना में अभावों की दुनिया के बच्चों की छोटी-छोटी हरकतों को और समाज के साथ बनते उनके सम्बन्धों की मार्मिकता को इतने इंटेस तरीके से रचा गया है कि ये सारे दृश्य केवल जानकारी के स्तर पर ही नहीं चलते, बल्कि वे अनिवार्यतः एक अन्दरूनी हताशा, क्षोभ, गुस्से, बेचैनी और करुणा से हमारा साक्षात्कार कराते हैं। बाहर की दुनिया की यह वस्तुपरकता भी इतनी बेधक, उत्कट और तीखी है कि वह स्मृति खण्डों, चित्रों, बिम्बों और ऐन्द्रिकता की एक गहन आन्तरिकता को रचती है। कविता में आये पचास दृश्यों के पीछे एक आवेग भरी लय है जो औसत यथार्थबोध का अतिक्रमण कर ही पायी जा सकती है।

विष्णु खरे की **'घर'** कविता एक और भी जटिल संसार को रचती है। दिल्ली की एक सम्भ्रान्त कालोनी में घरेलू काम पर गयी स्त्री के तीन अबोध बच्चों का रोज पूरा दिन एक पार्क में बीतता है। यूँ देखने में कवि एक वस्तुनिष्ठ दृश्य को ही रचता है लेकिन ये विवरण अपनी एक अन्तर्धारा को साथ लाते हैं। हम दिन-प्रतिदिन के संसार में उस पूरे समय को अनुभव करते हैं जो शनैः-शनैः उन तीन छोटे बच्चों के भीतर से गुजरता रहता है। हम खुले में व्याप्त उस असुरक्षा को महसूस करते हैं जिसके ये बच्चे दिन-प्रतिदिन आदी होते जाएँगे। इन बच्चों के आपस में एक-दूसरे

से व्यवहार, बड़े बच्चे की छोटे बच्चे के प्रति जिम्मेदारी की भावना, उसकी एक प्रच्छन्न मार्मिकता, जीवन शक्ति—यह सब कुछ कितनी तरह की छोटी-छोटी बातों के ड्रामे के भीतर से झाँकता रहता है। कवि दृश्य के प्रति तटस्थ नहीं है, बल्कि वह हमें अपने सीमित परिबोध और आत्मबद्ध स्थितियों के दबावों से तटस्थ होकर बाहर के सच को देखने-परखने-जाँचने के तरीके सिखाता है। इसे रचने के लिए एक असीम धीरज, एक गहरा लगाव और एक तीक्ष्ण दृष्टि चाहिए। विष्णु खरे का कवि देखने के औसत तरीकों को ध्वस्त करना जानता है। वह लगभग एक ज़िद की तरह सूक्ष्मदर्शी यन्त्र का इस्तेमाल कर किसी सामान्य के भीतर छिपी असाधारणता को उद्घाटित करता है। इसमें नयी तरह की कलात्मक सम्भावनाएँ हैं। मनुष्य गतिविधियों का एक विराट थियेटर हमारे सामने खुल जाता है। हम कहीं भी एक दिये हुए सुनिश्चित फ्रेम-वर्क के भीतर तमाम तरह की गतिविधियों और उनसे जुड़ते मनोभावों के सम्पुजन को देख सकते हैं। जो वर्णित नहीं है वह भी एक अन्तर्धारा की तरह अपने अर्थ खोलता जाता है। हमारे अनेक युवा कवि इन दिनों यह समझे बैठे हैं कि विवरणों की तहों पर तहें लगाते जाने से वे विष्णु खरे जैसी कविता लिख सकते हैं। उन्हें ठहरकर यह सोचना होगा कि आखिर वह क्या चीज है जो विष्णु खरे को विष्णु खरे बनाती है।

अनूप सेठी की एक कविता **'सांस्कृतिक केन्द्र के अहाते में संस्कृति इतर चीजें'** बाल-श्रमिक की दुनिया पर एक बिल्कुल अलग तरह की कविता है। इस कविता में मजदूरी करते बच्चे के चेतन जगत् और अवचेतन का विलक्षण तरीके से फ्यूजन किया गया है। सांस्कृतिक केन्द्र के सभागार में बच्चे के गाँव से आयी संगीत मण्डली की महफिल जमी हुई है और कलाकारों की अपनी तन्मयता है। इसी केन्द्र के अहाते में बनी कैण्टीन में वह पहाड़ी बच्चा भी उतनी ही तन्मयता और कलाकारी से भोजन तैयार करने में जुटा हुआ है। भीतर सभागार में कला का एक मान्यता प्राप्त रूप है, अपना वैभव है। बाहर कैण्टीन में सब्जी काटने का अपना काम भी तो इस बच्चे के लिए एक कला ही है, जिसकी ओर किसी ने देखा तक नहीं। लेकिन कला की ये दो दुनियाएँ एक ही समय में एक दूसरे के समानान्तर हैं। बच्चे की कलाकारों की मण्डली में चाय के कपों और पानी के गिलासों के साथ आवा-जाही हो रही है। यहाँ एक उसके स्वप्न और स्मृति की दुनिया है जो उसके अस्तित्व के बाहर फैली दूसरी तमाम चीजों की ललक से जन्मी है। तो कैण्टीन में एक उसकी वास्तविक दुनिया जो बाहर की तमाम विशिष्टताओं के अक्स उसके अपने रोजाना के काम की कलाकारी में खींच लाती है। एक बेहद साधारण मान लिए गये जीवन में भी आत्म-गौरव किस तरह आकार लेता है, कवि ने इसकी एक दुर्लभ खोज की है। जिन प्रभावों से हमारा सामान्य बोध बनता है, कविता ने यहाँ उन्हें लगभग उलट-पुलट

दिया है। बाल-श्रमिकों पर लिखी गयी यह हिन्दी की उन गिनी-चुनी कविताओं में से है, जिसमें रचनाकार का मन्तव्य एक निक्रिय किस्म की दया उपजाना नहीं है। वह एक जटिल यथार्थ को पर्त-दर-पर्त उघाड़ता जाता है। हमें महसूस होता है कि सच उतना ही नहीं है, जितना हम देखते हैं और फिर आसान निष्कर्षों की ओर बढ़ जाते हैं।

बाल-श्रमिकों पर निश्चय ही कुछ और भी उल्लेखनीय कविताएँ लिखी गयी होंगी। यहाँ उद्देश्य उनकी संख्या गिनाना नहीं है। इस विषय पर सामने आयी कुछ कविताओं का जायजा लेते हुए हमारी दिलचस्पी उस केन्द्रीय बिन्दु पर एकाग्र होने की रही है, जहाँ रोजमर्रा की दुनिया में कुछ दिखता है और कुछ ओझल बना रहता है। कई बार तो हमें इसका आभास तक नहीं होता कि कितना कुछ ओझल है। कला उस अदृश्य को ढूँढ़ने की ओर बढ़ती है। कला शायद इसी तरह सामान्य जानकारियों, सूचनाओं और निष्कर्षों की आदतों के खिलाफ अपने होने को साबित करती है। आपदाओं के सबसे कठिन समय में वह शायद इसी तरह हमारे लिए प्रासंगिक है।

('अन्यथा' नवम्बर' 2005 में प्रकाशित)

सर्जना का संकट

प्रिय सम्पादक जी,

आपने वर्तमान समय और सृजन की स्थितियों पर कुछ लिखने को कहा था और मुझे कुछ सूझ नहीं रहा था कि क्या लिखूँ और कहाँ से बात शुरू करूँ? आप थोड़ा-सा घर से बाहर निकलते हैं और यह दुनिया कितनी बदली-बदली-सी नज़र आती है! मैं तो घूमते-भटकते आज काफी दूर निकल आया हूँ। कोंकण इलाके के इस छोटे-से गाँव काशीद में, जहाँ अन्दरूनी हिस्से में अभी ढंग की सड़कें भी नहीं हैं, दिन भर कड़क धूप में खेत तपते रहते हैं और गर्म हवा के साथ उड़ती हुई धूल। एक ऐसी जगह जहाँ दिन में आठ घण्टे बिजली गुल रहती है, जहाँ जल का संकट है, अच्छे अस्पताल और स्कूल तक नहीं हैं, वहाँ भी दो दुनियाएँ साथ-साथ दिखायी देती हैं। 'स्पेशल इकॉनॉमिक जोन' बनाने के लिए छीनी जाती हुई ज़मीनें, कारपोरेट कृषि और ऐशगाहों की फैलती हुई एक दुनिया और दूसरी उन विस्थापित किसानों की दुनिया, विशृंखलित समय, उखड़ती हुई परम्पराएँ जिसकी दास्तान उनके झुर्रियों से भरे चेहरों और सूनी आँखों में बसी हुई है। या कम से कम हम जैसे कला और विचार के मारों को ऐसा लगता है कि वहाँ दास्तान छिपी हुई है। सैलानियों और विस्थापित किसानों के बीच अरब सागर के नीले जल, ताड़ और नारियल के वृक्षों, सफेद धुली हुई रेत, टूरिस्ट बँगलों, बीयर बारों, धान के खेतों और छोटी-छोटी पहाड़ियों और पथरीली चट्टानों के उस तरफ गुम हो जाती दुनिया—क्या इस सबका कोई मानवीय अर्थ अब बनता है? कला कहाँ से बात को उठायेगी? उस किसान के दूर से देखे गये जीवन की छोटी-मोटी घटनाओं की तफसीलों और घटित की इतिवृतात्मकता रचते हुए वाचक के स्वाद में? शब्दों की वाचालता में? बीत गये के नॉस्टेलजिया में? या सागर की मनोरम लहरों के बीच छिपी किसी चुप्पी के सौन्दर्यीकरण में? मुझ जैसे सैलानी की निष्क्रिय सहानुभूति और एक पीड़ित का क्लेश आपस में मिलकर क्या आज कला में एक सोशियॉलाजिकल 'क्लीशे' से ज्यादा कुछ बन पा रहा है? हैरान हूँ कि अभी कुछ दशक पहले तक कला में विशृंखलित समय और गड्ड-मड्ड जीवन स्थितियों का सच इस कदर एक केन्द्रीय समस्या नहीं

बना था। क्या हम इस भौतिक और आत्मिक विस्थापन को समझने और रचने के नये 'टूल्स' खोज पा रहे हैं?

मैं अभी यहाँ इस छोटे-से ढाबे में बैठा सामने एक टेलिफोन बूथ देख रहा हूँ जिसके शीशे की दीवार पर मोटे मोटे पीले हरफों में STD और ISD लिखा हुआ है। पगड़ी बाँधे वह मैला-कुचैला कोंकणी किसान उस टेलिफोन बूथ से अभी-अभी बाहर निकला है। आश्चर्य है कि जहाँ जीवन की बुनियादी ज़रूरतें भी अभी मुहाल है, वहाँ टेलिफोन बूथ कैसे और कब उस गरीब किसान की दैनिक जिन्दगी की एक जरूरत बना दिया गया है और क्यों? इस किसान ने एसटीडी पर देश के किसी दूसरे स्थान पर या दुनिया के किसी दूसरे हिस्से में किससे और क्या बातें की होगी? या क्या वह अन्तरिक्ष में किसी से बातें कर रहा था? क्या वह एक अतियथार्थवादी दृश्य नहीं है?

बहुत पहले देखी गयी एक चीनी फिल्म का लगभग हू-ब-हू ऐसा ही दृश्य मुझे याद हो आया। नब्बे के दशक में वहाँ कारपोरेट परियोजनाएँ किसानों को अपनी जमीनों से बेदखल करती जा रही थीं। कौन भूल सकता है वह अद्‌भुत दृश्य जिसमें एक छोटे-से देहात में अपनी उजड़ चुकी जिन्दगी का दर्द लिए वह विस्थापित चीनी किसान एक एसटीडी बूथ में जाता है और टेलिफोन पर अपना दुख जाने किससे बाँटना चाहता है। उसके पास भाषा नहीं है, शब्द नहीं है, अभिव्यक्ति नहीं है और अचानक उसके गले से अजीब अजीब आवाजें निकलने लगती हैं। सारा टेलिफोन बूथ उन भयावह किस्म की दबी-घुटी आवाजों से भर जाता है। यही हाशिये पर छूट गये उस आदमी की भाषा थी जिसे काँच के इस तरफ की दुनिया में कोई समझ नहीं सकता।

उस आवाँ गार्द चीनी निर्देशक की फ़िल्म में कला का वह एक क्षण था। पूँजी की बेरहम दुनिया, एलियनेशन, संवाद का आधुनिक यन्त्र और आदमी के भीतर की आवाज का यह सम्बन्ध एक भौतिक सच्चाई से बाहर निकलकर एक मैटाफर में बदल गया था। कला हमारे भीतर पैठ गये इस गूँगेपन को रच ही रही। वह उन स्थगनों और अन्तरालों में गयी जहाँ नैरेटिव भंग हो गये हैं, सारे 'सोशल कंस्ट्रक्ट' बिखर गये हैं। वे क्षण जहाँ सारे प्रबन्धकीय कौशल के सामने एक अमूर्तन इस जीवन के रहस्यों को पहले से ज्यादा घना करने लगता है।

20वीं सदी में पूँजीवाद के विकास के साथ हमने कला की भूमिका में इस रेडिकल परिवर्तन को देखा था। वह यथार्थ और इस दुनिया का प्रतिबिम्ब बनाने के अपने काम से बाहर निकल आयी थी। कला अब यथार्थ के प्रतिनिधि रूपों और मनुष्य के अनुभव जगत् के बीच पसर गयी किसी फाँक से पैदा होती थी। इसी बुनियादी अन्तर्विरोध ने वैयक्तिक कलाकार को जन्म दिया जो आरोपित यथार्थ

का अनुचर नहीं, बल्कि एक आलोचनात्मक दूरी बनाकर अपना काम करता था। हमें अब तक यही लगता रहा कि हमारे समय में कलाओं का यही एक स्वप्न है कि वे हर तरह की केन्द्रीयता, तानाशाही और एकल अर्थों के वर्चस्व को भंग करें। टेक्नालॉजी और मुनाफे पर आधारित अर्थव्यवस्था की जटिलताओं और सामाजिक ढाँचे के भीतर मनुष्य के एलियनेशन को व्यक्त करने की यह एक नयी तरह की चुनौती थी। बाहर से दिये गये तमाम कामचलाऊ विवरण कला में आकर अर्थहीन हो जाते थे। वे अमूर्तन, वे दिवास्वप्न, वे क्रमभंगताएँ, वे स्थगन, वे उलटफेर, वह व्यक्तिगत का स्पेस, वे अवचेतन के बिम्ब, वे अभिव्यक्ति के टूटे-फूटे विन्यास, वे विरुद्धों के अप्रत्याशित साहचर्य—इन्हीं सबके मार्फत कला ने बीसवीं सदी में सारी निरंकुशताओं के बीच अपने होने को प्रमाणित किया था। युद्ध, अधिनायकवाद, दमन, क्रूरताएँ, नौकरशाही, तदर्थवाद और प्रोपेगेण्डा की एकआयामी दुनिया में तमाम तरह की ऊलजुलूलताओं के बीच से गुजरता हुआ सर्जक का वह अकेलापन, भीतर की अस्फुट आवाजें, बचे रह गये हाशिये, उद्विग्नताएँ और सम्पूर्णता की एक आकांक्षा और उसे व्यक्त करने की वे तमाम कठिन प्रतिज्ञाएँ—कला ने हमें कितना कुछ दिया था। बीसवीं सदी के आरंभिक दशकों से लेकर सदी के उत्तरार्द्ध तक वे अलग-अलग प्रतिसंसार। लुई अरागां, आन्द्रे ब्रेतां और पाल एलुआर से लेकर गिंसबर्ग तक की वे तमाम कविताएं, पिकासो, डाली, शगाल, मातीस और फ्रिदा काहलो तक के वे बेचैन चित्र, बुलेन, एन्तोनिओनी, सिडनी पीटरसन और स्टान ब्रारवेज का वह अतियथार्थवादी सिनेमा—वह सब अलग-अलग तरीकों से अब एक जगह की खोज थी जहाँ स्वप्न और यथार्थ की सहवर्तिता को रचा जा सके, जहाँ तर्क की तानाशाही से लड़ा जा सके। वह कला जो हमें हमारी तन्द्रा, आत्मतुष्टि और सुकून की एकायामी दुनिया में झकझोर देती थी, आघात पहुँचाती थी। वह कला जो अपने होने का इस हद तक जोखिम उठाती थी कि कई बार वहाँ संवाद के सारे पुराने पुल लगभग टूट गये थे और वह विशुद्ध आन्तरिकता की एक 'प्राइवेट भाषा' बन गयी थी। पुराने रूपबन्धों को ध्वस्त कर देने की यह लड़ाई बहुत हद तक कलाकार के नियोजित व्यक्तित्व को तोड़-फोड़ देने की लड़ाई भी थी। एक ऐसी भाषा जो सर्जक मन के भीतर लगभग एक मिथकीय स्तर पर अपने अर्थों को पुनर्संयोजित करना चाहती थी। वह आपको इस दुनिया में प्रवेश के लिए आमन्त्रित भी करती थी और किसी फौरी व्याख्या का निषेध भी करती थी। ऐसी आवांगार्द कला ने दिन प्रतिदिन के अति सामान्य जीवन और नामालूम सन्दर्भों को भी एक विस्फोटक सामग्री में बदल देना चाहा था। सर्जनात्मक का वह एक ऐसा दौर था जब हाशिये पर खड़े रहकर भी कलाकार का व्यक्तित्व बाहर के पूरे निज़ाम को अपनी निषेधात्मक ऊर्जा से चुनौती दे सकता था। जब पीटर बर्जर जैसे कला विचारक यह कह सकते थे कि

"आवांगार्द कला की यह स्वायत्तता बुर्जुआ समाज में सार्वजनिक क्षेत्र की तरह एक ऐसी स्थिति है जो ऐतिहासिक विकास के अन्तर्विरोधों को छिपाती भी है और उसी समय उन्हें व्यक्त भी करती है। कला की यह स्वायत्ततता इस अर्थ में महत्त्वपूर्ण है कि उसने पूँजीवादी समाज में श्रम के विभाजन की अपरिहार्य स्थिति को नकार दिया है।" ऐसी तमाम आवांगार्द कला सारे उपयोगितावाद और यान्त्रिकता के बीच पुरानी कारीगरी के आत्मजगत् की किसी पूर्णता को रचना चाहती थी। मुझे कला की स्वायत्ता को एक दूसरे तरीके से देखने का यह तर्क हमेशा बहुत सारगर्भित लगता है। 'स्वायत्तता' शब्द यूँ जो आज बहुत बदनाम हो चुका है लेकिन हम देखें कि बीती सदी के उन तमाम असाधारण आधुनिकतावादियों के यहाँ इसी के मार्फत वह विकलता व्यक्त होती थी जो मनुष्य को 'कमोडिटी' बनाये जाने की स्थिति में जन्मी थी। वह स्थिति जहाँ पूँजी, यन्त्र और मुनाफे पर आधारित 'रेशनेलिटी' के विरुद्ध अतार्किकता का एक प्रतिपक्ष था। एक ऐसी कला जिसमें बाहर और भीतर जैसे आसान विभाजन नहीं थे। 'रूप' और 'वस्तु' के सरल कटघरे नहीं थे। लूकाच, बेंजामिन, एडोर्नो और ब्रेश्ट के बीच चलीं वे पिछली सदी की सबसे महत्त्वपूर्ण बहसें। और वे तमाम असाधारण उपन्यासकार, नाटककार, कवि और फिल्मकार जिनकी कला आधुनिकता की कोख से जन्मी थी पर जो लगातार आधुनिकतावाद से लड़ते-झगड़ते रहने के लिए अभिशप्त थे। कलाकार का यह आत्मजगत् चीजों के साथ रहते हुए भी उनका अतिक्रमण कर जाने के सौन्दर्यशास्त्र पर टिका हुआ था। इन सब कलाकारों ने एक इकाई के रूप में मनुष्य के त्रासद निर्वासन के सवाल को उठाया था और अपने दिमागी गुहा अन्धकार में छिपे ओरांग-उटांगों और ब्रह्मराक्षसों को व्यक्त करने के बीहड़ रास्ते चुने थे।

हमने अपने यहाँ भी तो देखा कि किस तरह आजादी के 10-15 वर्षों के भीतर ही साहित्य में राष्ट्रवाद के रोमानी आदर्शों और बाहर से थोपे गये समन्वय ने दम तोड़ दिया। सामंजस्य, केन्द्रपरकता, विकास के मोहक बिम्ब, शक्ति की संस्कृति और आरोपित एकन्विती के खिलाफ असन्तोष के स्वर उठने लगे। वैयक्तिक अराजकता से लेकर संगठित विद्रोह तक की राजनीति के तमाम स्वरों को साहित्य की दुनिया में देखा जा सकता था। संस्थानीकरण, जाति और लिंग आधारित अवधारणाएँ, बुर्जुआ सौंदर्यरूचि और तमाम संरचनाओं तक के खिलाफ एक अभूतपूर्व बेचैनी सातवें दशक में उभरी थी। हमने पहली बार साहित्य में एलियनेशन, शहरी लैण्डस्केप और बाजार संरचना की छवियों को उभरते देखा था। यह सब मूल्यवान था। सर्जक के भीतर की वह कशमकश महत्त्वपूर्ण थी जहाँ न सामने घटते का स्वीकार था और न पीछे लौटने का कोई नोस्टेलजिया बचा था।

लेकिन इन पिछले दो दशकों में पूँजीवाद ने अपना गीयर बदला है और रफ्तार

बहुत तेज हो गयी है। विकसित पूँजी की इस अवस्था में सर्जनात्मकता अब वस्तुओं का अतिक्रमण करने वाली किसी रेडिकल सौन्दर्यचेतना से चालित नहीं, बल्कि वस्तुओं के इस संसार में अधिकाधिक खपती चली गयी है। एक बार जब बाजार और उपयोग के लिए वस्तुओं का सौन्दर्यीकरण किया जाने लगता है तो उनका महत्त्व उनकी उपयोगिता में नहीं, उनकी छवियों में केन्द्रित हो जाता है। कला इन अर्थों में आज अपना प्रतिसंसार रचने की भूमिका खो चुकी है। हमारे समय में तमाम तरह के व्यावसायिक प्रतीक चिह्नों और ब्राण्ड छवियों का इतना बोलबाला है कि वह इस बात का सूचक है कि हमारी सौन्दर्यचेतना और वस्तुओं का किस हद तक एकीकरण हो चुका है।

मूल सवाल यह है कि उपभोग आधारित 'मास कल्चर' से क्या आज सार्थक कला की कोई मुठभेड़ सम्भव है? यदि सम्भव है तो उस मुठभेड़ के रास्ते आज किस तरह के होंगे? और उस कला की व्याप्ति का संसार कहाँ तक होगा? वाल्टर बेंजामिन ने तीन चौथाई सदी पहले यह कहा था कि कला का यान्त्रिक पुनरुत्पादन उनके पुराने रहस्यलोक को खत्म करेगा और कलाएँ विशेष वर्ग के एकाधिकार से बाहर निकल कर व्यापक समाज में अपनी जगह बनायेंगी। क्या बेंजामिन इस बात को समझ पाये थे कि पूँजी की अगली अवस्था टेक्नालॉजी के साथ मिलकर उच्च कला और जन सामान्य की कला जैसे पुराने भेदों को बेमतलब बना देगी? कलाओं पर विशेषाधिकार वाला वह पुराना 'रहस्यलोक' मिट जरूर जायेगा पर यही कलाएँ जन सामान्य के बीच उपभोग का एक नया मालाजाल बुनने लगेंगी? पुराने समयों की कलाओं में व्यक्त सारे विद्रोह और असन्तोष के स्वर मौज़ और आनन्द की छवियों में रूपान्तिरित हो जायेंगे। खुशहाली, विस्मृति, उन्माद और परवशता का एक निराला ही अतियथार्थवादी स्वप्न लोकप्रिय कला रचने लगेगी? यह लोकप्रिय कला हर सर्जना को उसके सन्दर्भ से अपदस्थ कर महज उसे एक 'कमोडिटी' में बदल डालेगी? सर्जना में निहित वह सारा आत्मिक बोध एक सार्वजनिक रूप से नियोजित समय में बदल जायेगा। यह लोकप्रिय कला विशाल कारपोरेट हाउसों से प्रायोजित होगी और इसका मूल उद्देश्य जन समाज में निरन्तर एक छद्‌म चेतना को रचते रहना होगा?

हमारा पिछला पूरा एक दौर निरंकुशता के सामने कलाकार की निषेधात्मक ऊर्जा के गुन गाते बीता है। कलाकार की स्वायत्तता, उसका विराट अहम् और उसकी निषेधात्मक ऊर्जा। क्या है वह निषेधात्मक ऊर्जा? आज हम क्या उसे केवल विचारधारा के गैरद्वन्द्वातमक, सरलीकृत निष्कर्षों, आत्मतुष्ट मुद्राओं, तदर्थवाद और प्रायोजित किस्म के अकादमिक विमर्शों से हासिल कर सकते हैं? बेंजामिन के मित्र और उन्हीं की तरह एक बड़े विचारक थियोडोर एडोर्नो के भीतर टेक्नालॉजी को

लेकर ऐसा आशावाद नहीं था। वे एक ऐसी उपभोक्तावादी संस्कृति के उदय को देख रहे थे जो हर मानवीय अर्थवत्ता को लील जायेगी। 'कल्चर इन्डस्ट्री' निबन्ध में उन्होंने लिखा कि "संस्कृति के इस उद्योग ने मनुष्य की सबसे आत्मिक प्रतिक्रियाओं को पूरी तरह से बदल दिया है। हर चीज अब केवल व्यावसायिक हितों की दृष्टि से सोची जाती है। व्यक्तित्व का अर्थ अब मात्र चमकते हुए दाँतों की सफेदी है। परिष्कृत का मतलब यह कि आप अपने बदन से उठती गन्ध और भावनाओं से मुक्त हो गये हैं।" संस्कृति का ऐसा सार्वभौमिक प्रतिनिधित्व आधुनिकता के उन पिछले समयों में भी नहीं था जब वह विभिन्न समाजों, जीवन शैलियों, साम्राज्यवादी आधिपत्य और औपनिवेशिक प्रक्रिया के बावजूद बची हुई थीं। सभ्यता के इतिहास में इस मास संस्कृति की सबसे विकट चुनौती यह है कि इसका पूरा आधार एक ऐसे अनोखे टेक्नॉलाजिकल आधार पर खड़ा है जिसने उत्पादन, संचार और सामाजिक गठन की अब तक की सारी अवधारणाओं और गुणवत्ताओं को भी बदलना शुरू कर दिया है।

सम्पादक जी, आपने सर्जनात्मक संकट पर कुछ लिखने को कहा था। मुझे मालूम नहीं कि मैं चन्द बातों को यहाँ ठीक से रख पाया हूँ या नहीं। मैं यह पूछना चाहता हूँ कि क्या हम आज यह कहने की स्थिति में हैं कि मनुष्य के भीतर का वह आत्मबल आज भी इतना अक्षुण्ण है कि वह ताकत, मानकीकरण और यदि ऐसा है तो क्या उसका कोई विराट तनाव, कोई अथक घमासान, कोई दुर्निवार अभिव्यक्ति, कोई गहरा अवसाद, कोई बुनियादी तोड़-फोड़ हम आज अपनी सर्जना में ला पा रहे हैं? पत्र के शुरू में मैंने कोंकण के एक गाँव के उस नामालूम किसान का ज़िक्र किया था जो एक एसटीडी बूथ या आईएसडी बूथ में जाने किससे क्या बातें करने घुसा था। पिछले दौर की आवां गार्द कला उस किसान को सीने में जमा किसी अवरुद्ध तनाव की ध्वनियों को रचती थी। क्या पता वह किसान अब अपने भौतिक और आत्मिक विस्थापन का आदी होने लगा हो। आज शायद हम उसके उस अन्तर्जगत् तक भी न पहुँच पायें। क्योंकि उसका कोई अन्तर्गत यदि अब तक बच रह गया हो तभी तो कला उसकी खोज करेगी!

आपका

विजय कुमार

('अकार'-25 (2009) में सम्पादक प्रियंवद को लिखे एक लम्बे पत्र के रूप में प्रकाशित)

क्या कविता का अनुवाद सम्भव है?

"अनुवाद में जो खो गया, वही तो कविता थी।"

–रॉबर्ट फ्रॉस्ट

अंग्रेजी के प्रसिद्ध कवि टेड ह्यूज़ द्वारा किये गये यूरोपीय कवियों के अनुवाद की पुस्तक 'सेलेक्टेड ट्रांसलेशंस' अभी कुछ समय पहले आयी है। ये वही अनुवाद हैं जो टेड ह्यूज़ 'मॉडर्न पोएट्री इन ट्रांसलेशंस' जैसी अत्यन्त महत्त्वपूर्ण कविता-पत्रिका के माध्यम से साठ के दशक में करते रहे थे। एक कवि के रूप में टेड ह्यूज़ की जो उपलब्धियाँ रही हैं, कविताओं और काव्य-नाटकों के अनुवादक के रूप में उनकी उपलब्धियाँ उससे कम नहीं हैं। साठ के दशक में 'मॉर्डन पोएट्री इन ट्रांसलेशंस' (एम.पी.टी.) के अंक जब प्रकाशित होने लगे थे, तो संसार भर में लोगों को दूसरे महायुद्ध के बाद के पचासों महत्त्वपूर्ण यूरोपीय कवियों के बारे में पता चला। हमारे अपने देश में भी यहूदा अमीखाई, वास्को पोपा, तोदूयुश रोज़ेविच, होलुब, लोर्का और मेकाडो जैसे कवियों के नाम हमने साठ के दशक में ही अपने वरिष्ठों के मुँह से पहली बार सुने थे। आज इनके बिना बीसवीं सदी की कविता की कोई भी चर्चा बेमानी है।

अपनी इस पुस्तक में टेड ह्यूज़ ने अपने उस वक्त के सम्पादकीय भी दिये हैं, जिन्हें आज दोबारा पढ़ना दिलचस्प है। एक जगह वे लिखते हैं "कविता के प्रचुर अनुवादों के इस दौर में अनुवाद के बारे में तरह-तरह के मत प्रचलित हैं। हमारे विचार से इनमें से जितनों का खण्डन किया जाये, बेहतर है, लेकिन अपनी पत्रिका के अनुभव से मैं यह बहुत यकीन के साथ कह सकता हूँ कि मौलिक भाषा में कवि को जानने के लिए पहली आदर्श स्थिति तो उसका शाब्दिक अनुवाद है। शब्दशः अनुवाद में से उभरती विचित्रताएँ और एक छटपटाता गूँगापन ही वह चीज है, जहाँ अपनी कल्पना एक उछाल लेती है। एक व्यक्ति जिस भाषा के केवल चन्द शब्द जानता हो, उसमें सचमुच कुछ गम्भीर कहने की उसकी इच्छा किसी दुभाषिये की बनिबस्त उससे कुछ ज्यादा प्रभावशाली और विश्वसनीय कहला देती है; और अनूदित

कवि से उस व्यक्ति का वह पहला और सीधा सम्पर्क है—चाहे ज़ितना हकलाता हुआ और टूटा-फूटा क्यों न हो और उसकी यह गम्भीरता ही तो हम उससे चाहते हैं। जिस पल हम उसके शब्दों को टटोलते हैं, हम कमोबेश जान लेते हैं उसने क्या कहा था और हमने उसे खो दिया है।''

काव्य-अनुवाद की इस पुस्तक को पलटते हुए कितनी बातें ज़ेहन में उठती रहीं। साहित्यिक अनुवादों में कविता के अनुवाद की जितनी चर्चाएँ होती हैं, उतनी अन्य किसी विधा के अनुवाद की नहीं। कविता का अनुवाद लगभग असम्भव कार्य माना जाता है, क्योंकि कविता का अर्थ भाषा में होते हुए भी भाषा के पार जाता है। उसमें सिर्फ शब्द ही नहीं हैं। कविता उन शब्दों के आपसी सम्बन्धों और उन शब्दों के बीच छूटी हुई जगहों में भी बसी होती है। वह शब्दों के पार जाती है। कथन की भंगिमाएँ, संवेदनात्मक ज्ञान, संरचनाओं की तहदारियाँ, नाद सौन्दर्य, भाव सम्पदा, उपमाएँ और उपमान, कल्पना की उड़ान, ध्वनियों के विशिष्ट रूप, लय का आरोह-अवरोह, सामाजिक संस्कारों की अर्थछटाएँ, मुहावरों की स्थानिकता, जातीय स्मृतियाँ, स्वप्न जगत्, सामूहिक अवचेतन, परोक्ष और अपरोक्ष के जटिल सम्बन्ध, परम्पराओं से पोषित बोध और मूल्य चेतनाएँ, अनकहे को भाषा के भीतर कथनीय बनाने की युक्तियाँ और इस सबकी अनेक स्तरीयता—क्या इस सबका किसी दूसरी भाषा में अनुवाद सम्भव है? प्रसिद्ध फ्रेंच कवि पॉल वेलरी का वह बहुउद्धरित कथन याद आ रहा है कि ''गद्य यदि एक स्थान से दूसरे स्थान तक की यात्रा है, तो कविता अपनी जगह पर नृत्य है। गतिमयता, उद्देश्य और यात्रा तो दोनों रूपों में है—पर कितनी अलग। कविता की इस सांकेतिकता को उसका गोपन कक्ष कहा गया है। वेलरी कहते हैं" "The unsayable builds a secret room, in the best poem, which shows in the excess of feelings over paraphrase. The room is not a hidden meaning, to be paraphrased by the intellect, it conceals itself from reasonable exploration. The secret of room is something to acknowledge, accept and honour in a silence of assent. The secret room is where unsayable gathers, and it is poetry's uniqueness. The poetry saying the unsayable rides in the two ways of seeing and understanding together."

हिन्दी के कवि धूमिल के शब्दों में कहें कि—

''कविता माँगती है/एक समूचा आदमी/अपनी खुराक में''

आजकल वैश्विक-संचार, वैश्विक-अर्थ व्यवस्था, वैश्विक-राजनीति, वैश्विक-संस्कृति जैसे पद खूब चलते हैं। क्या हम अनुवाद द्वारा कविता की एक भाषा में रची-बसी मानव मन की किसी जटिल अभिव्यक्ति को दूसरी भाषा में रूपान्तरित करते हुए स्थानिक विशेषताओं, देशज सौन्दर्यबोध को किसी विश्व-भाषा में रिड्यूस कर देना

चाहते हैं? बहुत से लोग इसलिए कविता के अनुवाद को उचित नहीं मानते। प्रसिद्ध अमरीकी निबन्धकार डब्ल्यू. एस. पियरो कहते हैं कि "Local customs, idioms as determined in part by regional dialect, cranky temperament all the heterogenous strains that make up a country's literacy tradition-these are not reducible, should not be reduced to any homogenous world language or international style. The private life of a poetry should not be curtailed or constricted by the appearant exigencies of public transmission."

पियरो बहुत सख्त शब्दों में कहते हैं कि किसी विश्व-भाषा के आवाहन का विरोध करने के बहुत सारे व्यावहारिक कारण हैं। हाल की संचार प्रौद्योगिकी ने सूचनाओं और घटनाओं की प्रस्तुति को अधिकाधिक मानक बनाना आरम्भ कर दिया है। वे आगे कहते हैं कि "its reductive milling process strips experience of nuisances, suggestivity, feelings, historical resonance, tone, diction, form, attitude and values associated with community sensibility, geographical peculiarties and time sensibilities."

प्रौद्योगिकी आधारित संचार के इस एकीकृत रूप के जिन खतरों की ओर पियरो ध्यान आकर्षित कर रहे हैं, उनके मुकाबले साहित्य और संस्कृतियों के आपसी संवादों ने बिना स्थानिकताओं के लिए खतरा पैदा किये, मूल्यों और संवेदना की एक विश्व-संस्कृति को हमेशा से बढ़ावा दिया है। सैकड़ों वर्षों से एक भाषा और संस्कृति में जन्मी कविता का दूसरी भाषा और संस्कृति में अनुवाद होता रहा है। यह एक आवागमन है। हममें से कितनों ने होमर, दांते, वर्जिल, गेटे, जिमनेज़, बोयख्खो, कवाफी, बोर्हेस, बॉदलेयर, मेलार्मे, उमर खय्याम, हाफिज़, मायकोव्स्की, आख़्मातोवा, नाजिम हिकमत, नेरूदा, रित्सोस, रिल्के, लोर्का, होलुब, मोंताले, पेसोआ, अमीखाई या शिम्बोर्स्का की कविताओं को उनकी मूल भाषाओं में पढ़ा है? ये तमाम असाधारण कवि ग्रीक, लैटिन, इतालवी, पुर्तगाली, स्पेनिश, जर्मन, फ्रेंच, रूसी, पोलिश, तुर्की, फारसी और हिब्रू आदि भाषाओं से अंग्रेज़ी में अनूदित होकर ही तो हम तक पहुँचे हैं। चाहे जितने भी पहुँचे और जिस रूप में भी पहुँचे। निश्चय ही इन्हें मूल में न पढ़ पाने के कारण हमारे रसास्वादन की अनेक सीमाएँ हैं, लेकिन इसके बावजूद यदि हमने अनुवाद में इन कवियों को न पढ़ा होता तो विश्व-कविता की अलग-अलग नागरिकताओं से क्या हमारा परिचय कभी हो पाता? क्या हमें उन स्थानिकताओं, देशज प्रभावों और जातीय परम्पराओं का कोई आभास हो पाता, जिसे प्रौद्योगिकीमूलक वैश्विक संचार की आधुनिकता ज्यादा महत्त्व नहीं देती है। तब हमारे सौन्दर्य-बोध की यह दुनिया कितनी सीमित और एकांगी होती। संचार प्रौद्योगिकी के बुलडोज़र से पैदा हुए आसन्न संकटों की बहस को फिलहाल छोड़ दें और यदि साहित्य की

विश्व नागरिकता की ओर लौटें, तो हम पाएँगे कि हमने बिना स्थानिकताओं को खाये एक सार्वदेशिकता को उपलब्ध किया है। कोई भी व्यक्ति संसार के महान कवियों को उनकी मूल भाषाओं में नहीं पढ़ सकता। कम से कम एक मनुष्य जीवन में तो यह सम्भव नहीं है। हमने अनुवादों के जरिये ही सही, कविता की जिस विश्व-नागरिकता को जाना है, उसमें हम रचनाकारों की स्थानिकताओं, उनकी विशिष्ट भंगिमाओं और अलग-अलग काव्य-व्यक्तित्वों में फर्क कर सकते हैं। मोंताले, लोर्का और ब्रेश्ट तीन अलग-अलग भाषाओं के ही महान आधुनिक कवि नहीं हैं, वे लगभग एक ही समय में होते हुए भी एक-दूसरे से कतई अलग हैं। अंग्रेजी में आकर भी वे अपनी मूल विशिष्टताओं को खोते नहीं। प्रसिद्ध अमरीकी लेखिका सूसन सोंताग का यह कथन याद आ रहा है कि "Translation, when it fails, ought to fail through obscurity or over museled awkwardness, not through reductiveness."

सूसन सोन्ताग और टेड हयूज जैसे एक ही बात को दो अलग-अलग कोणों से कह रहे हैं। रॉबर्ट फ्रॉस्ट ने जब यह कहा था कि "कविता वह है, जो अनुवाद में खो जाती है," तो उन्हीं के बरक्स रूसी कवि जोसेफ ब्रॉडस्की कहते हैं कि "कविता वह है जो अनुवाद के बाद भी बची रहती है।" कितनी दिलचस्प स्थिति है। जो बचा रह गया वह भी क्या कम महत्त्वपूर्ण है। मेक्सिको के कवि ऑक्तोवियो पाज़ इसी में एक नया आयाम जोड़ते हैं कि "कविता वह है जो रूपान्तरित हो जाती है।"

अंग्रेजी के कवि एज़रा पाउण्ड ने अपने चर्चित निबन्ध 'हाउ टू रीड ए पोएम' में कविता की भाषा के तीन मुख्य भेद बताये हैं—'मेटापोइया, अर्थात् कविता का वह तत्त्व जो रूपक से सम्बन्धित है। दूसरे, 'फोनापोइया—जो उसका ध्वनि तत्त्व है और तीसरा 'लोगापोइया'—जो शब्दों के भीतर बुद्धितत्त्व का नृत्य है। एजरा पाउण्ड कहते हैं कि यदि इस अन्तिम तत्त्व को भी हमने दूसरी भाषा में संरक्षित कर लिया, तो भी अनुवाद का प्रयत्न अकारथ नहीं गया।

एजरा पाउण्ड द्वारा किये गये प्राचीन चीनी कविताओं के अनुवाद मूल के प्रति एक अनुवादक की वफादारी और बेवफाई के दिलचस्प उदाहरण हैं। पाउण्ड चीनी भाषा नहीं जानते थे। एक प्राच्य-विद्या-विशेषज्ञ और चीनी भाषा के जानकार अर्नेस्ट फेनोलोसा की मृत्यु के बाद चीनी कविताओं के सम्बन्ध में उनके लिखे हुए नोट्स एज़रा पाउण्ड के हाथ लगे। इन नोट्स के आधार पर पाउण्ड ने 8वीं सदी के चीनी कवि ली पो की कविताओं का 1913 में अनुवाद किया। आठवीं सदी के प्राचीन कवि की कविताओं का बीसवीं सदी में किया गया यह अनुवाद मूल रचनाओं के कितना निकट था और कितना दूर यह बहस का विषय रहा है, लेकिन यह सच है कि इन अनुवादों में एक प्राचीन कवि का इतिहास के एक दूसरे युग में पुनर्जन्म

था। यह अनुवाद इन मूल कविताओं का एक प्रकार से उत्तर-जीवन था। जर्मन विचारक वाल्टर वेंजामिन कहता है कि हर अनुवाद मूल-कृति का उत्तर-जीवन (पोस्ट लाइफ) है, जो बदलते सन्दर्भों में मूल कृति के सारतत्त्व का विस्तार करता है। एज़रा पाउण्ड ने भिन्न संस्कृति के एक प्राचीन कवि को जिस तरह से अपनी भाषा में प्रत्यारोपित किया, उसने बीसवीं सदी की समूची आधुनिक अंग्रेजी कविता को गहरे प्रभावित किया। आधुनिक कविता में बिम्बवादी कला आन्दोलन को खड़ा करने में इन प्राचीन चीनी कविताओं से बहुत मदद मिली। प्राचीन चीनी कविताओं का यह सौन्दर्य-बोध 1940 में एज़रा पाउण्ड की आधुनिक रचना 'केण्टोस' के सृजन में एक केन्द्रीय भूमिका निभा रहा था।

उमर ख़य्याम 11वीं सदी के फारसी के महान कवि, खगोलशास्त्री और गणितज्ञ थे। 19वीं सदी में एडवर्ड फिट्ज़गेराल्ड की जब इन कविताओं से मुठभेड़ हुई, तो अपने अंग्रेजी अनुवाद में उन्होंने मूल रचना के शिल्प के साथ बहुत अधिक सृजनात्मक छेड़छाड़ की। इस हद तक कि कहते हैं कि मूल से इन अंग्रेजी अनुवादों को मिलाया भी नहीं जा सकता। फिट्ज़गेराल्ड बहुत स्पष्ट थे। अनुवाद करते समय उनका उद्देश्य मूल कृति का अन्धानुकरण करना नहीं, कवि की संवेदना-दृष्टि और भाव-सौन्दर्य से पश्चिम के पाठक को परिचित कराना था। यहाँ अनुवादक एक बिल्कुल भिन्न भाषा के संवेदना-जगत् को अपनी भाषा में प्रत्यारोपित कर रहा था। अनुवाद के जरिये यह 'ट्रांसप्लान्टेशन ऑफ सेंसिबिलिटी' या संवेदना का प्रत्यारोपण 19वीं सदी की एक बड़ी साहित्यिक घटना थी। कुछ लोग फिट्ज़गेराल्ड के इन अनुवादों को 'फिट्ज़ोमर की रूबाइयाँ' भी कहते हैं। हमारे यहाँ उमर ख़य्याम की रूबाइयों का अनुवाद मैथिलीशरण गुप्त ने भी किया है और हरिवंशराय बच्चन ने भी। मैथिलीशरण गुप्त से बच्चन के काव्य-संस्कारों के अन्तर को यहाँ देखा जा सकता है। इसी प्रकार 'मैकबेथ' का अनुवाद रांगेय राघव ने भी किया है, बच्चन ने भी और रघुवीर सहाय ने भी। रांगेय सघव या बच्चन से रघुवीर सहाय के समय तक आते-आते न सिर्फ भाषा का मिज़ाज बदला है, बल्कि वस्तुओं को देखने के समूचे दृष्टिकोण की एक यात्रा को हम इन अनुवादों में पा सकते हैं।

अनुवाद करते समय मूल के प्रति वफादारी या निष्ठा की बहस इतनी सीधी-सरल नहीं है। कविता जैसी विधा में मूल कृति के प्रति निष्ठावान होने का अर्थ बहुत अलग तरह से कार्य करता है। इतिहास के भिन्न काल-खण्डों से, भिन्न संस्कृतियों से, भिन्न भौगोलिक परिवेशों से कालान्तर में जब कृतियाँ अनुवाद के लिए उठायी गयी हैं, तो अक्सर ही वे अनुवादक की मूल पाठ के प्रति अपनी व्याख्या भी बन गयी हैं। जॉन ड्रायडन 17वीं सदी के अंग्रेज कवि, नाटककार, आलोचक और अनुवादक थे। ईसा पूर्व के लैटिन कवि ओविड की रचना 'एपिस्टल्स' का अनुवाद करते समय

उन्होंने भूमिका में लिखा कि एक परवर्ती कवि पहले के किसी कवि का अनुवाद करते समय तीन तरह के सम्बन्ध बना सकता है। पहला सम्बन्ध 'मेटाफ्रेज़' का है जिसमें आप मूल लेखक के दास बन जाते हैं। दूसरा सम्बन्ध शब्द-दर-शब्द अनुवाद या 'पैराफ्रेज़' का सम्बन्ध है जिसमें आप अर्थ का फैलाव करने लगते हैं, लेकिन तीसरा सम्बन्ध मूल के अनुकरण का है, जहाँ आप एक सृजनात्मक स्वच्छन्दता लेते हुए एक समानान्तर पाठ तैयार करते हैं। इसमें आप न सिर्फ मूल के शब्दों और अर्थों के साथ खुलेपन से पेश आते हैं बल्कि कई बार तो उन्हें त्याग कर आगे बढ़ते हैं। यह कई बार एक नयी अनुकृति बन जाती है। इस तरह की सृजनात्मक छेड़छाड़ का कार्य अनेक विश्व-प्रसिद्ध कवियों ने किया है। आधुनिक कवियों ने जब भी पुराने युनानी और लैटिन कवियों को उठाया है, उन्हें अपने भीतर जज़्ब कर एक नया संस्कार दिया है। जिस क्षण एक बड़ी कविता को एक एक दूसरा बड़ा कवि अपनी भाषा के लिए उठाता है तभी उस मूल सामग्री को लेकर उसका अपना एक बोध बनने लगता है। यह एक प्रकार से दो व्यक्तित्वों के बीच का सृजनात्मक 'एनकाउंटर' है। अनुवाद की राह कब सृजन की राह में बदल गयी, कई बार इसका अनुवादक को भी आभास नहीं हुआ है। अनुवाद में निष्ठा का यह एक बिल्कुल दूसरी तरह का मामला है। शायद ऐसे लोग अपनी सृजनात्मक यात्रा में मूल कृति के प्रति सर्वाधिक निष्ठावान रहे हैं, लेकिन इस निष्ठा का बाह्य-प्रदर्शन करना उन्होंने आवश्यक नहीं माना। शायद इस तरह एक मूलकृति का अनुवाद में पुनर्जन्म उसकी देश, काल और परिस्थिति के अनुसार एक नयी व्याख्या को जन्म देता है। 17वीं सदी के एलेक्जेंडर पोप ने प्राचीन यूनानी कवि होमर के महाकाव्य 'इलियड' का जब अनुवाद किया था, तो अंग्रेज आलोचक सैमुअल जॉनसन ने इसे मूल कृति की अनुवाद में एक सृजनात्मक व्याख्या कहा था।

हाँ, यह सच है कि कुछ कवि अनुवाद में अपेक्षाकृत आसान लगते हैं, कुछ बेहद कठिन। मुझे रूसी कवयित्री अन्ना आख़्मातोवा या ओसिप मांदेलस्ताम का अनुवाद करना किसी हद तक आसान लगा, लेकिन उन्हीं की समकालीन मरीना त्स्वेतायेवा की तो कविताएँ ही नहीं, उनके गद्य का अनुवाद करना भी बेहद चुनौतीपूर्ण लगा। जो लोग तुर्गनेव और तॉलस्तॉय का गद्य पढ़ते रहे हैं, उन्हें भी मरीना त्स्वेतायेवा का गद्य कठिन लगता है, क्योंकि वह एक कवि का गद्य है। उसमें अर्थ-व्यंजनाएँ, तहदारियाँ और एक आन्तरिक उथल-पुथल है, जो उसे एक संश्लिष्ट और सान्द्र किस्म का गद्य बनाती है। मरीना 20 और 30 के दशक के रूस के उथल-पुथल से भरे समय में लिख रही थीं उनमें एक ऐसी चिंता और व्यग्रता है, जिसे 'सेंस ऑफ अर्जेंसी' कहा जा सकता है। जोसेफ ब्रोडस्की ने मरीना त्स्वेतायेवा के गद्य के बारे में सही लिखा है, ''यह एक ऐसे रचनाकार की व्यग्रता से उत्पन्न है, जो अतीत में छिपे

हुए किसी सारभूत सच को खोजता रहता है—सिर्फ और सिर्फ सारभूत सत्यों को। शेष सारे सच उसका साथ छोड़ देते हैं।" कहना न होगा कि इस गद्य में मूलभूत घबराहट, उद्वेग, हर्ष, विस्मय, तनाव, आकस्मिकताएँ, विरोधाभास, विडम्बनाएँ और मानसिक अस्थिरताएँ एक-दूसरे में घुली-मिली हैं। ऐसा लगता है कि जैसे वे लिखते हुऐ अपना गद्य जोर-जोर से पढ़ती रही हों। वे वाक्यों को अचानक तोड़-फोड़ देती हैं। रुकती हैं, जैसे साँस ले रही हों। संगीत जैसे अचानक सम पर आ गया हो। फिर वे दोबारा शुरू होती हैं और भाषा को खींचकर दोबारा दूर-दूर तक फैला देना चाहती हैं। शब्दों को इतनी तीव्र गति देना जैसे वे एक मौन में पर्यवसित हो जाएँ। खामोशी इस बात का भी परिचायक है, जैसे कोई बात जिसे दूसरे शब्दों में नहीं कहा जा सकता। पंक्तियों के बीच छूटे हुए अन्तराल और मौन। जैसे कि भागती हुई भाषा का गियर जल्दी-जल्दी बदला जा रहा हो। कविता की तरह के इस सघन और संगीतमय गद्य का क्या कभी भी पूरी तरह अनुवाद किया जा सकता है?

किसी भी व्यक्ति का दो भाषाओं में समान अधिकार नहीं होता। अनुवादक मूल कवि की भाषा और उसकी अभिव्यक्ति को इस हद तक समझना चाहता है, जहाँ इस रचनाकार की अभिव्यक्ति उसे बाकी सारे रचनाकारों की अभिव्यक्ति से अलग करती हो। जब भाषा के भीतर छिपे हुए आशयों को अनुवादक यहाँ तक पकड़ लेता है, तो फिर उसके बाद उसकी एक दूसरी बड़ी चुनौती शुरू होती है कि वह इस अभिव्यक्ति को उतनी ही अद्वितीयता के साथ अपनी भाषा में कैसे निभाये? हर भाषा की अपनी प्रकृति होती है। जरूरी नहीं कि जो अभिव्यक्ति एक भाषा में, उसकी स्थानिकता में, उसके विशिष्ट काल-खण्ड में सुन्दर लग रही हो, वह दूसरी भाषा में, दूसरी स्थानिकता में, दूसरे काल-खण्ड में भी उतनी ही आकर्षक लगे। कविता के अनुवाद में शाब्दिक अनुकरण और पुनराविष्कार दो अतिवादी छोर हैं।

अंग्रेज कवि, आलोचक और अनुवादक मैथ्यु अर्नाल्ड ने कविता के अनुवाद पर तीन बड़े महत्त्वपूर्ण व्याख्यान दिए थे, जो उनकी पुस्तक 'ऑन ट्रांसलेटिंग होमर' में संकलित हैं। अर्नाल्ड कहते हैं कि यह एक विवाद का विषय है कि अनुवाद करते समय अनुवादक किस उद्देश्य को अपने सामने रखे। एक पक्ष कहता है कि सबसे सुन्दर अनुवाद तो वही है जिसे पढ़ते हुए पाठक को यह लगे ही नहीं कि वह अनुवाद पढ़ रहा है। उसे लगे कि वह मूल रचना पढ़ रहा है। दूसरा पक्ष कहता है कि अच्छा अनुवाद वही है जो, मूल कृति के तमाम गुणों के प्रति निष्ठावान रहे। अनुवादक को यह कभी नहीं भूलना चाहिए कि वह केवल मूल कृति का अनुकरण कर रहा है। इस दूसरे पक्ष के अनुसार अनुवादक का सबसे बड़ा कर्तव्य यही है कि वह मूल कृति की ऐतिहासिकता का निर्वाह करे।

मैथ्यु अर्नाल्ड यहाँ यह दिलचस्प बात कहते हैं कि होमर के महाकाव्य 'इलियड' का प्राचीन यूनानवासियों पर क्या प्रभाव पड़ा था यह हम कभी नहीं जान पायेंगे।

प्राचीन यूनानवासी मर-खप चुके हैं। हम सिर्फ उसकी एक कल्पना कर सकते हैं। हाँ, इस बात को कहने वाले अनेक लोग मिल जाएँगे कि आज भी जब वे 'इलियड' पढ़ते हैं, तो वह उन्हें किस कदर प्रभावित करता है। अर्नाल्ड कहते हैं कि प्राचीन ग्रन्थ 'इलियड' के अंग्रेजी अनुवाद की प्रभावोत्पादकता तो इसमें होगी कि हम अंग्रेजी के पाठक को उसी तरह प्रभावित कर सकें, जैसे कि होमर ने यूनानवासियों को किया था, लेकिन अन्तिम रूप से इस बारे में फैसला देना सम्भव नहीं है, क्योंकि इसे जानने का हमारे पास कोई आधार नहीं है।"

इस तरह अनुवादक द्वारा मूल कविता को अनूदित करने की हर राह आंशिक है। सारे साहित्यिक फैसलों में किसी अनुवाद की गुणवत्ता के बारे में किया गया फैसला शायद सबसे जटिल होता है, क्योंकि कोई भी अनुवाद अन्तिम अनुवाद नहीं है। पाब्लो नेरूदा, अन्ना आख़्मातोवा, रिल्के, मायकोवस्की, मोन्ताले, लोर्का, शिम्बोर्स्का और रुज़ेविच जैसे 20वीं सदी के सबसे बड़े कवियों के कई-कई अनुवाद हुए हैं। कई बार तो एक-एक कविता के दर्जनों अनुवाद हुए हैं। अन्ना आख़्मातोवा की प्रसिद्ध कविता 'रिक्वीम' के कम से कम एक दर्जन अलग-अलग अंग्रेजी अनुवाद मेरे पास हैं। आप किसी अनुवाद को श्रेष्ठ मानेंगे? यह शायद इस बात पर निर्भर करेगा कि आप कवि की व्याख्या किस प्रकार से कर रहे हैं, लेकिन फिर भी किसी अनूदित कविता के बारे में अन्तिम फैसला तो शायद यही होता है कि क्या वह कुछ बोल पा रही है, क्या उसमें प्राणवत्ता है, क्या वह गा पा रही है। अनुवादक ने जिस कविता का अनुवाद किया है, रूपान्तरण में वह अब उसकी अपनी कविता है। उसके अपने औज़ार, अपनी शैली और अपना शब्द-चयन, अपने पद-विन्यास। इसी आधार पर वह स्वयं को एक हद तक मुक्त भी अनुभव करता है।

अन्त में कविता के अनुवाद को लेकर जैक्सन मैथ्यूस का यह कथन उद्धृत करना मुझे बहुत जरूरी लग रहा है "यदि अनुवादक ने मूल पाठ को अपने भीतर आत्मसात् कर लिया है, तो मूल पाठ एक लसदार चिपचिपे पदार्थ की तरह उसके दिमाग में एक तरल अवस्था में परिवर्तित हो जाता है। ऐसा तरल पदार्थ जिसमें मूल के सारे पद-विन्यास और संरचनाएँ विलयित हो गयी हैं, बस उसकी गतिशीलता और उसकी आन्तरिक अनुगूँजें बची रह गयी हैं। और सिर्फ इनका सहारा लेकर अनुवादक एक नयी कविता को जन्म देता है। वह अनूदित कविता जिसका अपना स्वर है, अपना गायन, पर फिर भी वह कहीं न कहीं मूल के प्रति कृतज्ञ है।"

('वागर्थ' अप्रैल, 2011 में प्रकाशित)

सृजन

जीवन चिरकालिक क्रन्दन

जीवन चिरकालिक क्रन्दन
मेरा अन्तर वज्रकठोर,
देना जी भरसक झकझोर,
मेरे दुख की गहन अन्ध-
तम-निशि न कभी हो भोर,
क्या होगी इतनी उज्ज्वलता-
इतना वन्दन-अभिनन्दन?
हो मेरी प्रार्थना विफल,
हृदय कमल के जितने दल
मुरझायें, जीवन हो म्लान,
शून्य सृष्टि में मेरे प्राण
प्राप्त करें शून्यता सृष्टि की,
मेरा जग हो अन्तर्धान,
तब भी क्या ऐसे ही तम में
अटकेगा जर्जर स्यन्दन?
जीवन चिरकालिक क्रन्दन

(रचनाकाल : 22 अक्टूबर, 1927। 'अनामिका' में संकलित)

निराला के प्रार्थनागीतों की चर्चा करते हुए अग्रज रचनाकार दूधनाथ सिंह ने लिखा है कि निराला मृत्यु के सहज स्वीकार और कारुणिक जर्जरता से पुनः आत्मशक्ति की ओर लौटते हैं। लौटने की इस प्रक्रिया के सन्दर्भ में दूधनाथ सिंह ने आल्बेयर कामू के हवाले से मनुष्य की कुदान (human leap) का ज़िक्र किया है। पर दूधनाथ सिंह जाने क्यों इस एक मुद्दे को सस्ते में निपटाकर आगे बढ़ गये हैं। निराला की कविता में दुख, दैन्य, अवसाद, पराजय, मृत्युभय और आत्म-जर्जरता के छोर से अचानक कैसे एक उद्दाम जिजीविषा की ओर 'लीप' ली जाती है? या फिर एक रचनाकार के अन्तर्जगत् में इस 'मानवीय छलाँग' की रासायनिक प्रक्रिया

किस तरह घटित होती रहती है इस पर ज्यादा विस्तार से बातचीत होनी चाहिए। निराला की कई कविताएँ ऐसी हैं जो इस मुद्दे का दिलचस्प साक्ष्य हो सकती हैं। एक लगभग अचर्चित कविता 'हताश' का उदाहरण मेरे सामने है। कुल 15 पंक्तियों का यह गीत 22 अक्टूबर, 1927 को लिखा गया था जो 'अनामिका' (द्वितीय) में संकलित है।

निराला दुख को वैभव बनाकर गाने वाले कलाकारों में से नहीं हैं। कई जगह उन्होंने निर्वैयक्तिक होकर दुख के कारणों को समझना चाहा है और ऐसी कविताओं में एक खास ढंग से उनका आत्म-चरित उभरकर आया है। हम रचनाकार के दुख को एक समूचे काल और 'स्पेस' के फैलाव में परिवेश और व्यक्ति की क्रिया-प्रतिक्रियाओं के रूपबन्ध में पाते हैं। कुछ कविताएँ ऐसी हैं जहाँ उन्होंने दुख को एकदम समेटकर अपने भीतर जज़्ब कर लिया है। यह तकलीफ का एक 'कंडेसंड' रूप है। वे लोगों को आमन्त्रित नहीं करते कि आओ मेरा दुख देखो। यह एक स्वगत बातचीत है। यह तकलीफ से गुजरते हुए तकलीफ के परे कुछ देखना है। जीवन के संघर्ष में एक कलाकार की मनोभूमि कितनी जटिल हो सकती है, एक व्यक्ति कलाकार के रूप में अपनी केन्द्रीय धुरी को ढूँढने में किस तरह विकल हो सकता है और इस सबसे गुजरते हुए उसकी अभिव्यक्ति किस तरह का तेवर अख्तियार करती जाती है, यह सब देखना जरूरी है। मुझे तो यह लगता है कि यह छोटा-सा गीत निराला की दूसरी बहुचर्चित कविताओं से कहीं उन्नीस नहीं है। इस गीत की टेक है–

'जीवन चिरकालिक क्रन्दन'

प्रथम प्रतिक्रिया में ही यह आभास हो जाता है कि दुख, शिकायत, अवसाद और पराजय के सारे सम्भाषण इस गीत के बाहर सम्पन्न हो चुके हैं। रचनाकार अपनी परिस्थितियों के विवरण नहीं दे रहा है, इन परिस्थितियों से लड़ने-भिड़ने-छीनने-बिखरने का कोई डाक्यूमेंटेशन नहीं है। पीछे लरजता हुआ कोई किस्सा या उसकी याद तक नहीं है। यहाँ एक समरभूमि का इंटरल्यूड है। जो होना था हो चुका। गीत के वातावरण में एक कठिन और विचित्र किस्म का सूनापन और रिक्तता है। कहने का अन्दाज बहुत सधा, बहुत ठण्डा, बहुत दूर से सुनायी देता हुआ–

जीवन चिरकालिक क्रन्दन

रचनाकार के लिए अपने जीवन को चिरकाल से चला जाता क्रन्दन कह देना पर्याप्त है। अब उसकी परिभाषा की भी आवश्यकता नहीं बची है। 'सरोज स्मृति' लिखने के करीब नौ वर्ष पहले यह गीत लिखा गया है पर तब तक निराला के भीतर एक गहरा ध्वंस हो चुका है। वे दुखों के नृशंस स्वरूप को समझ चुके हैं। एक वर्ष पहले ही वे अपनी एक अन्य रचना में ये पंक्तियाँ लिख चुके हैं–

देख चुका, जो जो आये थे
चले गये
मेरे प्रिय सब बुरे गये, सब
भले गये
x x x
चिन्ताएँ, बाधाएँ
आती हैं, आयें
अन्य हृदय है, बन्धन निर्दय लायें
मैं ही क्या, सब ऐसे ही तो
छले गये।

पर एक वर्ष बाद अब अपने को समझाने-बुझाने, दुख को 'रेशनलाइज' करने की आवश्यकता भी नहीं रह गयी है। जीवन की सतत मार के बीच, दुख और टूटन की अन्तिम सीमाओं तक जाकर किसी एक क्षण की कौंध में फिर से एकाग्र होने का गीत है यह। जीवन को कवि, 'क्रन्दन' कह रहा है। 'क्रन्दन' क्षणिक चीख या चीत्कार नहीं है। 'क्रन्दन' में समय की एक लम्बी मियाद छिपी हुई है। क्रन्दन की स्थिति में व्यक्ति अपनी असहायता को स्वीकारता तो है पर उसे अन्तिम अवस्था नहीं मानता। एक बच्चे का क्रन्दन अपनी असहायता से उबरने का विद्रोह ही तो है। इस तरह 'क्रन्दन' शब्द की अभिव्यंजना में विद्रोह के साथ एक अजीब-सी मार्मिकता भी है। कवि के जीवन में बाह्य परिस्थितियाँ नहीं बदली हैं, जो कुछ जैसा था, उससे सघन ही हुआ है। पर उसे सहने वाला मन धीरे-धीरे बदल रहा है। एक विचित्र-सा आत्म-साक्षात्कार हो रहा है। विस्मरण और सजगता का एक विलक्षण- सा कसैला स्वाद-जिसमें भय नहीं, विषाद है; द्वन्द्व नहीं, स्थिरता है; स्मृतियाँ नहीं, सामने घटने का उन्मुक्त स्वीकार है; पराजय की ग्लानि नहीं, एक जिद का उदित होता हुआ रूप है। और इस सब पर निर्वेद का एक भीना-सा आवरण पड़ा हुआ है—

मेरा अन्तर वज्र कठोर
देना जी भरसक झकझोर
मेरे दुख की गहन अन्ध
तम निशि न कभी हो भोर

डॉ. रामविलास शर्मा ने निराला की साहित्य साधना खण्ड-2 में इस गीत का मामूली-सा हवाला देते हुए इसे पराजय की मनस्थिति का गीत कहा है। वे कहते हैं, "इस गीत में निराला की मृत्यु कामना जीवन संघर्ष में विजयी होने के लिए नहीं, उस संघर्ष से बच निकलने के लिए है। जिस रचना में उन्होंने अपने वज्र कठोर

अन्तर को झकझोरने की चुनौती दी है, उसी में यह पराजय का भाव भी है, जिसकी चरम परिणति हैं मृत्यु कामना।"

विद्वान आलोचक से सहमत होना कठिन है। मैं इस गीत का भिन्न पाठ तैयार करना चाहता हूँ। मुझे तो यह एक अदम्य जिजीविषा की रचना लग रही है, जहाँ दर्द का हद से गुज़रना खुद दवा के हो जाने वाला मामला है। यहाँ दीवार तक ठेल दिये जाने के बाद हताशा के अन्तिम छोर पर पहुँची हुई मनस्थिति है। यहाँ एक आहत अहम् है जिसमें जीवन-इच्छा अपने सबसे दुर्निवार रंग में प्रकट हो रही है। यहाँ सब कुछ का अतिक्रमण कर जाने का युयुत्सु भाव है। देखना है कि संकट के प्रति एक प्रकार की बेपरवाही, प्रच्छन्न क्रोधोन्मत्तता और जिन्दा रहने की ढिठाई के रूप में यहाँ क्या उभर रहा है? यह ठिठाई जो अब तक जी गयी दारुण परिस्थितियों के प्रति है। एक इम्युनिटी, एक अन्दरूनी निरापदता जिसमें जीवन स्थितियों के नियन्ता और उसके विधान के प्रति एक जबरदस्त अवहेलना का भाव है। एक प्रतिरोध जो जिन्दा रहने का अन्तिम तर्क़ बन रहा है। एक निपट नंगी और बेलौस उन्मुक्तता जो जितनी खामोश है उतनी ही जिद्दी भी–

मेरा अन्तर वज्र कठोर
देना जी भरसक झकझोर
मेरे दुख की गहन अन्ध
तम निशि न कभी हो भोर

यह विशफुल थिकिंग और अपने सर्वनाश का यह आमन्त्रण किसके आसन को हिला रहा है? गालिब का यह शेर याद आता है–

गम-ए-हस्ती का, असद किससे हो जुज़ मर्ग इलाज
शमा हर रंग में जलती है सहर के होने तक।

आल्बेयर कामू ने 'रिबेल' में लिखा है कि मेटाफिजिकल विद्रोह में सीधा और विशुद्ध किस्म का निषेध नहीं होता। अधिभौतिक विद्रोही मानवीय अवस्थाओं की अपूर्णताओं और निरर्थकताओं के खिलाफ त्रास या मौत के सहज स्वीकार द्वारा बगावत करता है। यानी आत्म-उत्पीड़न आदमी को दो हिस्सों में बाँट देता है–एक हिस्सा जो परवश है, जंज़ीरों में है, जिस पर सितम ढाये जाते हैं; दूसरा हिस्सा जो अपने से अलग होकर अपने को देखता है। इसके पास वह निरभ्र दृष्टि है 'जो मार खा रोयी नहीं।' इस निषेध के मूल में एक तरह की अवसन्नता और अवहेलना है जो भीतरी मर्म को बचा लेने का कवच बन जाती है। यह हिस्सा जो सितमगर से बराबरी के दर्ज़े पर बेख़ौफ़ और निःशब्द संवाद करता है। यह हिस्सा जो अजर अमर है। यह हिस्सा जो एक असमाप्त लड़ाई में दुख, दैन्य, अवसाद, खिन्नता, उदासी, टूटन, पराजय, मृत्यु-भय और आत्म जर्जरता को पीछे ठेलकर अचानक कहीं

से उभरता है और नियामक शक्ति को ललकारता है। और यह ललकार भी कैसी है? इसमें सीना खोलकर अपने सहने की ताकत दिखायी जा रही है। खुद की हस्ती को फ़ना कर डाला जा रहा है। इस ललकार में प्रार्थना, ज़िद, गर्व, युयुत्सा, करुणा और भविष्यवाद एक साथ है और एक दूसरे में गुंथा हुआ है। इसमें उदात्तता की ओर सिर उठाने वाली तेजस्विता है। यह एक आत्मसजग आत्मविहीनता है जिसमें एक निथरापन और भीतरी उजास है। फिर चचा गालिब याद आते हैं–

रंज से खूगर हुआ इंसाँ, तो मिट जाता है रंज
मुश्किलें मुझ पर पड़ी इतनी कि आसाँ हो गयी

दरअसल निराला के दूसरे प्रार्थना-गीतों और इस युयुत्सा-गीत में बुनियादी तौर पर कोई भेद नहीं है। उन गीतों में अतिशय पीड़ा के क्षणों मैं सीधे-सीधे समर्पित और शरणागत होने की बात है, जबकि यहाँ कुछ टेढ़े रास्ते से अपनी उपस्थिति दर्ज करायी जा रही है। यह गीत भी अपने से बाहर मौजूद एक बड़ी व्यवस्था (या उसे जो भी नाम दे दें) से संवाद का गीत है। फर्क इतना है कि इसमें एक ओर ढीठ समर्पण और दूसरी ओर अपने अस्तित्व को सहेजे रखने के लिए अपना ही अतिक्रमण कर जाने का साहस है। पर सच तो यह है कि अपने इस पाठ को यहाँ तक ले आने के बाद आगे इस गीत में दो पंक्तियाँ ऐसी भी हैं, जिन्हें खोलने की कुंजी मुझे अभी तक नहीं मिली है। शायद कभी मिल जाये। ये दो पंक्तियाँ हैं–

क्या होगी इतनी उज्ज्वलता
इतना वन्दन-अभिनन्दन?

निराला यह प्रश्न क्या किसी पारलौकिक जीवन को लेकर कर रहे हैं या यह सांसारिक संघातों को सहते-सहते इस दुनिया के सुखों के प्रति विरक्ति की एक सहज प्रतिक्रिया है? मैं फिलहाल इन दो पंक्तियों पर एकाग्र होने की आवश्यकता अनुभव नहीं कर रहा हूँ।

गीत के अगले पद में प्रतिकूल परिस्थितियों के सम्मुख किया गया यह आत्म-संयोजन सर्वथा एक नया आयाम खोजता है–

हो मेरी प्रार्थना विफल
हृदय कमल के जितने दल
मुरझायें, जीवन हो म्लान
शून्य सृष्टि में मेरे प्राण
प्राप्त करें शून्यता सृष्टि की
मेरा जग हो अन्तर्धान

प्रथम तीन पंक्तियों में गीत के प्रथम पद वाली वही भव्य रूमानी वैयक्तिकता है, वही अपने प्रति वस्तुनिष्ठ हो जाने वाली पराकाष्ठा जो देख लेना चाहती है कि

'जोर कितना बाजु-ए-कातिल में है।' पर उसके तुरन्त बाद यह वैयक्तिकता एक समष्टि की विराटता में विलयित हो अपना अर्थ विस्तार करती है–

शून्य सृष्टि में मेरे प्राण
प्राप्त करें शून्यता सृष्टि की
मेरा जग हो अन्तर्धान

कामू 'रिबेल' में लिखते हैं कि विद्रोही व्यक्ति के प्रत्येक कर्म से उभरी चेतना-उसका रूप चाहे जो हो, इस आकस्मिक और चकाचौंध कर देने वाले सच तक पहुँचती है कि मनुष्य में ऐसा कुछ है जो एक वृहत्तर सन्दर्भ से जुड़ा हुआ है। और इस मुकाम तक आ जाने के बाद चेतना एक वास्तविक अनुभव बन जाती है। एक 'वास्तविक' और 'पूर्ण' मनुष्य होने का बोध जो अपने से परे की एक विशालता से एकाकार हो जाता है। यही एक व्यक्ति की एक सार्वभौमिक अच्छाई में विलयित हो जाने वाली उदात्तता है। 15 पंक्तियों के इस छोटे-से गीत में हमें इस मानस-यात्रा का अद्‌भुत साक्ष्य मिल रहा है। गीत की अन्तिम पंक्तियाँ हैं–

तब भी क्या ऐसे ही तम में
अटकेगा जर्जर स्यन्दन?

इन अन्तिम पंक्तियों में संघर्ष से निथरकर पाया गया जीवन का एक अटूट भरोसा बड़े स्पष्ट रूप में है। यह आत्मोसर्ग की तार्किक परिणति के रूप में सामने आता है। यह भरोसा निराला की तमाम कविताओं में अलग-अलग रंगों में दिखता है।

यह गीत परायज के तर्क को एक नया अर्थ देता है। यह अपने प्रति एक निर्मम वस्तुनिष्ठता तक पहुँच जाने की मनस्थिति में लिखा गया गीत है। शायद चेतना का हमेशा ही इस तरह रूपान्तरण होता है। निराला के यहाँ वह एक उद्दाम जीवन-इच्छा और डटे रहने की क्षमता को काव्यानुभव के रूप में हासिल करती है। प्रतिकूल परिस्थितियों में स्वयं को रोधक्षम बनाना जैसे कि किसी निधि को बचाये रखना है और इस प्रक्रिया में घर के सारे दरवाजे खोल दिये गये हैं। यह विरक्ति तक पहुँचने के बाद फिर इस संसार में लौटने की रचना भी है क्योंकि निराला चरम हताशा को झेलते हुए किसी अलौकिक संसार या निहिलिज़्म की यात्रा पर कभी नहीं निकले। क्या इसकी वजह उनकी उस बुनियादी आस्तिकता में है, जिसे दूधनाथ सिंह ने 'प्रपत्ति भाव' कहा है? क्या यह भारतीय जातीय मन के अवचेतन का ही कोई मूल संस्कार है?

वरना इन्हीं परिस्थितियों में दॉस्तॉयव्स्की के पात्र तो एन्द्रिक और पराभौतिक अनुभवों के बीच भटकते, तर्क और वितर्क, सच्चाई और स्वप्न की दुनिया में थपेड़े खाते, डेलिरियम से ग्रस्त भयावह शक्लों में प्रकट होते हैं। वहाँ तो क्रूर अपराधियों,

ठण्डे इरादे वाले हत्यारों और अनैतिकताओं की अनिवार्यताओं व औचित्यों को सिद्ध करती हुई ईश्वरविहीन दुनिया है जिसमें ग्लानि पीड़ित भटकती आत्माएँ पल भर भी अपने तलघर से मुक्त नहीं होतीं।

निराला, मुक्तिबोध और राजकमल चौधरी हमारे यहाँ पराजय बोध और आत्म उत्पीड़न के सबसे बेचैन और घुमड़ते हुए कवि हैं; तीनों ही घोर हताशाओं से उठकर मनुष्य और भविष्य की ओर लौटना चाहते हैं। इनकी ऊर्जा के स्रोत सब कुछ का निषेध कर देने वाली निहिलिस्ट संवेगात्मकता में नहीं, अपनी पीड़ाओं के निर्वैयक्तिक रूप को इस सृष्टि में दूर-दूर तक फैला देने की आकुलता में छिपे हैं।

('नया पथ' के निराला विशेषांक जनवरी, 1997 में प्रकाशित)

कवियों के उत्तर जीवन : कुछ नोट्स

1. बिना घर बिना छत की गिरस्ती

एक विजय और पराजय के बीच
मेरी शुद्ध प्रकृति
मेरा स्व
जगमगाता रहता है
विचित्र उथल-पुथल में

—मुक्तिबोध

रूसी कवि ओसिप मान्देलस्ताम ने महाकवि दाँते की कविता पर विचार करते हुए एक जगह लिखा है, "किसी भेद को खोलना एक बड़ी बात है, लेकिन उसमें छिपे रहस्यों से कभी मुक्त न हो पाना उससे ज्यादा बड़ी बात है।"

मान्देलस्ताम दो रेखाओं को लाँघने की बात करते हैं—एक जहाँ हम कला के सामने एक गूँगेपन में कैद हो जाते हैं, दूसरी वह छन्द-शास्त्रीय चीर-फाड़ जो भावार्थ से आगे नहीं जाती, जहाँ बिस्तर की चादर पर सलवटें पड़ी ही नहीं हैं और देखकर लगता है कि कविता ने यहाँ रात बितायी ही नहीं।

मान्देलस्ताम की इन पंक्तियों को पढ़ते हुए मन में सहसा यह बात कौंधी कि क्या रचे हुए शब्द हमेशा यह चुनौती पेश करते रहते हैं कि हम देखें कि उनके अर्थ कैसे लगातार दूसरे समयों में प्रवेश करते रहते हैं। पूँजी, टेक्नॉलॉजी, सूचना, उत्पादन, आँकड़ों और बाजार रणनीतियों के इस दौर में आज जब मनुष्य का समूचा मनुष्यत्व कुछ तैयारशुदा अवधारणाओं के कब्जे में है, सारे अर्थ जब कुछ विनिर्दिष्ट उद्देश्यों के लिए उपभोज्य हैं, तब कई बार एक बीते हुए कल के कवि को पढ़ते हुए क्या सहज ही यह नहीं लगता कि कवि का उत्तर-जीवन भी हमेशा कुछ अबूझ पहेलियाँ लिए होता है जिसमें उसके सारे अर्थ दिपदिपाते रहते हैं। रचना के इन विस्तारित अर्थों के सामने हमारे न तो गूँगे हो जाने का कोई प्रयोजन है और न ही उसकी छन्द-शास्त्रीय चीर-फाड़ से कुछ हासिल हो सकता है।

हमारा यह समय है जिसमें तमाम तरह की जगर-मगर, विलासिताएँ, सुख के रोज बनते और मिटते मिथक, स्वाद के हमले, विस्मृति की सहज बन चली स्थितियाँ, सनसनियाँ और उत्सवधर्मिताएँ एक प्रकार की व्यूह-रचनाएँ हैं जो मनुष्य को घेरती हैं और उसके भीतर की किसी मूलभूत प्रश्नाकुलता या बेचैनी को कुचल डालना चाहती हैं। एक ऐसे समय में जब वस्तुएँ मनुष्य के भीतर ताकत के एक अमानवीय तन्त्र की मूल स्वीकृति का रास्ता खोल दे रही हैं तब एक कवि के उन अँधेरे विकल कोनों में मौजूद अनसुनी आवाजों के क्या अर्थ हैं, जो इन जगर-मगर रोशनियों की पकड़ के बाहर हैं? वे कोने जहाँ भीमकाय साइन-बोर्ड नहीं टँगे हुए हैं, जहाँ लम्बे-लम्बे रूँधे हुए सूने-सूने गलियारे हैं, श्याम प्राक्तन बावड़ियाँ हैं और उनमें एक अंतहीन कशमकश का वास है।

हमारा यह समय जिसमें इतिहास के अन्त की सारी बातें किसी भी पारम्परिक अतीत और किसी भी भवितव्य से हमें काटकर एक 'पेरेनियल प्रेजेण्ट' में रखना चाहती हैं—यह शाश्वत वर्तमान की घेराबन्दी है। इसीके भीतर एक सामूहिक बोध की निरंकुशता को रचा जा रहा है। बल्कि यह सामूहिक बोध भी नहीं, सामूहिक एकत्रीकरण है। इसकी स्वीकार्यता या अस्वीकार्यता के विकल्प नहीं हैं। यहाँ केवल उद्घोषणाएँ हैं और एकतरफा यातायात है। ऐसे समय में मुक्तिबोध जैसे कवि को पढ़ना कई बार एक अलग तरह का अनुभव देता है। पचास के दशक में मुक्तिबोध बाहर के तमाम उपद्रवों के बीच घिरे खड़े थे। वे शायद हमारे ऐसे पहले आधुनिक रचनाकार थे जिनके यहाँ बाहर और भीतर एक कॉमन युद्ध-स्थली बन गया था। न बाहर कोई सुरक्षा है, न भीतर कोई आश्रय। दो पाटन के बीच फँसे आदमी की इस 'नीच ट्रेजडी' को वे अपने रचना-कर्म की केन्द्रीय चिन्ता बनाते हैं। वे हमारे ऐसे पहले आधुनिक रचनाकार हैं जो आत्मिक अस्थिरता के प्रस्तोता हैं, जिन्होंने पाया कि किसी भी वस्तु को उसकी फेस-वैल्यू पर नहीं लिया जा सकता, यहाँ तक कि अपने अन्तर्जगत् को भी नहीं। जिसे बना-बनाया, ऐश्वर्यवाली, स्वायत्त अन्तर्जगत् कहा जाता है, वह नहीं था उनके पास। शब्द के प्रति पेश आने की राह में अर्थों के स्थिर प्रतिनिधित्व वहाँ बिखर-बिखर जाते हैं। क्या पचास वर्ष पहले ये स्थितियाँ इतनी विकट हो चुकी थीं? एक समाजशास्त्री शायद इसके खण्डन या मण्डन में बहुत सारे तथ्य और आँकड़े जुटा देगा, लेकिन रचनाकार का तनाव तो एक अलग तरह से इतिहास की बानगी देता है—

मेरे ही अन्तःस्थित संवेदन
मुझ पर ही
झूम बरस गरज कड़क उठते हैं
उनका वार मुझी पर है

बिजली का हर्फ
सिर्फ मुझ पर गिर
तहस-नहस करता है
बहुत बहस करता है

x x x

यहीं कहीं मैं भी
हाय हाय करते हुए भागते चले लोगों में भागता
गठरी है सिर पर
कन्धे पर बालक
फटे हुए अंगों से बँधी हुई
बची है कसी हुई पीठ पर
बोझ है कई मन
यों मेरी कविता है बिना-घर
बिना छत गिरस्तिन
जिसमें मेरा भाव
ज्वलन्त जागता।

ग़ालिब ने शायर के बे-दरो-दीवार घर की कामना की थी। मुक्तिबोध के यहाँ तो कविता पूरी तरह बिना-घर, बिना-छत गिरस्तिन बन चुकी है। उसमें एक चेतना के प्रस्तरीकरण का भोक्ता है और दूसरा इस प्रक्रिया का विकल दर्शक। दोनों एक ही व्यक्ति के दो रूप हैं। रचनाकार इन दोनों रूपों को ज्यादा से ज्यादा एक-दूसरे के करीब ले आना चाहता है। शायद एक असम्भव-सी कोशिश। परिणामस्वरूप यह पूरी रचनात्मकता एक ऐसे तनाव पर आधारित है जो अपने समय की घेराबन्दी को तोड़ना चाहता है। पचास बरस बाद भी इसके अर्थ हमारे साथ हैं और नये आयाम रच रहे हैं। यह कविता आत्मावलोकन और आत्मालोचन की कविता है। यहाँ विकलता, संशय, अज्ञात, कौतूहल, आत्म-भर्त्सना, भय, करुणा, उछाह और स्वप्नदर्शिता एक-दूसरे के बगल में बैठ हैं या एक-दूसरे के साथ गुँथ गये हैं। यहाँ रचनाकार अपने उपलब्ध अनुभव की अमूर्तता और उसकी उत्तेजना दोनों को एक साथ रूपायित करना चाह रहा है। चेतना के प्रस्तरीकरण के संकटों के बीच यह उसका अपना छीनकर लाया गया 'स्पेस' है। शाश्वत बना दिये जा रहे वर्तमान के बीच यह जैसे कि पलक झपकने की हरकत है। भाषा में इसे रिलीज करते जाने की कोशिश में यहाँ कवि को जैसे कि नयी-नयी शृंखलाबद्धताएँ, नयी सम्बद्धताएँ मिलती जाती हैं। स्वप्न और यथार्थ, तत्काल और अनन्त, दृश्य और विचार, तर्क और संवेदना, सूक्ष्म और विराट के नये-नये युग्म उसकी चेतना में संयोजित होने

लगते हैं। आज मुक्तिबोध को पढ़ते हुए हमारा ध्यान इस बात पर जाता है कि एक कलाकार के रूप में वे अपनी रचना में कब स्वयं को फैलाते हैं, कब नियन्त्रित कर लेते हैं, कब एक बहाव में बहने के उद्वेग को जीते हैं, कब उससे बाहर निकलकर उसका एक वस्तुगत परीक्षण करने लगते हैं। यह मुक्तिबोध का एक नयी तरह का 'आत्मनेपद' था। उनकी कला में विषय-वस्तु महत्त्वपूर्ण है और उतना ही महत्त्वपूर्ण उनका 'स्वर' है। उनका पूरा आत्म-संघर्ष इस 'स्वर' की खोज है। यह महज एक मैटाफर गढ़ने का मामला भर नहीं है, बल्कि एक ऐसे स्वर की खोज है जो भाषा में निकटतम तरीकों से आत्म की नैसर्गिक अवस्था को खोल सके। मुक्तिबोध ने इसे 'कण्डीशण्ड रिफ्लेक्सेस' के खिलाफ संघर्ष कहा था। इस आत्मसंघर्ष में उन रास्तों पर यात्रा है जहाँ आप अपने मानक संज्ञान की सीमाओं को तोड़ सकें, दिए हुए संधानों, सन्धि-स्थलों और सुस्पष्टताओं को ध्वस्त कर सकें। वे यथार्थ के साथ एक बहुस्तरीय और ऑर्गेनिक किस्म का रिश्ता बनाना चाहते हैं। ऐसा रिश्ता जो अनुभव के ढाँचों में स्थितियों की केलिडोस्कोपिक अवस्था को रचे और हर समय अनिश्चितता का जोखिम उठाने को तैयार हो।

x x x

मुक्तिबोध के यहाँ कला के तीन क्षण क्या हैं? ये कलाकार की पूरी रचना-प्रक्रिया का विखण्डन है। मुक्तिबोध इन क्षणों में परिवेश और मनोभूमि के वैशिष्ट्य, निर्वैयक्तिकता की आकांक्षा और भाव सम्पदा के कायान्तरण के सतत् घमासान को अवस्थित करते हैं। यहाँ न तो बाहरी दबाव अन्तिम सच है और न कलाकार की स्वायत्तता का एक ऐच्छिक, तैयारशुदा, विशृंखलित राग-ऐश्वर्य। लेकिन विखण्डन या संरचना की यह अवधारणा क्या पश्चिम में साठ के दशक में उभरी विखण्डन की अवधारणा जैसी है? वहाँ लिविस्ट्रास कहते हैं कि "समाज स्थिर सम्बन्धों की संकल्पना है।" लिविस्ट्रास जैसे व्यक्ति ने जब संरचना का यह सिद्धान्त दिया तो वे यह नहीं मानते थे कि समाज में गतिशील सम्बन्ध होते हैं। बल्कि एक हद के बाद लिविस्ट्रास इतिहास को भी नकार देते हैं। वे किसी भी राजनीतिक कार्रवाई के महत्त्व को नकार देते हैं और अन्ततः उस मनुष्य को भी पूरी तरह नकार देते हैं जो सारी चीजों के केन्द्र में है। वे कहते हैं कि इस सामाजिक संरचना में वर्गों की कोई खास हैसियत नहीं है और जहाँ तक मनुष्य की अस्तित्वगत जिम्मेदारियों का सवाल है, लिविस्ट्रास कुछ भी नहीं कहते। यह दिलचस्प है कि सन् 50-55 के आसपास लिविस्ट्रास ये बातें कह रहे थे और सन् 55 के आसपास ही मुक्तिबोध अपने तरीकों से संरचना और विखण्डन को रख रहे थे। लिविस्ट्रास के सामने यदि आप मुक्तिबोध के विचारों को रखकर देखते हैं तो पाते हैं कि मुक्तिबोध विखण्डन की अवधारणा में मनुष्य मात्र को हाशिये पर नहीं धकेल देते। वे बार-बार जीवित मनुष्यों के गतिशील समूहों की तरफ इशारा करते है। एक जीवित स्पन्दनशील

मनुष्य के रूप में आपकी आन्तरिक गतिशीलता की भी तो एक भूमिका होती है। मुक्तिबोध मूलतः तत्त्वमीमांसा को केन्द्र में रखनेवाले रचनाकार हैं। उनका व्यक्तित्व एक दार्शनिक का व्यक्तित्व है जो उनके रचनाजगत् को सीमित नहीं करता, उसे नया आयाम देता है। वे मुख्यधारा के प्रतिनिधिक सौन्दर्यशास्त्र से जिस तरह से लड़ रहे थे, शायद उनके भीतर किसी हद तक यह सन्देह भी था कि जो कुछ मैं लिख रहा हूँ वह पता नहीं स्वीकार्य होगा या नहीं। और इसके लिए मुक्तिबोध ने एक बड़ी तैयारी एक समानान्तर सौन्दर्यशास्त्र को खड़ा करके की थी। शायद हर महत्त्वपूर्ण रचनाकार जाने-अनजाने, घोषित या परोक्ष रूप से एक बड़ी लड़ाई अपने एस्थेटिक को खड़ा करने की लड़ता रहता है। इस लड़ाई में उसके विश्वास और उसकी शंकाएँ, उसका साहस और उसकी विकलताएँ, निश्चय और अनिश्चय जिस तरह उसके भीतर एक बड़ी उथल-पुथल मचाये रहते हैं, वही उसका दूसरों के साथ किया गया संवाद है। वही दूसरों को बार-बार उसकी दुनिया की ओर लौटने के लिए आकर्षित करता रहता है।

मुक्तिबोध का कला सम्बन्धी चिन्तन उनके लेखन को एक बड़ी हद तक जस्टीफाई भी करता है, लेकिन यहीं यह सवाल भी उठता है कि क्या उनके सौन्दर्यशास्त्र सम्बन्धी इस चिन्तन को उनके समकालीन या परवर्ती कवियों पर भी उसी तरह लागू किया जा सकता है? लम्बी कविता की अवधारणा, फैंटेसी सम्बन्धी उनके विचार, अनुभव की नाटकीयता सम्बन्धी उनका चिन्तन—मुक्तिबोध के ये बहुत सारे औजार क्या ठीक उसी तरह रघुवीर सहाय या शमशेर या नागार्जुन की कविता पर लागू किये जा सकते हैं? इन अर्थों में हर बड़े रचनाकार का सौन्दर्यजगत सम्भवतः अद्वितीय होता है और उसे दूसरे रचनाकार पर लागू नहीं किया जा सकता। तॉलस्तॉय और दॉस्तॉयव्स्की की आपस में तुलना एक हद तक ही की जा सकती है और ऐसी तुलनाओं के अपने सुविधाजनक तरीके भी होते हैं।

x x x

मैं मुक्तिबोध पर बनी मणि कौल की एक फिल्म देखता हूँ। उसमें एक दृश्य बहुत विचलित करता है। फिल्म का मुख्य पात्र गये रात एक कमरे में लेटा हुआ कोई पुस्तक पढ़ रहा है और भीतर के कमरे का दरवाजा खुला हुआ है। चौखट के उस तरफ उसकी पत्नी और बच्ची बेसुध सोयी हुई हैं। यह दृश्य मणि कौल ने क्या सोचकर फिल्माया था? वह व्यक्ति जो बौद्धिक है, जो अपनी दुनिया में रमा हुआ है जो न तो उस पत्नी और बच्ची के साथ पूरी तरह से है और न उन्हें त्याग सकता है। बाहर के जिस कमरे में वह व्यक्ति पुस्तक पढ़ रहा है उसमें बल्ब का उजाला है पर यह उजाला दहलीज लाँघकर भीतर के कमरे में बहुत कम पहुँच पाता है। यह बाहर और भीतर की दुनिया। यह उजाले और अँधेरे का सहअस्तित्व। यह जो

एक औसत भारतीय बौद्धिक की कशमकश है। यह सनातन और सबसे गड्ड-मड्ड स्थिति। यह स्वायत्तता और आत्म-निषेध का चिरन्तन संघर्ष। एक ओर विचारों की दुनिया और दूसरी विचारविहीन रोजमर्रा का औसत जीवन। आधुनिकता के अन्तर्विरोधों का यह द्वन्द्व मुक्तिबोध का बुनियादी द्वन्द्व बन जाता है। मध्यवर्ग को मुक्तिबोध पहली बार प्रगतिशील धारा के चिन्तन में लाते हैं। वह मध्यवर्ग जिसकी अनेक पर्तें, रहस्यमयता और भयावह जटिलताएँ हैं। एक ओर इन पचास वर्षों में उसका नैतिक अधोपतन और शक्ति-तन्त्र के साथ उसके नाभि-नाल जुड़ाव की विकट परिस्थितियाँ, उसकी विच्छिन्नताएँ और उसकी आत्मग्लानियाँ और इन सबसे जन्मे उसके अनेक चेहरे। मुक्तिबोध की कला मध्यवर्ग की इस सिकुड़ती हुई जमीन के बावजूद प्रतिरोध का एक बहुत अलग तरह का 'स्पेस' बनाती है। इस स्पेस को रचने के लिए वे बलि देते हैं अपनी सुविधाओं की, सुकून की, सुरक्षा की, क्षुद्र अहंकार की। वे एक निम्नमध्यवर्गीय मन के विभाजित व्यक्तित्व के चरम तनाव को जी सकते हैं। इस बात पर एक नयी तरह से बहस उठनी चाहिए कि किसी जटिल समय में बौद्धिक के सबसे मार्मिक क्षणों में कितनी भूमिका उसके संचेत मानस की होती है और कितनी उसकी स्वभावगत कठिन विवशताओं की। यह एक ऐसा समय है जब कलाकार के उस 'स्पेस' की बात आज सबसे महत्त्वपूर्ण मुद्दा है। बाजार कहीं भी आपका पीछा नहीं छोड़ रहा है। अब बाजार आपके घरों के भीतर–घरों के भीतर ही नहीं, आपकी चेतना के भीतर घुसकर आप पर हमला कर रहा है। प्रतिरोध की चुनौतियाँ आज ज्यादा कठिन हुई हैं। कला इन्हीं क्षणों में इस सबसे जिद्दी सवाल को आपके सामने उठाती है कि आप अपनी द्वन्द्वात्मकता को कितनी दूर तक निभा सकते हैं? आपकी सुकून की जिन्दगियाँ भी चलें और विरोध में आपकी मुट्ठी भी तनी रहे यह बहुत देर तक नहीं हो पाता। कला इस स्वांग को बहुत देर तक निभा नहीं पाती। कई बार तो वह चुपचाप एक तरफ खड़ी होकर बड़ी विनम्रता से यह फुसफुसाती है कि "अजी हटाइए अपनी यह अभ्यासपरक कविताई। जीवन मुझसे ज्यादा बड़ा है।"

2. अगर लिखने लायक कुछ पकड़ में आया

दुश्मनी ने मेरी खोया गैर को
किस कदर दुश्मन है देखा चाहिए

—ग़ालिब

कोई नहीं है मित्र केवल सब सहमत
कोई विवाद नहीं केवल तिरस्कार

—रघुवीर सहाय

रघुवीर सहाय की मरणोपरान्त प्रकाशित कविताओं के संकलनकर्ता के अनुसार उनके अन्तिम दिनों की ये कविताएँ किसी कॉपी में लिखी हुई नहीं, निमन्त्रण-पत्रों की सादी पीठों, लिफाफों के रिक्त स्थान, दूतावासों के सूचना पत्रों और सिगरेट के डिब्बियों पर लिखी हुई प्राप्त हुईं।

संकलनकर्ता ने लिखा है कि "सहाय जी को इन पुर्जों में दर्ज 'काम की चीजों' में एक सम्बन्ध ढूँढ़कर उसे व्यवस्था देने का समय नहीं मिल सका। विभिन्न स्थितियों के बीच सम्बन्धों की खोज और पहचान ही उनके अन्तिम वर्षों के काव्य-सृजन की प्रक्रिया थी।"

एक कवि के जीवन के बाद उसका लिखा हुआ जो कुछ आधा-अधूरा, बिखरा, टूटा-फूटा, असंकलित और सन्दर्भरहित बचता है, वह भी बड़े काम का हो सकता है। पहली बात तो यह कि कविता के ये बिखरे हुए और अनायास सन्दर्भ उन अप्रत्याशित जगहों में अपना वजूद बनाते दिखाई पड़ते हैं, जहाँ उनके होने की उम्मीद नहीं की जाती। दूसरे यह कि तथाकथित व्यवस्था या पूर्णता का दर्जा न पा सकीं ये अयोजित पंक्तियाँ अपने निरावृत रूप में एक सर्जक के मानस की कार्यशाला बन जाती हैं। बिखरावों, समय के टुकड़ों, विच्छिन्न स्थितियों और एकाग्रता के टापुओं पर लिखी गयी ये पंक्तियाँ एक अलग तरह का रूपक बनाने लगती हैं। जीवन के तमाम विखण्डनों में रचित संवादों या एकालापों को क्रम देने का काम शायद बाद में इतिहास करता है। कालान्तर में अवशेष के रूप में बची ये असम्बद्धताएँ नयी तरह की संगतियाँ बनाने लगती हैं।

वह युग है जिसका अन्त हमें दिखता है
पर अगले युग का आरम्भ नहीं जानते
मनहूस शून्य के अथाह में पाँव नहीं टिकते हैं
हम डूबते नहीं उतराते रहते हैं
बार बार यह कोशिश है कि हर एक संवाद
अर्थहीन हो जाए
आज इन टूटते रिश्तों को सार्वजनिक मान्यता देते हैं अध्येता
करते हैं प्रबन्ध की एक नयी शैली का उद्घाटन

x x x

जेल में लिखी गयी है कविता
हर कविता जेल में लिखी गयी
जेल से निकलने की कोशिश ही कविता है।

x x x

आज अगर लिखने लायक जुमला पकड़ में आया

तो उसको लिखकर छुट्टी नहीं पा सकूँगा
जबकि पा सकता था अगर कागज होता।

रघुवीर सहाय एक कलाकार के रूप में शायद उस आधुनिक प्रबन्ध-तन्त्र को सन्देह के साथ देखते थे जहाँ चीजों के सूक्ष्म वर्गीकरण करते हुए अन्ततः किसी भी स्वायत्तता को नष्ट किया जाता है और उसे एक सर्वसमावेशी व्यवस्था का हिस्सा बना लिया जाता है। आधुनिक समय में एक कलाकार जब कई बार अपने संवादों या एकालापों को एकत्रित करने या उन्हें क्रम देने की इच्छा से भी बाहर चला आता है तो हमें यह एक स्वाभाविक स्थिति लगनी चाहिए।

यह जो कुछ आधा-अधूरा, विखण्डित और क्रमहीन होता है वही शायद अँधेरे समय में सबसे ज्यादा स्पन्दित चीजों की तरह दमकने लगता है। ये शेषांश जीवन में किसी छिपे हुए प्रतिरोध का परिचायक बन जाते हैं। ऐसा बहुत बार हुआ है कि अधूरेपन के रूप में बची चीजों ने कालान्तर में 'शिफ्टिंग' और गति पर केन्द्रित होने वाले दस्तावेजों का रूप ले लिया। आत्मस्वीकृतियों तक में यह रूपान्तरण हुआ है।

रघुवीर सहाय की बाद की इन कविताओं में प्रथम पुरुष अभिव्यक्तियाँ सबसे ज्यादा हैं। ऐसा लगता है जैसे शेष होते जीवन में 'मैं' का यह मैटाफर दो स्तरों पर अपना सम्बन्ध बनाता है। एक तो अरूप व्यवस्था की छोटी-छोटी प्रतिक्रियाओं के रूप में और दूसरा अलग-अलग व्यक्ति इकाइयों के आपस में बनते सम्बन्धों के साथ। पहली नजर में यह लगता है कि सहाय जी के अन्तिम दिनों की इन कविताओं में एक थकन है, पराजय की स्वीकृति है पर तुरन्त ही हर असाधारण अभिव्यक्ति की तरह यहाँ भी हमें यह आभास होता है कि कला में विकलता का तत्त्व अन्ततः सारे अन्तरालों को भर देता है। इस विकलता में ही एक जीवन इच्छा है। कालान्तर में यह विकलता ही आपको बुलाती है कि आप मेरे साथ हो लें। चलें मेरे साथ उस अँधेरी सुरंग में। एक हिस्सेदार की तरह आएँ। और निष्क्रियता के इस रोजमर्रा के संसार में क्या अब भी कुछ तरलताएँ बची हुई हैं? वह बाहर के संसार को, उसकी नियन्त्रणकारी शक्तियों को, संगठित राजनीति की अमूर्त शक्लों को हजार-हजार रूपों में जानना चाहता है। वह बुलाता है आपको कि आप इस संवादहीनता, घृणा, तिरस्कार और अकेलेपन की भूल-भुलैया में चलें और देखें कि 'मैं' और 'अन्य' के सम्बन्धों की जटिलताएँ क्या हैं? 'जो मारे जाएँगे वे और नहीं होंगे।' रघुवीर सहाय पाठक की इस सुनिश्चितता को एकबारगी तोड़ देते हैं।

एक मध्यवर्गीय कवि का कविता के पास जाने और अपनी सीमाओं के स्वीकार का यह एक डरावना सच है। शायद बड़ा आत्मबल लगता होगा इसके लिए। मुक्तिबोध को यह उम्मीद जगानी पड़ती थी कि 'टूटेंगे किले एक दिन।' रघुवीर सहाय को उस आशावाद को पाने के लिए अपने अन्तिम दिनों में अपने घिराव से निकलना

आवश्यक नहीं लगता। वे अपने इस अधूरेपन और विखण्डन की तमाम दबी-ढँकी पर्तों में इस तरह गये हैं कि अपने व्यक्ति और रचयिता का लगातार विलयन किये दे रहे हैं। ऐसा कहा जाता है कि लिखना एक अधूरेपन से जन्म लेता है। जीने वाले मनुष्य और रचने वाले मनुष्य के अन्तराल पर बड़ी-बड़ी लुभावनी बातें कही जाती रही हैं। पर आज यह अन्तराल नये अर्थों में एक दहशत पैदा करता है क्योंकि लिखना पर्याप्त नहीं है। एक अधूरे और विखण्डित जीवन का अँधेरा इस रचनात्मक कौंध के दोनों सिरों पर हमेशा लरजता रहता है। हममें से बहुत से अपनी इस रचनात्मक कौंध से बाज़ वक्त बड़े सन्तुष्ट और आत्माभिमानी भी दिखाई देते हैं। इस सबके बरक्स रघुवीर सहाय की ये पंक्तियाँ देखें—

किसी भी कविता की रचना में
मैं जितना फालतू बोझ कम करता हूँ
उतना ही मैं हल्का होता हूँ
जीवन से बड़ी नहीं हो सकती रचना
अच्छा लिखने का अभिमान एक बोझ है
भाषा पर लादकर उसे तुम चल न दो।

रघुवीर सहाय जानते थे कि अपने समय से आहत होने के तमाम दिलकश बयान, भोगनेवाले असंगठित मनुष्य की असहायता के सुन्दर रूपक, तमाम तमाम विवरण और मोहक वाक्य संरचनाएँ कविता की अन्तिम स्थितियाँ नहीं हो सकतीं। उनकी रचनात्मक दृष्टि अन्ततः इस विकलता को भी, इन खण्डित मनःस्थितियों को भी दो समयों के बीच एक 'इन्टरल्यूड', एक अन्तराल के रूप में ही मानती थी। वे जानते थे कि रचनाकार का जो संवेदनशील मन है वह खरगोश की तरह उछलकर कब इस दायरे से बाहर निकल आता है और कब इन्हीं शक्ति-संरचनाओं में शामिल हो जाता है, कब तमाम तरह की आत्मग्लानियाँ और पीड़ाओं से उबर आता है, इसका कोई ठिकाना नहीं है। इस क्षिप्रता और सूक्ष्मता की टोह को उन्होंने अपना स्थायी सरोकार बना लिया था। हमारे समय की इस जटिलता से उनकी ये तमाम कविताएँ आरम्भ होती हैं। वे लगभग एक 'आउटसाइडर' हो चले थे। अपने इस लगातार बाहर होते जाने की स्थिति को उनकी तमाम परवर्ती कविताओं के संवेग और उनके रूप-गठन में देखा जा सकता है।

'आत्महत्या के विरुद्ध' रघुवीर सहाय के सन् 67 में प्रकाशित कविता संग्रह का शीर्षक ही नहीं है, यह 1995 में प्रकाशित उनके अन्तिम संग्रह की पहली कविता का शीर्षक भी है। दो दशक बाद का आरम्भ एक ऐसी कविता से हुआ है जहाँ माध्यम की विश्वसनीयता ही सन्दिग्ध हो चली थी। रचना में कवि की 'ज़गह' का इस हद तक संकुचन हो चला था कि एक शून्य सन्निपात से कवि अपना बयान

आरम्भ करता है। स्थापित व्यवस्था हर विपत्ति को एक सामान्य स्थिति बना देने की तैयारी करती है। सारी नृशंसताएँ एक रोजमर्रा के अनुभव में तब्दील कर दी गयी हैं और उनके दोनों छोरों पर प्रसन्नता का माहौल है। व्यक्ति संख्याओं में बदल रहे हैं। अपने अन्तिम दिनों की इन कविताओं में कवि के अवचेतन में यह बात लगातार साफ होती जा रही है कि अब हादसों की सपाट गवाही देने का कोई अर्थ नहीं रह गया है। दृश्य माध्यम, शब्द माध्यम को पछाड़ चुका है। सारे विवरण और गवाहियाँ दुर्घटनाओं के एक जायके को रच रही हैं।

सामान्यतया अपनी इन कविताओं में रघुवीर सहाय जब किसी सामूहिक दुर्घटना या विपदा का जिक्र करते हैं तो उनका मन एक साथ कई-कई स्तरों पर सक्रिय दिखाई देता है। वे दुर्घटना के ग्राफिक विवरणों को हटाकर लगभग एक तरफ रख देते हैं। क्योंकि वे जानते हैं कि इस तरह के विवरणों में कुछ रखा नहीं है। बाहर को रचते हुए उनका मन हर जगह घिरा हुआ है। मूर्तन के साथ हर जगह अमूर्तन की अनिवार्य उपस्थिति है। यह उन्हें अपनी अभिव्यक्ति के लिए बहुत बुनियादी बात लगती होगी। दुर्घटना में व्यक्ति कैसे मरा, किस जगह मरा से ज़्यादा क्यों मरा का प्रश्न उनके लिए ज्यादा अहमियत रखता था। और इस सवाल के उठते ही सारे सामाजिक आचार-विचार और व्यवहारों की सूक्ष्मताओं का एक विमर्श उनकी कविता में उभरने लगता है।

इन अर्थों में रघुवीर सहाय की ये कविताएँ महज 'देखने' वाली कविताएँ नहीं हैं। जो उपस्थित है वह महत्त्वपूर्ण है और जो अनुपस्शित रह गया वह भी उनके लिए उतना ही महत्त्वपूर्ण है। उनकी एक कविता की निहायत सादी-सी लगती पंक्तियाँ अचानक आपको पकड़ लेती हैं—

मान लिया जाता है कैसे मरा होगा,
मरने का कारण अब थोड़े ही शेष है

इस तरह का कथन शक्ति-संरचना की कार्यपद्धति का एक सम्पूर्ण मैटाफर बनाता प्रतीत होता है, जिसमें हमारा अवचेतन भी शामिल है। हम जो मरे हुए व्यक्ति को देख अपनी प्रतिक्रिया गढ़ते हैं, हम कहाँ उस शक्ति-संरचना के आखेट-स्थल से बाहर हैं? इस तरह उनकी कोई भी कविता एक साथ कई स्तरों पर अपना कार्य करती प्रतीत होती है। वह हादसे का एक तत्काल रचती है लेकिन तुरन्त वहाँ से हट जाना चाहती है। वह खोजती यह है कि अब कैसे उस 'शिकार' के परिपार्श्व को छिपाया जाएगा। इस तरह कवि हादसे के साथ बनने वाले हमारे रिश्तों के तलघर को रूपायित करता है। कवि ने उस कठिन समय को जान लिया था जब सारी मानवीय सदाशयताओं और करुणा को घटना का चश्मदीद गवाह होने की सनसनी लील लेती है।

इस तरह कवि अपने सारे विखण्डन और अधूरेपन के बावजूद भाषा में कहीं

अपने आपको एकत्रित कर लेता है। वह क्लेश की अतिरंजनाओं के बीच भी सपाट कहीं नहीं है। दृश्य की मूर्तता के बीचोंबीच खड़ा जब वह अपने भीतर की जटिलताओं का एक अन्तराल रचता है तो वह एक घिरे हुए रचनाकार का साहस है। इस तरह कवि जब आहिस्ता-से चीजों को यूँ ही छोड़ देता है तो वह अधूरापन नहीं है, वह आपदाओं के बीच जीने के सबसे गुह्य रहस्य की सम्पूर्ण अभिव्यक्ति का रूप ले लेता है। अपनी बाहरी संरचना में यह अभिव्यक्ति चाहे वह जितनी अधूरी, विखण्डित और सन्दर्भहीन लगे।

ये कविताएँ मन पर तन्त्र के एक निरन्तर बने रहने वाले दबाव की कविताएँ हैं—इसकी अमूर्तता के रहस्यों को खोलती हुई। इन्हें पढ़ते हुए हमारे समय की एक निराली द्वन्द्वात्मकता को जाना जा सकता है। अहंकार और उदासीनता की द्वन्द्व ात्मकता। शोर और खामोशी की द्वन्द्वात्मकता। सुनिश्चित और अनिर्णय की द्वन्द्व ात्मकता। छिपने और उजागर होने की द्वन्द्वात्मकता। ये किसी आने वाले संकट के आभास के बरक्स मनुष्य के चारों ओर की व्यवस्था के किसी सुविधाजनक तर्क को देखती है। इस तरह के तर्क के पीछे की मानसिकता को पर्त दर पर्त खोलती जाती है। यहाँ तन्त्र के सम्मुख खड़े मनुष्य के उस अन्दरूनी शून्य को पकड़ा गया है जो जान नहीं पाता कि उनका शिकार बनते चले जाने की प्रक्रिया क्या है?

एक रचयिता के रूप में रघुवीर सहाय के सरोकार लगातार तमाम बाहरी सुरक्षा कवचों को भेदते चले जाने के थे। संक्रमणशील समय के रचनाकार का शायद सबसे कठिन समय वह होता है जब उसे अपने उपलब्ध औजारों पर ही शक होने लगे। तमाम रेडिमेड संज्ञान, सहज उपलब्ध अभिव्यक्तियाँ, भाषा के सुनिश्चित तेवर और प्रकटन के बँधे हुए रूपों पर यह सन्देह प्रकारान्तर से अपने ही 'मैं' का विखण्डन है। बाद के रघुवीर सहाय इस उपलब्ध संसार की सन्दिग्धताओं से अपनी यात्रा आरम्भ करते हैं। कला में एक विसंवादिता, स्वर वैषम्य और विच्छेद के लिए वे एक आवश्यक स्तर तक अपने 'मैं' का भी विसर्जन कर देते हैं। इस विसर्जन के परिणामस्वरूप मिलतो है उन्हें एक अत्यन्त मार्मिक 'वल्नरेबिलिटी'। अपनी भेद्यता के इस चरम तक पहुँचा हुआ उनका यह संसार आश्चर्य है कि उन्हें आत्मदशा की ओर नहीं ले जाता है। बुद्धि, ऊर्जा, भावात्मक विकलता और टोहते हुए हाथ लगे एहसासों से अर्जित स्वायत्तता का यह एक कठिन रूप है। इसके बाद जो बचता है वह इस दैनन्दिन संसार में छोटी-छोटी चीजों के विस्मय हैं। इन विस्मयों से गुजरते हुए किसी मूलभूत करुणा, वेदना, स्मृति, राग, रुचि और लगाव के रेखांकन उन्हें इस यात्रा में अपने सबसे विश्वसनीय आश्रय-स्थल लगते हैं।

मुझे एक लम्बी छुट्टी दो
मैं अपने कागजों को सँभालूँगा
कितनी तरह के ऊबड़खाबड़ कागज हैं ये
इनके बीच से पिरोकर अपने दर्द को
निकालूँगा—
बाहर भय है भय है भय है
जाने क्यों आशा है कि इनको फिर से सजाने से
भय मिट जाएगा
सिर्फ कुछ अध-लिखे लेख सुलझाने से

('आलोचना' के अक्तूबर-दिसम्बर, 2007 अंक में प्रकाशित)

वह सादा जीवन जो अनायास बीत गया

कण कण की पीड़ा से मेरी
कातर आत्मा लिपट लिपट रोने दो
से रज कण अब भी मरे नहीं
इनमें जी उठने की मानो क्षमता गहरी:
इस मिट्टी में
अब भी जीवन की गंध भरी
इसमें अगणित संसारों का अवसान उदय

–(आत्मजयी)

क्या कविता की कोई विषय-वस्तु होती है? जब हम सोचते हैं कि एक कवि किसी खास विषय पर लिख रहा है तब भी वह अपने आप को परिवेश की किसी गतिशील सम्बन्ध सूत्रता के हवाले ही तो कर रहा होता है। पर्त-दर-पर्त कितनी सारी बातें, तमाम बिखरे हुए सन्दर्भ, रहस्यों के अप्रत्याशित उद्धाटन, और तमाम अबूझ पहेलियां। .... और फिर उनकी कोई एक समग्र 'यूनिटी'। ऐसी कोई कविता जिसे पढते हुए सहसा आप पाते हैं कि यह तो आपने पहले भी देखा था, हज़ार बार देखा था पर उसे इस तरह से जाना कहां था! कुंवर नारायण की कविता **'एक जन्मदिन जन्मस्थान पर'** कुछ इसी तरह की कविता है।

कुंवरनारायण जी के विस्तृत और बहुआयामी संसार में लगभग एक सर्वथा अलग और एक निराली कविता। अपने जन्म स्थान पर अर्से बाद लौटना और चीजों को निरखना इससे पहले भी हिन्दी की बहुत सारी कविताओं में होता रहा है पर यह उन अर्थो में नोस्टेलजिया या अतीत-राग की कविता नहीं है। लौटना इसमें 'स्व' के रोमान या चीजों पर उसके आत्म-आरोपण का मामला नहीं है क्योंकि सबसे पहले तो यहां चीजों का एक वस्तुनिष्ठ वृतांत ही है। यानी कि एक देशज संसार, उसका फैला हुआ लैंडस्कोप, उसकी विभिन्न पर्तें और व्यंजनायें, उसमें मौजूद समय का बोध, उसकी गति और क्षिप्रता का एहसास, अपने में सिमटे हुए या एक दूसरे में विलयित तमाम सारे दृश्य–खंड, उन्हें निरखने की रणनीति, विवरणों और 'डिटेल्स''

की प्रकट होती और ओझल हो जाती एक जटिल दुनिया और उसके बृहद संकेत।

हमारे समसामयिक बोध में यदि कोई रचना इतनी तमाम चीजों को समेटने के लिये 'नरेटिव' के उस पुराने ढांचे को पुनर्जीवन देती है या वृतांत, विडम्बना–बोध, नाटकीय स्थितियों, मनुष्य-व्यवहारों, राग और उससे लिपटी हुई किसी लयातमक सघनता को उभारती है तो यह कवि-दृष्टि, विज़न या 'कहन 'की नयी सम्भावनाओं की खोज तो है ही, संरचनागत मौलिकता को पाने का एक उपक्रम भी है।

गद्य से सर्वथा अलग कविता में 'नरेटिव' की क्या भूमिका हो सकती है? कवियों के पास भी एक गद्यकार की तरह व्यक्त करने के लिये कुछ खास विचार और विवरण होते हैं पर शायद ज़्यादा महत्वपूर्ण वह भाषिक लय है जिसमें शेष सबकुछ निमग्न हो जाता है। सारे ब्यौरे उसी के बीच से उभरते हैं उसी में पर्यवसित हो जाते हैं। कुंवरनारायण जी की यह कविता जैसे किसी 'मूवी कैमरे' की तरह अपने दृश्य– जगत को प्रक्षेपित करती है। उसकी एक क्षिप्र गति है। वहां कोई राहत या 'इंटरल्यूड' नहीं है। बहुत सारे ठेठ किस्म के 'डिटेल्स' उसमें डूबते-उतरते है। और फिर उस सबको दर्शाने की एक खास सूत्रबद्धता है। हम गति और सूत्रबद्धता की इस 'इंटेसिटी' को देख कर लगभग अवाक से रह जाते हैं। अपने समय के बहुत सारे अनाम रहे आये अंतर्विरोधों, सर्वाधिक दैनंदिन साधारणता के सचों, उससे बंधी जटिल नगण्यताओं और उलझे हुए संवेगों से भरपूर स्थानिकताओं का एक ड्रामा सा जैसे यहां खुलता जा रहा हो–

कस्बे की सांझ, बुझे कण्डों का धुंआ,
बल्बों की फुन्सियां जल उठी यहां वहां
अभी गये साल यहां आयी है बिजली–
लेकिन बस एक सड़क छूते निकली:
कुता लोट सड़के और कौवों की कांव-कांव
धूल भरे चौराहे पूछ रहे नाम गांव

प्रथम दृष्टि में यह कविता किसी को एक अखबारी रिपोतार्ज की तरह भी लग सकती है क्योंकि यह नरेटिव 'ठेठ' यथातथ्यता में धंसा हुआ है, अर्थात वह सबकुछ जैसा कि चारों ओर घट रहा है। न उसका कोई अतिकथन न उसकी कोई उड़ान। पर थोड़ा सा खुलते ही एक उनींदे भूगोल का आंतरिक संसार अपनी तमाम अनुगूंजों और संकेतों के साथ इन्हीं ब्यौरों के बीच से आकार लेने लगता है। हम इन्हीं यथातथ्यताओं और यथार्थ के बाहरी रूपाकारों के साथ लिपटी हुई एक सामूहिक जीवन शैली, उसके अवचेतन, तमाम तरह के बाहरी और भीतरी दबावों तथा अंतर्विरोधों के बीच रहने और अपनी जीवन इच्छा को बचाये रखने करने की दुर्निवार्यताओं को, मशक्कत और थकान को लाचारियों और निरुपायताओं, छोटे–बड़े तनावों और अंतर्द्वंद्वों को उनके बीच से झांकता हुआ पाते हैं। इस मूवी कैमरे

ने तो एक उनींदे कस्बे के बाहरी वृत को अभी खोलना शुरू ही किया था–

घोड़ी बेच घिर्राउ रिक्शा ले आये
इक्का– दिन बीते अब रिक्शा दिन आये;
एक जून दाल भात, एक जून चना
भरते पेट घोड़ी का कि भरते पेट अपनाः
जान लियए लेती है रिक्शा की खिंचाई,
बाकी तोड रही बढ़ती महँगाई

सड़कों से इक्के की सवारी का लुप्त होना और साइकिल रिक्शे का आगमन और उसके साथ बदलती हुई जीवन शैली। एक आधुनिक कविता के लिये यह किसी हद तक एक नया वृतांत बनता है– विकास के स्वरूप, परिवेश, श्रम, आजीविका, सामाजिक सम्बन्धों की सूत्र बद्धता की अन्दरूनी हलचलों वाला वृतांत। ग्रासरूट का वह अलक्षित जीवन जो दिन–प्रतिदिन हमें दिखता तो है पर जिसके प्रति हम अपनी बंधी–बंधायी प्रतिक्रियाओं से आगे नहीं जा पाते। कविता में यह चलायमान कैमरा क्रमशः कस्बे के भीतरी लैंडस्केप को रचता जाता है। ऐसा प्रतीत होता है जैसे कोई बाहर से आया व्यक्ति किसी गहराती शाम को एक धूसर कस्बे के बस–अड्डे पर उतरा है, फिर क्रमशः सड़कों से, गलियों से, मोहल्लों से होता हुआ वह उस भूगोल के आंतरिक इलाकों में जा रहा है, समय की गति को लक्ष कर रहा है। उसके सामने एक ' फिजियोनॉमी ' है जो जीवन दशाओं का साक्ष्य भी रच रही है। एक खास गति में उसके चेतना पटल पर तमाम अक्स उभर रहे हैं, मिट रहे हैं। हर दृश्य यहां अर्थ–गर्भित है। अर्थात, वह सब जो कि किसी खास जीवन अवबोध और चेतना का लैंडस्केप कहा जा सकता है। बहुत सारी चीजें अनायास आती हैं। जैसे पंडित सियाराम और उनका मदरसा एक बीतते समय वृतांत है। यहां स्मृति है लेकिन अतीत–रोमान नहीं। कवि जैसे वहां पल भर के लिये रूकता है। एक ठहरी हुई निरुपायता का वह करुण साक्ष्य–

रूंधे कण्ठ, भरी आंख, उनका आशीर्वाद–
"कैसे हो बेटे तुम/ दिखे बहुत दिनों बाद..."

रघुवीरसहाय जैसे कई बार दैनंदिन साधारणता के साथ अपने कवि–स्वभाव का एक आक्रामक किस्म का रिश्ता सिरजते हैं–वक्रोक्ति, हल्का सा शाब्दिक खिलवाड़, उडन-छू व्यंग्य, लाचार परिहास, करुणा मिश्रित विडम्बना, विश्लेषणात्मक तटस्थ्यता या चिड़चिड़ाहट भरी तिक्ता-जिसके मूल में सम्भवतः हर जगह उनकी एक जिद्दी किस्म की 'सब्जेक्विटी' ही है, इसके विपरीत कुंवरनारायण के यहां एक निस्पृहता, आधारभूत सादगी और अतिशय निर्वैयक्तिक हो सकने की क्षमता ही उनकी ताकत है। यहां साधारणता के सामने कुछ इस तरह निष्कवच हो जाना है कि कवि को

वैसे किसी रैटारिक या उक्ति-चातुर्य की आवश्यकता ही नहीं पड़ती जो उनके कुछ समकालीन कवियों के यहां केद्र में है। महत्वपूर्ण यह भी है कि कुंवरनारायण जब इस दैनिक साधारणता के किसी इतिवृत को रच रहे होते हैं तब भी किसी भावुकता के दलदल में नहीं फंसते। उनके यहां न कभी अतिकथन दिखायी देता है और न भाव– स्फीति। वे भाषा में अपने 'कहन' की तहदारी को निभाना भी खूब जानते हैं। नरेशन, नाटकीयता और निरुपण की इस मिली जुली जमीन पर यहां एक बुनियादी संलग्नता भी है और तटस्थता भी। बाहर जो घटित हो रहा है, वही उनके लिये इतनी अर्थ-छटाओं से भरा हुआ है कि इस बखान में अपने 'स्व' की ओर लौटने का उन्हें अवकाश नहीं। वहां दृश्य, घटनाओं, प्रसंगो, सन्दर्भों का अवतरण इतना आनायास और सान्द्र है कि उन्हीं के भीतर से आप कवि की प्रभाववादी शैली की शिनाख्त करते हैं–

वही तो चौक है– वही तो बजाजा है–
वैसी ही भीड़भाड़, वैसी ही आ जा है:
गेहूं की बोरी से टेक लगाये अधलेटा,
भज्जामल अढतिये का सिडबिल्ला बेटा,
वैसे तो जन्मजात तुतला और बैला था
पर इससे क्या होता– रूपयों का थैला था!

कुंवरनारायण की इस कविता में इस गतिमान कैमरे की यह खासी दिलचस्प यात्रा आपको दिखायी देगी। वह प्रथम दृष्ट्या स्थल– आकृतियों, बस–अड्डे, बाजार, गलियों, भीड़भाड के बाहरी ब्यौरे से प्रतिकृत होता है और फिर उनसे होकर गुज़रता हुआ निरंतर जैसे किन्हीं आंतरिक 'प्रकोष्ठों' की ओर बढता है। ये प्रकोष्ठ सामूहिक जीवन शैली से जन्मे मनुष्य व्यवहारों के हैं, पारिवारिक ढांचे के भीतर रूंधे हुए अस्फुट स्वरों, डबडबाहटों, गहन लाचारियों, व्यतीत जिन्दगियों, उदासीनताओं और जड़ताओं के हैं, एक ठहरे हुए समय के अंधेरों गलियारों के हैं, थकान और निष्फलताओं के हैं, हताशा या स्थिति-स्वीकार्यताओं के हैं या पीढ़ियों के अंतरालों के हैं, दबी हुई आकांक्षाओं, कुछ बोलने या चुप रह जाने के बीच पसरी हुई स्थितियों के हैं।

औसत भारतीय जीवन की एक समूची नाटकीयता और कई बार किसी गहरी करुणा में लिपटा हुआ उसका एक 'विट' भी इन प्रकोष्ठों में स्पन्दित है, और वह हमें याद रह जाता है। स्वर की कोई अंतरंगता जैसे इन साधारण और रोजमर्रा के धूसर व्यवहारों के साथ पेश आती है, सहसा उन्हें बहुत चमकीला बना देती है। पाल वेलरी का एक कथन याद आता है कि 'कविता किसी हांके, उद्‌गार या विस्मय का विस्तार है।

बापू का 'बेटा' सुन आंखें भर आई
नीम के झरोखों में सिसकी पुरवाई
"बेटा घर आया है "कहने को होंठ हिले
पर शायद इतना भी कहने को न शब्द मिले।
एक वृक्ष वंचित ज्यों अपनी ही छाया से
उदासीन मन अपनी ही काया से
ताड़ों पर झूलते पतंग दिन बचपन के
बीत रहे बुआ के विधवा दिन पचपन के
अम्मा की ऐनक पर बरसों की जमी धूल
रक्खा रामायण पर गुड़हल का एक फूल
दोनों से निकाल कर प्रसाद दिया मंगल का
आंखों से प्यार लगा अब छलका तब छलका

एक छोटे से वृत के भीतर तमाम तमाम स्थितियों की ओर यह कविता संकेत करती है। विवाह की प्रतीक्षा में घर भर को बोझ की तरह लगती सयानी बेटी और माहौल में व्याप्त अनहका तनाव, शादी-व्याह की बातचीत में लेन-देन के सन्दर्भ, अकथ विवशतायें, जवान बेटी की अपनी सोच, आहत स्वाभिमान का तकाजा और भीतर व्याप्त आशंकायें, बूढे दादा का अकेलापन, डाके की गवाही में व्यर्थ पुलिस थाने के चक्कर लगाते परेशान भैया, एक व्यावहारिक सोच और आदर्शवाद के बीच का तनाव– ऐसे तमाम ठोस सन्दर्भ और उनका एक खास 'फ्यूजन'।

बहुत वस्तुनिष्ठ से लगते विवरणों को रखते हुए उनके बीच कवि कैसे अपने एक 'स्पेस' को निर्मित कर लेता है, इसका एक उदाहरण देना पर्याप्त होगा–

"मुझे नहीं करनी है उस घुग्घू से शादी
कुछ माने रखती है मेरी भी आज़ादी।
मुझ पर ही रहने दो तुम सब मेरा जिम्मा
पढ़ी लिखी हूं मैं भी, कुछ कर सकती हूं अम्मा"
कहने को कह डाला, फिर सहसा फूट पडी
बिजली– सी कडकी और वर्षा– सी टूट पड़ी
सबको डरा कर फिर खुद ही से डर गयी,
घबरायी बिल्ली–सी इधर गयी उधर गयी...

ये तमाम अंतरंग सन्दर्भ, एक जातीय पारिवारिक जीवन शैली की जड़ों और उसमें हो रहे संक्रमणों, आर्थिक जकडबंदियों, एक साथ कई पीढ़ियों के सह–अस्तित्व, एक नश्वर संसार में जीने की अरुप इच्छाओं और उन पर दिन– प्रतिदिन के दबाव, संस्कारों और मूल्यों के व्यामोह, पारिवारिक दायरे में संवादों के जुडने और टूटने के

सन्दर्भ, जीवन–यापन की छोटी– बड़ी जटिलतायें, विस्थापन, दैनिक विवशताओं और स्वप्न जगत के अंतरालों, भौतिक अवस्थितियों और विभक्त मन की दुरूह दुनिया के बीच से उभरते लगते हैं। कब एक सन्दर्भ मिटता है और उसकी जगह दूसरा सन्दर्भ आ जाता है, इसका पता ही नहीं चलता। यह जो कई स्तरों पर जीने का एक समकालीन अनुभव है– कविता जैसे उसका एक 'केलिडोस्कोप' रचती है। एक समग्र जटिल वास्तविकता के छोटे छोटे दृश्य–खंड, जिनसे आज हमारे औसत भारतीय परिवार की अन्दरूनी लय निर्मित है।

यह आख्यान तमाम घटनाओं, प्रसंगों, दृश्यों की किसी आंतरिक सम्बद्धता को रचते हुए एक खास मिजाज निर्मित करता है। महत्वपूर्ण शायद यह देखना है कि कविता में ये सारे विवरण, सन्दर्भ और 'स्थितियां' उनके सबसे सादा और बुनियादी रूपों तक 'रिड्यूस' कर दी गयी हैं। यह आख्यान न तो इन सब का अतिकथन करता है न उन पर कोई स्पष्टीकरण देना चाहता है। कवि यहां इन तमाम स्थितियों को ग्राफिक ढंग से उभारने में निमग्न भी है और दृश्यों की लीला-प्रद दूरी को लांघते हुये किसी हद तक 'तटस्थ' भी। यह जो कला का उभयधर्मी होना है वही इस कविता के समूचे स्वर की विलक्षणता को रचता है। तमाम बिखराव के बीच किसी खास 'यूनिटी' का रचाव, क्या कला की इससे अधिक कोई व्याप्ति होती है?

दिल्ली में दो कमरे; सपनों में गांव
कभी इस पांव खड़े कभी उस पांव
यह कैसा दिशा–बोध घबराया घबराया
यह चेहरा बदहवास, वह चेहरा कुम्हलाया....

आश्चर्य है कि कुंवरनारायण जी की इस अत्यंत सघन कविता पर कोई चर्चा नहीं हुई है।

('लमही' (2013) में प्रकाशित)

फिर भी एक टूटी-बिखरी लय

वरिष्ठ कवि अशोक वाजपेयी एक संकृति कर्मी, आयोजक और प्रशासक के रूप में हमेशा सुर्खियों में और किसी हद तक विवादों में भी रहे हैं पर उनके कविता–कर्म पर गम्भीर चर्चा कम हुई है। या कभी हुई भी तो वह अन्यान्य कारणों से ओट में चली जाती रही है। उनका नया कविता संग्रह 'कहीं कोई दरवाजा' हाल में प्रकाशित हुआ है। उनकी इन कविताओं को पढते हुए उन पर कुछ लिखने की एक वास्तविक स्फूर्ति यदि मन में जागी तो वह इसलिये कि उनकी कविता में कुछ ऐसा है जो समकालीन कविता में अन्यत्र विरल है।

अशोक वाजपेयी की कविता समकालीन अनुभव को रचती है पर उसमें विषय–वस्तु का इकहरापन नहीं है। यह कविता बाहर से आरोपित किसी पूर्व निर्धारित सच, किसी स्थूल आइडियावाद या किसी खास 'जेस्चर' से चालित नहीं होती। इस कविता की सबसे बड़ी खूबी यह है कि सारे रोजमर्रा और तात्कालिक में रमते हुए भी उसका अतिक्रमण कर जाना चाहती है। उसमें हमारी सारी क्षणभंगुरतायें अपने सारे नाटकीय घिरावों और अनिवार्यताओं के साथ उजागर होती हैं और वे हमारे अपरिभाषित से रह गये जीवन के किसी आदिम राग और नैरंतर्य का हिस्सा बन जाना चाहती हैं। यह कविता सारे उपद्रवों के बीच से किसी शांत और सुस्थिर को पाना चाहती है। इन अर्थों में अशोक वाजपेयी की कविता मूलतः एक अभ्यर्थना की कविता है जिसके अलग-अलग शेड्स वहां आपको दिख सकते हैं। पीड़ा, हर्ष, कामना, निर्वेद, सौन्दर्य, धीरज, सामूहिकता, एकाकीपन, उल्लास, उदासी, स्वप्न और क्षरण। इस कविता में अलग अलग बिखरी हुई वस्तुओं का एक 'कोलाज' है। कवि इन बिखरी हुई, छिटकी हुई वस्तुओं को एक धुरी पर लाता है, उनके आपसी सम्बन्धों की किसी केन्द्रीय लय को रचता है, उसके वृत को फैलाता जाता है। छोटी छोटी वस्तुयें, मामूली सी लगती स्थितियां, अचीन्हे रह गये स्पन्दन, किन्हीं बंद दरवाज़ों के खुलने की उम्मीद, वनस्पतियों की गंध, टोकनी, बाल्टी, जूते, छातों से जुड़े जीवन के निराले रहस्य, अलक्षित बियाबान, स्मृति की कोई भूमिका, भूली हुई सी कोई जगह, वर्तमान का कोई ठिठका हुआ क्षण, पवित्रताओं के टूटे-फूटे स्वप्न,

मार्मिक आत्म-ग्लानियां, विकल पछतावे, कुछ सबसे बुनियादी ज़िरह तो कहीं हमारे सांस्कृतिक पतन का क्लेश और उसकी अन्दरूनी गवाहियां। यानी जो बचा रह जाता है उसी के सहारे कवि की किसी समयातीत या अनवरता को पकड़ने की ख्वाहिश है। **'शुरूआत की अंधेरी शाम'** शीर्षक कविता की पंक्तियाँ हैं—***घर का कोई पड़ोस नहीं है/ जो था वह बेघरबार हो चुका/ इस छन्दहीन पल में/फिर भी एक टूटी—बिखरी लय/ लपेटती है दृश्य को/कुछ हमें/अंतिम आश्वासन दे रहा है।***

एक दौड़ता-भागता उपयोगितापरक समय रचने वाली सभ्यता और गति की तमाम तरह की हिंसाओं के बीच यह कवि का अपना 'स्पेस' है। इसमें कुछ बुनियादी कौतुक, अवसाद और जीवन रोमान एक साथ है। कुछ खो देने की पीड़ा और कुछ संजो लेने की विकलता यहां एक दूसरे के बगल में बैठी हैं। इसी में हमारे समय के मनुष्य का अंतर्मन है—

हम उससे कुछ दूर तो आ ही गये हैं
और इस मुकाम पर
पिछली सदी के दुख को हम कुछ कात सकते हैं
पर उसके लिये जरूरी धीरज, हुनर और फुर्सत
सब हम गंवा चुके हैं

—(***'तेजी से क्यों'***)

दो पृष्ठों की यह सघन कविता समूची बीसवीं सदी की सभ्यता पर लिखा गया एक शोकगीत है। इसमें एक उद्वेग के साथ कवि ने हमारी मौजूदा जीवन शैली की भीतरी पर्तों में प्रवेश किया है। अमानुषिक गति, अफरा-तफरी, स्पर्धा,, स्मृतिहीनता, दृश्य—संस्कृति, दूरी और निकटता के जटिल रिश्ते और किसी शाश्वत वर्तमान में बने रहने की नियति। कवि यहां पर जैसे कि सामूहिक अवचेतन में बसी ग्लानि का ऐसा वैयक्तिक प्रवक्ता है जिस पर इतिहास का बोझ किसी अभिशाप की तरह है—

दूर से दुख, भले वह करोड़ों का रहा हो
जिनका संहार उन्हें उसका कारण या अपना दोष तक पता नहीं चला,
रंगीन सा लगता है
—लाल काला धब्बा
जिसे देर सबेर
धो—पोंछ कर मिटा दिया जायेगा

हमारे समय में भौतिक और आत्मिक विस्थापन, आरोपित सामूहिकीकरण और मनुष्य समूहों के केवल संख्याओं में बदल कर रह जाने के विरुद्ध तमाम तरह से कवितायें लिखी जा रही हैं। अशोक वाजपेयी 'अब सब कुछ को 'शीर्षक कविता में कहते हैं—

मैं सिर्फ उन्हें, सबको जो जहाँ है वहाँ यह जताना चाहता हूं/कि उनका वहाँ वैसे होना/सबसे उजली सच्चाई है/ ऐसी कि उनमे से हरेक के बिना/सच न पूरा होता है, न सच हो सकता है/इस सच्चाई को कोई समो नहीं सकता/उसे कविता में सिर्फ पुकारा जा सकता है।

समो लेने की किसी भी राजनीति के खिलाफ कला की यह सजगता महत्वपूर्ण है। यह हमारे समय में तमाम तरह की निरंकुशताओं के प्रतिपक्ष में मनुष्य और इस संसार की गरिमा को बचाने पर एक मार्मिक टिप्पणी है। इसमें कविता की ताकत का एहसास भी है और उसकी सीमाओं की स्वीकारोक्ति भी। यहां कला में वस्तुएं अपनी भौतिक सत्ता के ऐसे लॉजिक को रचती हैं जो अपरिभाषित है, रहस्यमय है, चिरंतन है, सारी आपाधापी के बीच कदाचित बचा हुआ रहता है। एक जटिल समय में हमारे बहुत सारे विखंडित अनुभवों की किसी परस्पर सम्बद्धता का यह अंकन—वह अब भी महत्वपूर्ण है क्योंकि वह सम्पूर्णता के किसी मिथक को रचने का प्रयास करता है। कविता में यह शायद यह तमाम विरूपताओं के विरूद्ध किसी आदिम विश्वास को संजोने की हिकमत है।

यह दिलचस्प है कि हमारे समकालीन काव्य-परिदृश्य में कविता लिखने के लिये जहां एकांतिक और फुटकर विषयों की धूम है और उसे ही कवि के सम्वेदन—संसार का विस्तार माना जा रहा है, वहां अशोक वाजपेयी के यहां मुक्तिबोध की तरह विषयों की पृथकता नहीं, सम्वेदन की एकान्विति महत्वपूर्ण है। इस एकान्विति में सारे विषय आकर एक प्रकार से 'डिजॉल्व' हो जाते हैं। मुक्तिबोध की तरह ही वे जैसे एक ही कविता जीवन भर लिखते रहे हैं। यद्यपि मुक्तिबोध की तरह अशोक वाजपेयी के यहाँ अंतर्मन की वह विस्फोटक विकलता और बीहड़ अराजकता नहीं है, बल्कि कहन में एक सुघड़ता और स्निग्धता ही अधिक है, फिर भी सम्वेदन की यह एकान्विति और सघन एन्द्रिकता बहुत मायने रखती है। सम्वेदन के इस परिवृत में कुछ मूलभूत विचारसरणियां तो अपनी भूमिका अदा करती ही हैं क्योंकि अशोक वाजपेयी अमूर्त सम्वेदनों के कवि नहीं हैं। उन पर कलावादी होने का आरोप लगाना हास्यास्पद है। वे यदि किसी अमूर्ततन से आरम्भ करते भी हैं तो जल्दी ही उसके लिये मूर्त दृश्यों, स्थितियों, सन्दर्भों का एक आधार निर्मित करते हैं ताकि उसे किसी सुनिश्चित फ्रेम-वर्क में रखा जा सके। यह कहते हुए मुझे कुमार गन्धर्व की स्मृति में लिखी उनकी एक पुरानी कविता की कुछ पंक्तियां याद आयीं जो बहुत कुछ कह देती हैं—

जो नही है उसके कई नाम हैं
लोप अनुपस्थिति अंत समापन मृत्यु अवसान

पर सभी उसके होने को याद करते हुए
कोई भी नहीं जो उसके न होने को व्यक्त करे
न होना भाषा या कविता में सम्भव ही नहीं है
समय के बाहर कदम रखना भाषा से भी बाहर जाना है

अंत में क्या यह कहना जरूरी है कि अशोक वाजपेयी हमारे समकालीन परिदृश्य के चंद सर्वाधिक सघन और सजग कवियों में से एक हैं?

('शुक्रवार' (2013) में प्रकाशित)

ये सचमुच मित्र कविताएँ हैं

वर्ष 1979 की सर्दियों में एक शाम भोपाल में कवि भगवत रावत से पहली बार मुलाकात हुई थी। उन्हें देखकर मुझे ताज भोपाली का एक शेर याद आया—

हमें इन्सान से कोई मिला दे
फरिश्तों में तो हम अक्सर रहे हैं

सत्तर का दशक लगभग बीत चुका था और अस्सी के दशक की भूमिका बन रही थी। भोपाल की फ़िज़ाओं में कलाओं की धूम थी। कलाओं का संस्थानीकरण हो रहा था। शहर गोष्ठीबाज़ों के एक तीर्थ-स्थल में बदल रहा था। सेमिनार, व्याख्यान, बहसें, कविता, उत्सव, पीठ, पुरस्कार, वज़ीफे, वक्तव्य, दारू, कैमरे के फ्लैशगन। साहित्य विमर्श दिल्ली से उड़कर भोपाल उतरते और पलाश होटल के शीत ताप नियन्त्रित कमरों में विश्राम करते। भोपाल में एक तरफ कलापुरुष अशोक वाजपेयी थे जिन तक पहुँचना एक टेढ़ी खीर थी। द्वारपाल की भूमिका में खड़े चन्द बौद्धिक लठैत किले के दरवाज़े पर ही आपको रोक लेते थे। दूसरी तरफ फक्कड़ तबीयत माने जाने वाले कुछ ऐसे दोस्त थे जिनके चेहरे तब तक हज़ार वाट के बल्ब में चमकने लगे थे और जिन्होंने अपने आईना खानों में रहने का अभ्यास शुरू कर दिया था।

ऐसा नहीं था कि भगवत रावत कोई साधू-संन्यासी थे और कहीं अलग एकान्त में अपनी धूनी रमाये हुए थे। वे इसी काजर कोठरी में थे। लेकिन वे दोस्तों को देखकर बाहर निकल आते थे और ठठाकर हँसने लगते थे। उनकी इस हँसी में विडम्बना भी थी और आश्वासन भी। उनसे मुलाकातें हमेशा संस्थानों के बाहर प्रांगण में हुईं। उनकी इस खुली-खुली बुन्देलखण्डी हँसी में माहौल की सारी जटिलताएँ पुर्ज़ा-पुर्ज़ा बनकर उड़ जातीं। वे जैसे बारिश के बाद के आसमान की तरह थे। कुछ था जो यकीन दिलाता था कि यह शख़्स इतना सादा, इतना नैसर्गिक और इतना राग से भरा हुआ है कि इस पर दूसरा रंग चढ़ना मुश्किल है। रावत जी से पहली मुलाकात में ही मैंने जाना कि सयाने लोगों के कला विमर्शों से उनकी ऐसी देशज उपस्थिति है कि पाँच मिनट के भीतर आप उनके साथ अभय महसूस करें। मैंने यह भी जाना

कि इस चतुर समय में भी वे खासे 'वल्नरेबल' हैं। वेध्य हैं। एक ऐसी वेध्यंता जो अपने दरवाज़े हमेशा खुले रखती है। कोई ऐसी चीज़ जो कविता की सफलता से ज़्यादा जीवन के राग को प्राथमिकता देती है। जो दूसरों पर सहज यकीन करती है और उनका यकीन पाना चाहती है। कविता की संरचना और जीवन का राग उनके यहाँ दो अलग चीज़ें रही ही नहीं हैं। 1980 में भोपाल में प्रलेस ने चित्रकार अशोक भौमिक के सहयोग से कविता पर बनाये जाने वाले रेखांकनों की एक पोस्टर कार्यशाला आयोजित की थी। दिन-रात गपशप होती रहती थी। वहाँ मैंने देखा कि चाय की गुमटी पर, पनवाड़ी की दुकान पर, पीपल के पेड़ के नीचे या स्कूटर पर बैठकर जाते हुए कहाँ भगवत रावत की बातचीत खत्म होती और कहाँ कविता शुरू हो जाती इसका पता ही नहीं चलता था। ऑक्तोवियो पाज ने कहा है कि कविता सर्जक के व्यक्तित्व का निषेध है। मैं नहीं जानता कि इस बात के मायने क्या हैं। भगवत रावत के मनुष्य और उनके कवि को मैंने हमेशा एक-दूसरे के बेहद करीब बैठे देखा है। उनकी कविता भी मित्रवादिता की कविता है। उसका मूल भाव पुकार और सम्बोधन का है। वह खाइयों को नहीं, पुलों को महत्त्व देती है। वह संबोधन करती है। दूसरों से सम्बोधन, स्वयं अपने आप से सम्बोधन। लेकिन हमारे समय में यह एक विडम्बना है कि जब कवि और कविता के सारे अन्तराल पट जाते हैं तो इस सरलता की कीमत कवि को साहित्यिक सफलताओं के मोर्चे पर चुकानी पड़ती है। यह अकारण नहीं था कि मैंने भगवत रावत जैसे कवि को कवियों की चर्चा में हमेशा दूसरी पंक्ति में खड़े पाया।

सवाल यह है कि भगवत रावत जैसा शख़्स सफलता के उस बाड़े में कुलाचें भरने के लिए किस हद तक खुद को बदल सकता है? दाग़ का एक शेर याद आता है—

नाजुक बहुत है रिश्ता-ए-उल्फत न टूट जाए
इतना न अपने आपको ऐ मह-जमाल खेंच

भोपाल में कवि नरेन्द्र जैन और राजेन्द्र शर्मा की तरह भगवत रावत का चेहरा भी मुझे एक आत्म-संयम का चेहरा लगा। हमारे समय के एक असाधारण कवि मिरोस्लाव होलुब ने कहा है कि "कविता असफलता के प्रति एक वचनबद्धता है।" इस बात के कितने अर्थ हो सकते हैं? आज युवा कवियों की चार-छह कविताएँ पत्र-पत्रिकाओं में छपते ही उनके कविता संग्रह की तैयारियाँ शुरू हो जाती हैं। इसमें शायद कुछ बुरा भी नहीं है। लेकिन क्या यह बात अजीब नहीं लगती कि भगवत रावत का पहला कविता-संग्रह 38 वर्ष की आयु में प्रकाशित हुआ, जबकि वे इतने वर्षों से भोपाल जैसे शहर में थे। मुझे मालूम था कि मैं यदि भगवत रावत से सवाल करता कि आप गणित में इतने कमज़ोर क्यों रहे हैं और इस मार-काट

के बीच किनारे पर खड़े होकर कैसे अपने आप पर यकीन बनाये रख सके हैं तो वे तुरन्त वही बेसाख़्ता हँसी हँसते। वह हँसी जिसमें सारी जटिलताओं के पुर्ज़े-पुर्ज़े उड़ जाते हैं और इसके बाद कुछ पूछने और जवाब देने को रह नहीं जाता।

भगवत रावत का पहला कविता संग्रह 'समुद्र के बारे में' 1977 में छपा था। इसमें सन् साठ से सत्तर तक की कविताएँ हैं। उनके इस संग्रह में एक कविता है—'भाषा चाहिए', इसकी कुछ पंक्तियाँ उस दौर में कविता के मिजाज़ में आ रहे बदलाव की पूर्व-सूचना देती हुई लगती हैं—

मुझे एक भाषा चाहिए
जो उसकी आँख को आँख कह सके
और जिसका अर्थ
सिर्फ आँख हो

अस्सी के दशक में भोपाल में कविता की वापसी के नारे लग रहे थे। पता नहीं कहाँ गयी हुई थी और कुछ लोग उसे कहाँ से वापस लाना चाहते थे। लेकिन इस तरह की बातों के बहुत पहले से भगवत रावत एक ऐसी कविता लिख रहे थे जो प्रतीकों की गठरी और दार्शनिकता के बोझे को उतार कर सीधे जीवन से हाथ मिलाना चाहती थी। यह जीवन जो हमारी औसत भारतीयता के रोज़मर्रा का जीवन है। जिसमें हमारा घर-परिवार, नाते-रिश्ते, पास-पड़ोस, गली-मुहल्ले की हलचलें हैं। जिसमें तमाम तरह की आवाज़ें और शोरगुल हैं। ख़ामोशियाँ हैं और इन खामोशियों में गुमनाम ज़िन्दागियों की रागिनी धड़कती रहती है। एक अति साधारण ज़िन्दगी जिसमें आदमी की अस्तित्व की लड़ाई, उसका सुख-दुख, राग-विराग, स्मृतियाँ और आकांक्षाएँ एक रहस्य की तरह उजागर होती हैं। साधारणता का असाधारण रहस्य। यह ऐसी कविता है जो जीवन से लबालब है। उसमें तमाम तरह के दृश्यों की भरमार है। ये दृश्य जो जीवन में बिखरे हुए रहते हैं पर कविता में आकर एक-दूसरे के पास बैठ जाते हैं और एक लय में हमारे सामने से गुज़रते जाते हैं इन दृश्यों के भीतर से ही कविता के तर्क-वितर्क बनते हैं। पक्ष और विपक्ष निर्धारित होते हैं। एक ऐसी कविता जिसमें सुख की छवियाँ हैं तो अपार दुख भी हैं। व्यंग्य है, विडम्बनाएँ हैं, कचोट है और करुणा है। एक ऐसी कविता जिसमें इस सबसे गुज़रते हुए दुनिया की सरलता और सहजता में फिर से भरोसा करने वाला मन है—

अल्मुनियम का वह दो डिब्बों वाला
कटोरदान
बच्चे के हाथ से छूटकर
नहीं गिरा होता सड़क पर
तो यह कैसे पता चलता

कि उसमें
चार रूखी रोटियों के साथ-साथ
प्याज की एक गाँठ
और दो हरी मिरचें भी थीं
नमक शायद
रोटियों के अन्दर रहा होगा
और स्वाद
किन्हीं हाथों और किन्हीं आँखों में
ज़रूर रहा होगा

क्या ये पंक्तियाँ एक दृश्य का महज स्थूल बखान हैं? नहीं। वे कई स्तरों पर अपना काम कर रही हैं। वे सबसे पहले तो उस दुनिया पर केन्द्रित होती हैं जो सामने दिखती हुई भी अक्सर हमारी आँखों से ओझल रहती है। क्योंकि एक सनसनीखेज़ समय में हमारी आँखें चौंधियायी हुई हैं और हमारी संवेदन-तन्त्री महज भड़कीली चीज़ों को देखने और सोचने की अभ्यस्त हो गयी है। कविता में साधारण की यह प्रतिष्ठा देखने और सुनने की हमारी बन चुकी आदतों के खिलाफ एक नैतिक प्रतिरोध है। उसमें न्याय की एक कामना है। न्याय की यह कामना कविता की भाषा में एक अतिशय कोमलता, लगाव और एन्द्रिकता के रूप में उतरती है। वह एक अतिसाधारण मान लिए गये दृश्य को एक परम रहस्य की तरह खोलती है। सड़क पर अजूबे की तरह कुछ घटित हुआ है। दृश्य की एक फाँक खुल गयी है। और इस फाँक के भीतर से एक स्पन्दित जीवन अपनी समूची मार्मिकता के साथ झाँक रहा है। चार सूखी रोटियाँ, प्याज की एक गाँठ और दो हरी मिरचें—यह एक सम्पूर्ण जीवन है। यह जीवन जिस तक कविता बड़े औचक ढंग से आपको लिए चल रही है। वह कहती है, ज़रा ठहरो और देखो इसे। यदि आप इसे देख सकते हो तो एक समूचे जीवन की लय को समझ सकते हो। यह स्वाद की दुनिया का श्रम की दुनिया के साथ बनने वाला सम्बन्ध है और एक निरुपायता है उसके चारों ओर। हम जब इतना देख लेते हैं तो शायद पहले से ज़्यादा मनुष्य बन जाते हैं। इसी कविता की अगली पंक्तियाँ हैं—

बस इतनी-सी ही थी भाषा उसकी
जो अचानक
फूटकर फैल गयी थी सड़क पर
यह सोचना
बिल्कुल बेकार था कि उस भाषा में
कविता की
कितनी गुंजाइश थी

इस दृश्य से एक मुकम्मल कविता बनती है या नहीं बनती—यह कविता की रचना-प्रक्रिया के भीतर से ही उठा सवाल है। यह सवाल जो हर बदलते हुए मिजाज़ वाली कविता उठाती है। सवाल पूछने की इस भंगिमा में कवि को भरोसा है उस दृश्य से जिससे वह प्रतिकृत हुआ है। उसे मालूम है इस रूपायित दृश्य के आशय दूर तक जाते हैं।

भगवत रावत प्रगतिशील विचारधारा से जुड़े कवि हैं। उनमें पक्षधरता का एक स्पष्ट आग्रह है। लेकिन उनकी कविता विचारों का अनुगमन मात्र नहीं है। कवि औसत भारतीय जीवन के रोज़ाना के सच से अपनी कविता सम्भव कर रहा है। ऐसा रोज़ाना का सच जिसमें हमारे तमाम तरह के अन्तर्विरोध भी बसे हुए हैं। एक ऐसा सच जिसमें एक भरा पूरा निम्न मध्यवर्गीय संसार अपनी तमाम विविधताओं और रूप-रंग के साथ मौजूद है। यह कविता इस संसार की जीवन स्थितियों की व्याख्या भी है और इसकी भिन्न-भिन्न शक्लों की रंगकारी भी। भगवत रावत चित्रण और कमेंट को एक साथ साधते हैं। विचारधारा ने उन्हें एक आलोचनात्मक बोध दिया है लेकिन इस बोध में हर जगह ठहरने और देखने का धीरज है, राग है, करुणा है, अनुकम्पा है, वेदना है। इसीलिए ऐसी कविता दुःसह्य स्थितियों का विलाप होकर नहीं रह जाती और न ही विडम्बनाओं को उभारने में उसकी तान सिनिकल हो जाने में टूटती है। क्या होती है ऐसे स्वर की ख़ासियत? परिस्थिति का संज्ञान, आर-पार देख लेने वाली निगाह, भावात्मक उद्रेक और मनुष्य स्वभाव की कोई बुनियादी पॉज़िटिविटी? या ये सब एक दूसरे में गुँथे हुए?

घर-परिवार भारतीय जातीय अनुभव का एक बुनियादी आधार है। भगवत रावत ने परिवार, रिश्तों, स्त्रियों और बच्चों पर बहुत मार्मिक कविताएँ लिखीं हैं। घरेलू स्त्रियों से लेकर 'कचरा बीनती लड़कियों' तक। भारतीय समाज में स्त्री के श्रम और उसकी ख़ामोशियों का एक बहुत बड़ा केलिडोस्कोप उनकी कविताओं में है। उस केलिडोस्कोप में ग्राफिक वर्णन है पर स्फीति कहीं नहीं है। करुणा है पर भावुकता कहीं नहीं है। एक थिर हो गया तनाव है। वे स्थितियों तक बतकही वाली तात्कालिकता के साथ जाते हैं पर स्वयं को ओट में रखते हैं। आत्मग्रस्तता के इस निषेध को कई तरह से उनकी कविताओं में पढ़ा जाना चाहिए। घर-परिवार की स्त्रियों पर लिखी गयी कविताएँ तो अप्रतिम हैं। वे देखते हैं कि घर की उस दुनिया के भीतर किस तरह से समय गुज़रता रहता है और कैसे उसके निशान हम पर छूटते जाते हैं। 'थक चुकी है वह' कविता की पंक्तियाँ हैं—

इतनी थक चुकी है वह
प्यार उसके बस का नहीं रहा

पैंतीस बरस के
उसके शरीर की तरह
जो पैंतीस बरस का-सा नहीं रहा
घर के अन्दर
रोज़ सुबह से वह
लड़ती झगड़ती है बाज़ार से
और बाज़ार में रोज़ शाम
घर ढूँढ़ते-ढूँढ़ते खो जाती है।

यह करुणा और सन्ताप का एक अटका रह गया चित्र है। जो गुज़र रहा है वह रुकेगा नहीं। हम उसी व्यतीत होते के बीच अपने मनुष्य होने के अर्थ को ढूँढ़ते हैं। 'उसकी थकान' एक छोटी-सी कविता है, जिसे सम्पूर्ण रूप से यहाँ दिया जा सकता है।

कोई लम्बी कहानी ही
बयान कर सके शायद
उसकी थकान
जो मुझसे
दो बच्चों की दूरी पर
न जाने कब से
क्या-क्या सिलते-सिलते
हाथों में
सुई धागा लिए हुए ही
सो गयी है

यह छोटी-सी कविता करुणा की एक महागाथा है। सोया हुआ कोई भी व्यक्ति एक फरिश्ता लगता है। वह उस घड़ी इस दुनिया, समय और अपनी देह की गिरफ्त से बाहर होता है। एक दौड़ते-भागते जीवन के बीचो-बीच कवि क्योंकर ठिठक गया है? क्योंकि वह इस पल को उसकी पूरी उत्कटता में समेट लेना चाहता है। क्योंकि वह जानता है कि रोज़-रोज़ इस दृश्य के घटित होने से उसकी मार्मिकता समाप्त नहीं हो जाती है। जीवन जितना दिखाई दे रहा है उससे कहीं ज़्यादा अव्यक्त है। कविता में समाया यह मन असमाप्त प्रक्रियाओं का पीछा कर रहा है। वह अनुगूँजों को सुन रहा है जो दृश्य के बाहर से आ रही है। एक बात निकलती है और दूर तक जाती है। लाचारी, करुणा, अनुकम्पा—क्या इन सबको किसी सजावट की ज़रूरत है?

एक अन्य कविता में भगवत रावत लिखते हैं—
मैं जिसकी बात कर रहा हूँ

मान लो
कि उसे ज़िन्दगी ही कहें
तो उसका एक अर्थ
पैदा होने से
मौत तक के बीच का
समय ही होगा
तब जो कुछ
जिया जाता है
कुछ थोड़े से लम्हों में कभी-कभी
एक पूरी उम्र की तरह
उसका हिसाब
किस खाते में जायेगा

भगवत रावत की कविताएँ पढ़ते हुए लगता है कि कवि हर क्षण, हर पल दूसरों के साथ है। मित्रता, याराना, सख्य भाव, कामरेडशिप—ये सब चीज़ें उनकी कविता में महज विषय वस्तु का मामला नहीं है। वे रचना के स्वर, रचाव, मिजाज़ और मूल्यबोध में बसी हुई हैं। कविता के एक समग्र टेम्परामेण्ट में इसे देखा जा सकता है। सदाशयता को हमारे आधुनिकता बोध में एक किंचित पिछड़ा हुआ मूल्य मान लिया गया है। भगवत रावत इसी बुनियादी सदाशयता और निश्छलता की केन्द्रीय भूमि पर खड़े होकर सहज अर्थगर्भित कविता सम्भव करते रहे हैं। उन्होंने कविता को अपने स्वभाव, व्यक्तित्व और विचारधारा के हर सम्भव रूप से करीब लाने का प्रयत्न किया है। घर-परिवार से लेकर गली-मोहल्ले तक और उससे आगे जन-समूह तक एक सम्पूर्ण जनपद उनकी कविता में मौजूद है। यह उनकी जीवनधर्मी आवेगमयता है जो कविता में शक्लें बदल-बदलकर प्रकट होती रही है। इन कविताओं में उम्मीद है तो पराजय के बेबाक स्वर भी हैं। दूसरों की समीक्षा है तो ईमानदार आत्म-स्वीकृतियाँ भी हैं। विषय वस्तु की कोई लक्ष्मण रेखा इन कविताओं में नहीं है इसलिए उनका पाट बहुत चौड़ा है। नानाविध गतिविधियाँ, तमाम तरह के काम-धन्धे, पेशे, हुनर और आजीविकाएँ इन कविताओं में चित्रित हुई हैं। कुँजड़े, नाई, दर्ज़ी, धोबी, कुम्हार, ताँगा हाँकते लोगों का इन कविताओं में ज़िक्र है। यह लगाव और सम्बन्ध की कविता है। यह लगाव और सम्बन्ध कभी सीधे और प्रत्यक्ष तौर पर कविता में व्यक्त होता है और कभी एक मध्यवर्गीय अपराधबोध की कचोट लिए हुए—

मैंने कभी उन लोगों के साथ
पेड़ के नीचे पत्थर पर बैठकर
खाना नहीं खाया
कभी उनकी हथेलियों की बट्टों को

अपनी उँगलियों के पोरों पर
महसूस नहीं किया
हमेशा आगे बढ़ गया
उनकी उठती हुई कुदालें देखता
पत्थरों से निकलती हुई उनकी चिंगारियों को
कभी अपने जिस्म पर नहीं लिया
इसी कविता में वे आगे लिखते हैं–
वे तमाम लोग
जिनके बारे में मैंने कविता लिखी
कैसे बतलाऊँ उन्हें

('कैसे बतलाऊँ उन्हें')

क्या इस व्यग्रता को हम अपने समय की एक केन्द्रीय मनस्थिति नहीं कह सकते? हमारे इच्छित संसार और हमारी वस्तुस्थिति के बीच फैले तनाव ने मुक्तिबोध से लेकर आज तक के युवतम कवियों तक अनेक महत्त्वपूर्ण कविताओं को सम्भव किया है। भगवत रावत की कविता में लगाव और संलग्नता अपनी इसी व्यग्रता के कारण खालिस नेकनीयत से कुछ आगे की चीज़ है। अपनी इसी व्यग्रता और विकलता के कारण वे कविता को एक ख़ास तरह की कलाहीनता तक पहुँचा देने का जोख़िम भी उठा सकते हैं। छोटे-छोटे प्रसंग, सीधी-सरल बातें, बतकही, गपशप, इतिवृत्त, उलाहने, कचोट और वृत्तान्त। वह सब कुछ जिसमें एक पूरा समय बिंधा हुआ है।

एक पुरानी उक्ति है कि कवि कभी यह नहीं कहता कि समय जटिल है। यह कवि की भाषा नहीं है। कवि तो यह बताता है कि देखा मैं किस तरह से इस समय के भीतर उपस्थित हूँ। भाषा में कवि का घर होता है और हम उसका वहाँ होना देखते हैं। इसीलिए कवियों के अलग-अलग स्वर होते हैं। भगवत रावत का काव्य-संसार सम्बोधन का है। कवि आपको अपने पास बुलाता है या बढ़कर तुरन्त आपके पास पहुँच जाना चाहता है। कभी सीधे-सीधे, कभी उद्‌बोधन से, कभी शिकायत से और कभी अपने स्वागत में। उसमें एक संवादधर्मिता है। एक खास तरह की पीठ पद्धति में यह कविता निरन्तर अपने आपको खोलती जाती है। वह एक सहज बातचीत की शैली से जन्मी है। यह स्वर जैसे कि मुद्रित पृष्ठ से बाहर निकलता है और कविता की पुरानी वाचिक परम्परा से जुड़ जाना चाहता है। इस कविता को अपने पाठक के साथ तुरन्त और अभी कुछ 'शेयर' करना है। इसलिए तत्परता, अनौपचारिकता, खुलापन और आवेग इस कविता के समूचे विन्यास में है। कवि वक्तव्य देता हुआ, प्रतिक्रियाएँ लिखता हुआ या एक भावोद्रेक के सहारे आप तक आता है। वह बहुत ठसक के साथ दृश्य की यथातथ्यता को उठाता है। अपनी

प्रामाणिकता को लेकर पल भर भी उसे कोई संशय नहीं है। इसलिए कविता के इस रचाव में फैलना ही फैलना है, मितव्ययिता कहीं नहीं है। मुक्तिबोध ने कभी जड़ीभूत सौन्दर्यरुचि के चलते ईमानदार भाव-बोध की कतर-ब्योंत के खतरों की तरफ ध्यान दिलाया था। उन्होंने कहा था कि अभिजात वर्ग की नपी-तुली कविता लिखने के चक्कर में हम अपने मूल-भाव बोध में काट-छाँट करते जाते हैं और इस तरह हम उस मूल अनगढ़ता को खो देते हैं जहाँ हमारे अनुभवों का वास था। भगवत रावत का कवि इस खतरे के प्रति शुरू से ही सतर्क रहा है। उन्होंने चालू फैशनों, मुहावरों और शैलियों के अनुगमन में कविता नहीं लिखी है, एकदम अपनी तरह की कविता लिखी है। यह कविता कसी हुई, रुँधी हुई, संक्षिप्त, टटकी या सूक्ति परक नहीं है। यह आपको लुभाने के चक्कर में नहीं है। इसमें एक देशज अनौपचारिकता है और यह आपसे खुलकर बतियाती है। इसमें एक तर्क से दूसरे तर्क तक जाने का विस्तार है। शिल्प की चमक नहीं, एक अनगढ़पन है।

भगवत रावत ने एक जगह लिखा है–

इस पर लिख रहा है जो उसे लिखना चाहिए
इसीलिए कि लिखना ज़रूरी है
इसलिए कि रास्ता और कोई नहीं लिखने के सिवा
लिखा जाना चाहिए
इसलिए नहीं कि लिखकर अमर होना है
इसलिए कि मर-मरकर लिखना है

कलावादियों के बीच में यह किस तरह का साहस है? यह कविता पढ़ते ही या सुनते ही खत्म हो जाने की निस्सारता को अपना आदर्श बनाती है। कैसी सादगी! वह आपके अग़ल-बग़ल आ खड़ी होना चाहती है। उसमें कहीं कोई 'मुद्रा', 'भंगिमा', 'नखरे', 'लाघव' या लुभावनापन नहीं है। यह हमारी आवाज़ों और ख़ामोशियों तक, किलकारियों और रुदन तक, स्वप्न और आशंकाओं तक, इन्सानियत और मक्कारियों तक एक पुरलुत्फ तरीके से जाना चाहती है। यह कहा जा सकता है कि इन कविताओं में भगवत रावत ने लोकगीतों की ताकत को साधा है।

90 का दशक भारतीय समाज में नयी चुनौतियों को लेकर आया। मुक्तबाज़ार, उपभोक्तावाद, सांस्कृतिक प्रदूषण, राजनीति के माफियाकरण और साम्प्रदायिकता के उभार ने निम्नमध्यवर्ग के जीवन को पहले से ज़्यादा दुरूह बना दिया। भगवत रावत ने इस सर्वमुखी संकट को बहुत नयी किस्म की विकलताओं के साथ अपनी कविताओं में उतारा है। उदाहरण के लिए 'मैं सन सैंतालीस या उसके बाद पैदा नहीं हुआ' शीर्षक कविता एक अछूती किस्सागोई के साथ एक पूरे युग की विसंगतियों को रचती है। 'पर्सनल ऐसे' एक पूरे समय का वृत्तान्त बन गया

है। 'इन दिनों' कविता बाबरी मस्जिद के ध्वंस के बाद फैले सामुदायिक उन्माद के माहौल में मध्यवर्गीय आत्मकेन्द्रित मानसिकता को एक नयी ज़मीन से उठाती है। ख़तरे हम तक नहीं पहुँचे हैं इसलिए वे ख़तरे नहीं हैं। स्मृतिहीनता हमारे समय का सबसे भयावह सच है। इस कविता को पढ़कर ब्रेश्त की तर्कपद्धति की याद होना स्वाभाविक है। 'तीजन बाई' शीर्षक कविता में कवि तीजन बाई से कला और बाज़ार के रिश्तों की बात करते हुए प्रकारान्तर अपनी बुनियादी प्रतिज्ञाओं को ही रेखांकित कर रहा है। 'अशोक' कविता आधुनिक समय का एक शोकगीत है। पश्चात्ताप और ग्लानि से विरत हो गये हमारे इस भयावह समय का शोकगीत। इस अमानवीयकरण की प्रक्रिया का मुकाबला एक कवि कैसे करता है? वह भाषा में उन छोटी-छोटी मासूम इच्छाओं को दर्ज़ करते हुए ही तो करता है जो मनुष्य को अब भी बचा सकती है—

न जाने कब से मिलना चाह रहा हूँ एक आदमी से
जिसके मिलते ही गले लगने पर
दोनों की कमीज़ की जेब में रखे चश्मों के फ्रेम
दबकर सचमुच टूट जाएँगे
बातें करते-करते बीत जायेगी सारी रात
और खाना रखा-रखा ठण्डा हो जायेगा
न जाने कब से लिखना चाह रहा हूँ एक लम्बी चिट्ठी
जिसका कोई ओर-छोर नहीं होगा
न जाने क्या-क्या नहीं लिखा होगा उसमें
और अन्त में
कुछ भी न लिख पाने का अफसोस लिखा होगा

भगवत रावत की कविता का प्रमुख स्वर प्रथम पुरुष का है लेकिन दिलचस्प बात यह है कि उनका यह 'मैं' हर जगह दूसरों में, अपने आस-पास में बिना किसी मुश्किल के 'डिज़ाल्व' हो जाता है। यह भक्ति-काव्य वाली अकिंचनता है। घर-परिवार और आत्मीय रिश्तों से यह यात्रा शुरू होती है और पास-पड़ोस, गली-सड़क-मोहल्लों, देश और समाज में फैलती जाती है। उनके यहाँ कोई स्थिति या कोई मनोदशा अर्मूत नहीं है। सब कुछ सन्देह और चाक्षुष है। असंख्य चरित्र, अनगिनत नाम और हर जगह एक बतकही। एक स्वर कहीं से उठता है और कई जगहों की ओर कूच करता है। सबसे कठिन आशयों को यह कविता सबसे सरल ढंग से व्यक्त करती है। एक तीव्रता, तात्कालिकता, राग और 'पैशन' के साथ। सम्बोधन की ज़रूरत से जन्मी ये चीज़ें किसी सुनिश्चित की अभिव्यक्ति करती हैं। इसलिए भगवत रावत की कविता में खण्डित मनस्थितियाँ लगभग नहीं हैं, जबकि इस दौर के कुछ दूसरे महत्त्वपूर्ण कवियों ने हमारे खण्डित समय को खण्डित मनस्थितियों के द्वारा नापा

है। इसके विपरीत ज़्यादातर जगहों पर भगवत रावत की कविता किसी परिस्थिति, किसी कचोट, किसी स्मृति से शुरू होती है और उसके एक 'कोहरेंट' समय को पाना चाहती है। कवि की मानसिक बुनावट विधेयात्मक है। वह आनुषंगिकता को, सामंजस्य को, संलग्नता को रेखांकित करने को अपनी प्राथमिकी बनाता है। इन अर्थों में, इन कविताओं में आपको वे आधुनिकतावादी संशय, घिराव और आपदाएँ नहीं मिलेंगी जिनसे रघुवीर सहाय से लेकर मंगलेश डबराल तक ने एक महत्त्वपूर्ण कविता सम्भव की है। इसके बनिस्बत रावत की कविता अपनी प्रकृति और मनोरचना के स्तर पर त्रिलोचन, केदारनाथ अग्रवाल और भवानीप्रसाद मिश्र की परम्परा के अधिक निकट है।

अपने अंतिम दिनों में भगवत रावत गम्भीर रूप से अस्वस्थ रहे। अपने शारीरिक कष्टों के बीच, क्लेश, थकान, क्षरण और अवसाद के बीच उन्होंने हिम्मत नहीं हारी थी और इस दौर में अपनी सबसे मार्मिक कविताएँ लिखीं। उन्होंने एक सच्चे कलाकार की उस ऊर्जा और जिजीविषा को अपने भीतर जिलाये रखा जो आपको विपत्तियों के बीच तटस्थ होने की ताक़त देती है—कई बार तो अपने आपसे ही पूरी तरह तटस्थ हो जाने की ताकत। तब शायद 'भोगने' और 'रचने' के दो स्तर बन जाते हैं। हम हैरान होकर कभी उस मनुष्य को देखते हैं जिसकी एक भौतिक देह है और जो लगातार संग्राम कर रहा है और फिर कभी उसकी उस जिजीविषा को जिसके सहारे वह रचते हुए अपने वजूद से बाहर निकल आया है। 'सूरज ढल रहा है', 'एक और जीवन', 'तुम हो तो', 'आत्मा का गीत', जैसी कविताएँ एक शान्त और निर्वेद मनस्थिति में अपने आप से तटस्थ हो जाने और बाहर खड़े होकर अपने को देखने की कविताएँ हैं। ये जीवन की एक-एक बूँद की तरफ एक गहरी प्यास, एक अद्वितीय चाहत और अप्रतिम अनुकम्पा के साथ लौटने की कविताएँ हैं। भगवत रावत के कवि ने कभी भी विशिष्ट दिखना नहीं चाहा पर फिर भी इन कविताओं में कुछ है जो इन्हें कदाचित समूची आधुनिक हिन्दी कविता की परम्परा में अपनी तरह की अद्वितीय कविताएँ बनाता है—

रहे वे लोग, जिनके बीच गुज़ारी उम्र तो अब उनके साथ को
किस भाषा में कहूँ जिससे सचमुच निकले वह अर्थ कि उसके बिना
जीवन सम्भव ही कहाँ था
उसके बिना मिलते कैसे जीवन के इतने स्वाद
किस तरह दूँ उन्हें धन्यवाद कि वह
सिर्फ धन्यवाद जैसा न लगे।

('अकेले में धन्यवाद')

('अन्यथा' में प्रकाशित)

कविता जो लिथड़ी होगी धूल में

'एक कवि की नैतिकता उन विषयों में नहीं जिन्हें वह उठाता है या जैसे वह तर्क देता है। वह तो भाषा को बरतने के उसके स्वभाव में छिपी होती है।'

(**ओक्तोवियोपाज़ः** 'रिकैपिटुलेशंस')

'कविता के माध्यम से मैंने प्यार करना, अधिक से अधिक चीजों को प्यार करना सीखा है। मैं उसके द्वारा सौन्दर्य तक पहुँचा हूँ। हर चीज़ में मुझे एक अन्तरसौन्दर्य दिखायी देता है बिना किसी अतिरिक्त कांशस प्रयत्न के।'

(**शमशेर से मलयज की एक निजी बातचीत**–'कविता से साक्षात्कार' में उद्धृत)

आज नरेन्द्र जैन की कविताओं को पढ़ते हुए अनायास शमशेर की कविता के इन गुणों की याद आती है। अशोक वाजपेयी ने कभी शमशेर के बारे में कहा था कि भाषा शमशेर के यहाँ बोलती उतना नहीं जितना देखती है और उनके काव्य प्रभाव में हम भी अपने देखने की शक्ति को एकाग्र और सक्रिय कर पाते हैं।

यह देखने और बोलने के बीच का महत्त्वपूर्ण अन्तराल जहाँ भाषा पुनर्नवा होती है यह जैसे कि कोई बुनियादी बात है। नरेन्द्र जैन के सद्यः प्रकाशित कविता संग्रह 'काला सफेद में प्रविष्ट होता है' की एक कविता की पंक्तियां हैं–

शब्दों का उभरना
चित्र की तरह लिपिबद्ध होकर
कुछ स्वप्न कुछ संकेत
कुछ स्वीकारोक्तियाँ और कुछ फन्तासियाँ
शब्दों से बाहर आतीं
लपटों में लगातार प्रविष्ट होती रहीं।

नरेन्द्र जैन की कविता में दृश्य, संकेत और बिम्ब का ऐसा सघन संसार है, जहाँ हर चीज लगभग एक परिघटना की तरह है। यहाँ चीजों के बखान महज सूचना नहीं, सूचना से कुछ अधिक हैं–किसी अभिप्रेत अर्थ की ओर ले जाते हुए। इन दृश्यों, संकेतों और बिम्बों की सूची बनाने बैठो तो वह बहुत लम्बी हो जायेगी–हर चीज

पर समय की कोई एक अबूझ-सी छाप, सूर्योदय, जल, आकाश, क्षितिज और डूबती शाम, नीलेपन का विस्तार, आग, बारिश के बाद की धुन्ध, दरख़्त, धूप, पक्षियों के झुण्ड, पतली पतली एक दूसरे में गुम होती गलियाँ, खिड़कियों के पट, दरवाजों की साँकलें, झरे हुए पलस्तरों वाली दीवारें, दीवारों पर लटके हुए संगीत वाद्य, अन्तिम धुन, हथेली पर फैले सिक्के, किसी पुराने मौसम की स्मृति, पीठ पर लदे थैले, कमरे में धूप के साथ उतरती सलाखों की काली छाया, भागते कुत्ते की परछाईं, गुमटी की छत से टँगे रेडियो से हेमन्त कुमार के गाने की आवाज़, पुल पर आत्मघात के लिए खड़ा कोई व्यक्ति, हवा के स्पर्श से हिलती घास, घोड़े की पुरानी नाल, अँधेरे में घटित होता-सा कुछ, रात गये दूर से आती कोई कराह, छकड़े से टूटकर अलग थलग पड़ा एक पहिया, चेहरों पर खिंची विषाद की रेखाएँ, गाय के रँभाने की कोई स्मृति, खँडहर में आदमी की प्राचीन आवाज, ताम्बई चेहरे पर चोट का निशान, भट्ठी से उठता हुआ धुआँ, बर्तनों पर जमी हुई कालिख, गोश्त की दुकान पर टँगे हुए बकरे, जिनकी खाल उतारी जा चुकी है, जंग खायी पड़ी बहिष्कृत साइकिलें आदि आदि। यह सब किसी एक कविता से नहीं, तमाम कविताओं से बटोरी गयी चीजें हैं। क्या यह सब महज एक लैण्डस्केप का हिस्सा हैं? क्या है एक वस्तु से दूसरी वस्तु का सम्बन्ध? इन तमाम चीजों की अपनी सत्ता है और वे एक दूसरे से जुड़ी हुई भी हैं, वे सहसा देखने की परिधि में आ जाती हैं और फिर अपनी जगह बनाने लगती हैं। उन्हें एक खास तरह से देखता हुआ कोई मनोभाव भी अलग थलग कहाँ है? उसमें दूसरे न जाने कितने रंग मिले हुए हैं। नरेन्द्र जैन उन अर्थों में स्मृतियों के कवि नहीं हैं कि वहाँ अलग से कोई यात्रा दिखाई दे, यहाँ तो सब कुछ अभी और तत्काल का मामला है लेकिन उस पर एक अनिवार्य अधूरेपन की छाया मँडराती हुई है—जैसे कि किसी निस्तब्धता में या किसी नामालूम-सी लय में एक सन्दर्भ दूसरे सन्दर्भ को पुकारता हुआ। उपस्थित किसी अनुपस्थित की टोह में, जीवन जैसे कि किसी अविराम संग्रन्थित लय से चलता हुआ। इन कविताओं को पढ़ते हुए कभी यह भी लगता है कि कवि का प्रयोजन तमाम चीज़ों से गुज़रते हुए चीजों को नहीं उनके एक एम्बियेंस को रचना है। कविता में चीजों का यह एम्बियेंस, यह परिवृत और वातावरण ही जैसे संवेदना का मुख्य घटक हो, सारी चीजें जैसे उसी में निसृत और उसी में वे पर्यवसित भी हो रही हों। कवि ने जैसे कि बुनियादी रूप से एक ही कविता को हर बार नये तरीके से लिखा है। मुझे लगता है कि अपने सर्जक के प्रति अगाध विश्वास और साथ ही किसी बुनियादी निस्पृहता के बिना यह सम्भव ही नहीं, जैसे कि सारा दाँव एक ही पत्ते से लगा दिया गया हो, अवसाद और हर्ष, भरोसा और सन्देह। सारे परस्पर विरोधी तत्त्वों की यह साथ-साथ उपस्थिति और कोई महीन तन्तु उन्हें सूत्रबद्ध करता हुआ। नरेन्द्र जैन इन अर्थों में शमशेर के

बाद सम्भवतः हमारे सबसे सघन कवि हैं। उनके यहाँ वस्तु की सत्ता का यह बोध जितना सचेत और मस्तिष्कीय है, उतना ही वह अवचेतन में उपस्थित प्रभावों से निर्मित है, जैसे कि चीजों को देखना, उनके एक बोध को निर्मित करना और उन्हें महसूस करना सब एक साथ घटित हो रहा हो। कविता में चीजों को देखने-रचने की यह संवेदन दृष्टि चूँकि किसी स्थूल आइडियावाद से चालित नहीं है, न ही वह बयान मूलक या महज तर्क आधारित है इसलिए किसी एक ईंट को खिसकाने से यह विन्यास भरभराकर गिर नहीं पड़ेगा। प्रभाववादी चित्रकार केमिल पिसारो ने कहा था कि प्रभावों को व्यंजित करने वाली कला का सारा जादू उस ताकत में छिपा है जब हम वस्तुओं का सामान्यीकरण तो करते हैं लेकिन वे अपने सन्दर्भ से छिटक छिटक पड़ना चाहती हैं, और इस तरह एक अंश की अपनी इयत्ता समग्रता के साथ द्वन्द्वात्मक तरीके से जुड़ी रहती है।

नरेन्द्र जैन की इन कविताओं में 'इसे देखने में' एक खास तरह मद्धम स्वर, अधूरेपन की मार्मिकता और एक 'पैसिविटी' भी है। एक धीमी गति में जैसे कि कुछ नामालूम-सा घटित हो रहा है, बाहर उसकी धमक नहीं, कला जैसे पहली बार किसी वस्तु या किसी दृश्य को निरख रही हो, उसका सामना कर रही हो और लगभग अचम्भित हो। ये अचम्भे अपने आप को दोबारा पाने के हैं। पत्थर, पेड़, दीवारें, खिड़कियाँ, मवेशी, पुराना फटा वफ़ादार जूता, पुल पर कहीं जाती हुई रेल, राह में देखते ही देखते कोई अदृश्य हो जाती आकृति—सब जैसे कि आर्गेनिक वस्तुएँ हैं। कला में उनका एक रूपान्तरण हुआ जाता है। कला हर बार यह बताना चाहती है कि चीजों के अर्थ अस्थिर हैं, अपर्याप्त हैं, इरेटिक हैं, किसी सन्दर्भ में कैद होकर भी अनन्त तक फैले हुए हैं। वे एक लुका-छिपी करते रहते हैं, सचेत बौद्धिक क्रिया—व्यापार उन्हें ठीक-ठीक समेट नहीं सकता।

मैं इतना अवाक
हर पल आबद्ध
दूर दूर तक
जहाँ तक देखता
एक विनम्र उपस्थिति है धरती
मेरे शब्दों से छूटा हुआ कुछ अर्थ
आहत और भूख से व्यग्र
कभी कविता से कुछ पूछा जाता है
उसे कहने दिया जाये
सरलतम चीजों के बारे में

लेकिन सरल चीजों के बारे में इस तरह कहना ही तो शायद सबसे मुश्किल काम है, इसमें जो हम जानते हैं उससे अधिक अपने ऐन्द्रिक संज्ञान पर एतबार है और अपने आप को खुला छोड़ देना है। रचना में सहेजने और सुन्दरता को बाँध लेने के किसी असीम धीरज, क्षुद्र अहम के विलयन, किसी बुनियाद निष्कलुषता, किसी समर्पण के बिना क्या यह प्रक्रिया इतनी आसान है? ये सारे प्रभाव बहुत सरल दिख पड़ती वास्तविकता को अपनी अन्तिम परणति में बहुआयामी बनाते हैं, यह बाहर के मनुष्य के राजमर्रा के कामचलाऊ बर्ताव का अतिक्रमण है, लेकिन सतह का यह जीवन कितना अधिक घिरा हुआ, तदरूपी और अभिशप्त है। अधिसंख्य लोग चीजों को देखते, निरखते नहीं, वे दूसरों के दिये रेडीमेड प्रत्यक्ष सिद्ध कथनों से अपना काम चला लेते हैं और एक आपाधापी में लगभग अन्धत्व का शिकार हुआ एक पूरा जीवन गुज़र जाता है। नरेन्द्र जैन अपनी एक कविता में कहते हैं–

बदतर होती हैं वे तबाहियाँ
जो धीरे धीरे और रोज़ रोज़ आती हैं
जानलेवा बीमारी की तरह
लगा ही रहता है उनका आना
यह ऐसा समय
होते हैं लोग तबाह धीरे धीरे

क्या कला का समय और जीवन का समय एक दूसरे के विलोम हैं, जहाँ वे अन्तर्ग्रन्थित होते हैं? वह ज़मीन कैसी है? जीने वाले और रचने वाले के बीच छिड़ा हुआ यह चिरन्तन द्वन्द्व, एक दूसरे से आबद्ध पर एक दूसरे के प्रति जवाबदेह नहीं, पर जहाँ एक के बिना दूसरे का निस्तार भी नहीं। हर बार कला रचयिता की नश्वरता और रचना के कालातीत होने के इस उलझे हुए सवाल का जवाब अपने तरीके से देने का प्रयास करती रही है। नरेन्द्र जैन के यहाँ **'वादक'** जैसी एक विलक्षण कविता में इस स्थिति को देखा गया है।

वादक जानता है
कितनी अनौपचारिक होती है मृत्यु
और
संगीत कब समाधि की मुद्रा में चला जाता है

यहाँ एक ही व्यक्ति के भीतर दो व्यक्ति हैं। एक वह जो अपनी कला में समय के पार चला जाता है, दूसरा वह जो इस जीवन के लिए रोज़ मरता है, यह दूसरा जो धुन बजा कर शाम गये घर लौटता है और–

और कील पर टाँगते हुए अपना वाद्य
हथेली पर फैले हुए सिक्के
गिनने लगता है

इस एक कविता को पढ़ते हुए नरेन्द्र जैन के कवि की किसी बुनियादी प्रकृ. ति को समझा जा सकता है। इस कविता में कला की समयातीतता से कला की कालबद्धता में लौटना है। आत्म के अन्वेषण से आत्म-विस्मृत आत्मबद्धता में यह वापसी। इस पर वे अपनी ओर से कोई टिप्पणी नहीं करते, इसे एक विडम्बना का रंग भी नहीं देते, कोई व्यंग्य या कूटोक्ति नहीं, वे उसे एक अर्थगर्भ, 'स्टिल लाइफ़' में बदल देना चाहते हैं। यही जीवन की मूल द्वन्द्वात्मकता है। स्टिल लाइफ़ का कलाकार जो दृश्य में शामिल है फिर भी अपने मैं का एक पार्थक्य बनाये रखता है। यहाँ इस कविता में कलाकार की उदात्त से अपनी नश्वरता में यह वापसी किसी मोहभंग की ओर नहीं जा रही, वह एक ठहरा हुआ क्षण है, एक निष्ठुर संवाद है अनन्त और मरणशीलता के बीच। कवि यहाँ जागने और निद्रा के बीच के सन्धि स्थल को दिखाना नहीं चाहता, वह किसी यूनिटी की इच्छा का कोई मुखर या चटख रंग नहीं भरना चाहता। वह विभाजित व्यक्तित्व की नियति को बखूबी जानता है लेकिन इसे किसी 'पैशन' की ओर नहीं ले जाता। यह कवि शब्दों के इर्द-गिर्द लिपटी हुई खामोशियों का कलाकार है, बस यह उसका कवि स्वभाव है, और उसकी यह सौन्दर्य-दृष्टि किसी नैतिक उदासीनता से नहीं निकली है।

यहीं एक दूसरे स्तर पर हम यह देखते हैं कि इस कवि की सर्वोत्कृष्ट सफलता वहाँ है, जहाँ वह साधारण क्रियाओं को अर्थ की चरम सीमा तक ले जाता है, हर चीज अपनी कसमसाती हुई अर्थवत्ता से भरी लगभग मिथकीय-सा प्रभाव छोड़ती है। तमाम छोटी-छोटी चीजों में जैसे कि जीवन का पुनराविष्कार हो रहा हो। अभी अभी कोई पल ज़ो दूसरे किसी पल में विसर्जित होने से पूर्व ठिठका खड़ा हो, अभी अभी गली से गुज़रती कोई आकृति अभी अभी आकाश में कोई थिर पताका, विस्फारित नेत्रों से देखा गया कोई पेड़, टूटकर गिरते पत्ते, रसोई में पड़ी बासी रोटियाँ या अँधेरे में पड़ोस से आती हुई कोई नामालूम-सी कराह, इंजन की तेज़ सीटी के बीच गायन, ऐसी कविताएँ नरेन्द्र जैन के यहाँ प्रचुर हैं। चारों ओर की आपाधापी, शोरगुल, लपक-झपक और अन्तरालों के बीच बनी यह दुनिया जो असंसारी नहीं खालिस संसारी है, चेतना का हाशिया नहीं केन्द्र है। यह जो सान्द्र तरल अतिशय एन्द्रिक और गतिमान है, जिसका स्वर, मद्धम रंग, धूसर प्रकृति अयाचित है, जिसमें भात की तरह हौले हौले कुछ खदकता-सा रहता है, जिसमें दृश्य के बीच में कुछ अगोचर

है फिर भी जहाँ हर लमहा इसकी आँच में तपा हुआ है। क्या हमारी कविता के समूचे समकालीन परिदृश्य में कोई और कवि इस गहनता तक पहुँच पाया है?

कई बार भले ही यह लगता हो कि नरेन्द्र जैन एक ही कविता को बार-बार नये सिरे से लिखते रहे हैं, जो कि कला में एम्बियेंस रचने वाले सभी कलाकारों की विशेषता होती है, महत्त्वपूर्ण है देखना कि तमाम बिखरी हुई स्थितियों और प्रसंगों के मध्य एक आन्तरिक सम्बद्धता, उनकी तात्कालिकता और दृश्यमान हलचलों का परिबोध। हालाँकि यह कवि बहुधा हमें सिर्फ़ चीजों पर एक उड़ती-सी दृष्टि डालने से अधिक की मंजूरी नहीं देता पर एक फाँक या झिर्री से दिखता हुआ जीवन का कोई सन्दर्भ, वह बहुत मूलगामी-सा प्रतीत होता है। कला में यह कितना बड़ा जादू हो सकता है कि कवि यहाँ जिन वस्तुओं की तात्कालिकता को अपनी भाषा में रच रहा है वे समयातीत की गरिमा में लिपटी हुई प्रतीत हों। इस तरह से देखने की एक विशिष्ट लय इन तमाम कविताओं में मौजूद है। चीजों का यह परिबोध निरायास-सा लगते हुए भी बहुत इंटेंस है। यह फोटोग्राफी, यथातथ्यता और प्रकृतवादी किस्म का यथार्थ नहीं है। चीजों के प्रति यह अन्तः प्रज्ञा या इन्ट्यूशन से भरा नज़रिया है जो बुनियादी रूप में एक मानवीय उष्मा को प्रक्षेपित करता है। शायद यह प्रसन्नता और उदासी का एक लिथड़ा हुआ संसार है—

जब सूरज डूब रहा होता है
सुनता हूँ गली से आती आवाजें
कच्चे घरों के बीच यह गली
जहाँ छाये केवलु
अपने समय की गाथा कहते हैं
यह गली आगे जाती
मिलती दूसरी गलियों के जाल में
जहाँ प्रतीक्षारत कोई पगडण्डी
डूबते ही सूरज के
प्रविष्ट होता अन्धकार

ऐसी किसी कविता में एक प्रच्छन्न एलियनेशन और सूनेपन को आप अनुभव कर सकते हैं क्योंकि किसी भी भड़कीली नाटकीयता, बयानबाज़ी और रटारिक के तत्त्वों को यहाँ लगभग हटा दिया गया है। कैनवस पर जैसे कि तमाम तरह की धुँधली-सी आकृतियाँ अपनी निस्तब्धता और दृढ़ता के साथ मौजूद हैं, और इन चीजों के पीछे से झाँकती एक पृष्ठभूमि अपनी तरह से इन चीजों पर असर डाल रही है, उन्हें बदल देना चाहती है, और उन्हें निरखने वाले की भाषा में एक अण्डरप्ले और

लगभग पैसिविटी की हदों को छूने वाली यह निस्पृहता है लेकिन जो वास्तव में एक बहुत सक्रिय संवेदनात्मक ऊर्जा है—कोई झीनी-सी स्मृति, दृश्य का कोई मिथकीय सा प्रभाव, समय के दो खण्डों में आवाजाही। आप दृश्य, प्रसंग और सन्दर्भों के भीतर आते बदलाव को ठिठककर देखने लगते हैं। एक पाठक के तौर पर आप उस शिफ्टिंग में अपने को घिरा हुआ-सा अनुभव करते हैं। यह कवि आपको एक आस्वादक के तौर पर इस अनुभव में सहभागी होने और उसे अपने तईं पुनर्सृजित करने का कितना अधिक स्पेस दे रहा है।

यह आकस्मिक नहीं कि नरेन्द्र जैन को सौमित्रमोहन की रचना 'लुकमान अली', कमलेश की 'जरत्कारु', सार्त्र की 'अन्तरंगता', वल्लभ सिद्धार्थ की 'महापुरुषों की वापसी', स्वदेश दीपक की 'अश्वारोही', मोहन राकेश की 'मन्दी', हेमिंग्वे की 'बूढ़ा आदमी और समुद्र', नाज़िम हिकमत के पत्र, अर्नेस्तो कार्दिनाल की 'क्लादिया को समर्पित कविताएँ', रामनारायण शुक्ल की कहानी, 'अक्षरों के बीच' और ज्ञानरंजन की 'फेंस के इधर और उधर' बहुत प्रिय हैं। वे अपनी एक कविता में अपनी इन सर्वाधिक पसन्दीदा रचनाओं की एक फ़ेहरिस्त बनाते हैं क्योंकि इन रचनाओं ने हर बार उन्हें एक नया जीवन दिया है। किसी पुरानी शराब के स्वाद की तरह। और आह्लादकारी यह भी है कि वे इन्हीं के बगल में हेमन्त कुमार के एक पुराने गाने को भी उतनी ही शिद्दत के साथ रख सकते हैं।

असंख्य सन्दर्भों से होकर गुज़रता हुआ यह हमेशा एक विकल अनुभव है पर वह निरुद्विग्न-सा लगता है, वह जो सब कुछ को एक अवसन्न उदासी में, एक मार्मिक रहस्यमयता और नैरन्तर्य की लय में बदल देना चाहता है- यही नरेन्द्र जैन की कविता है। कवि अपनी निरायासता में बहुत कम की माँग करता हुआ भी आपसे सारी भागमभाग के बीच थोड़ा-सा ठहरने और थोड़ी-सी संलग्नता के अवकाश की माँग करता है। जब आप इस सब को सँजोते हैं तो रचना में अत्यन्त सघन ऐन्द्रिकताएँ संश्लिष्ट मनस्थिति और दृश्य जगत् के आभ्यान्तरीकरण के जादू को घटित होता पाते हैं।

जीवन का उजाड़ शायद इसी को कहा जाये
उदास होता मैं स्थल के उजाड़ को देख
मिलाता हूँ हाथ ज़िन्दगी से
इसी रक्तहीन हथेली से मैं

इन पंक्तियों को पढ़ते हुए मुझे ओक्तोवियो पाज़ का वह कथन याद आया कि एक साधारण कवि दूसरों के नाम पर हमेशा अपने बारे में बात करता है, जबकि एक बड़ा कवि जब अपने से बात कर रहा होता है तो वह दूसरों से बोल रहा होता है।

मुझे पता नहीं कि इतनी निरायास आत्मीय विनम्र सघन और रेडिकल सौन्दर्य वाली कविता पर आलोचना की किस औपचारिक और तटस्थ भाषा में बात की जाये। शायद उसके लिए पर्याप्त औज़ार भी नहीं हैं हमारे पास।

नरेन्द्र जैन अपनी एक कविता में लिखते हैं–

अज्ञात कवि की कविताओं में
दखल नहीं दे पाता आलोचक
कालातीत होती हैं कविताएँ
जहाँ कवि अज्ञात रहे आते हैं

('प्रगतिशील वसुधा' (2010) में प्रकाशित)

विनम्रता और ताकत

आठवें दशक में उभरे जिन कवियों से समकालीन हिन्दी कविता के सरोकारों की पहचान होती है उनमें विष्णु नागर प्रमुख हैं। अब तक उनके 7 कविता संग्रह प्रकाशित हो चुके हैं। इन तीन दशकों में उनकी काव्य-यात्रा का निरन्तर विकास हुआ है और यह यात्रा किस तरह समकालीन कविता में कुछ प्रचलित अनुभव-ढाँचों और अभिव्यक्ति की बन चुकी रूढ़ियों से सर्वथा अलहदा अपने तरीके से सघन और प्रौढ़ होती गयी है, इसका एहसास उनके इधर प्रकाशित काव्य-संग्रह 'घर के बाहर घर' से होता है। कविता इतिहास या समाज–विज्ञान या स्थूल दस्तावेज नहीं होती लेकिन इसके बावजूद उसकी आकांक्षा समय-विशेष की अन्दरूनी पर्तों को पकड़ने और इस तरह समय का सबसे प्रामाणिक साक्ष्य बन जाने में निहित है। हमारे इस बाज़ार-उन्मुख और उपभोग मूलक समय में रोजमर्रा के औसत और अति साधारण अनुभवों के ऐसे तमाम अनछुए-अनदेखे कोने-अँतरे हैं जहाँ हमारे सामुदायिक अवचेतन की सबसे जटिल गुत्थियाँ मौजूद हैं। इस औसत और अति साधारण की जटिल संरचनाओं से निरन्तर मुठभेड़ और उससे अपना एक मौलिक किस्म का भाषायी सम्बन्ध निर्मित करना ही शायद आज किसी कवि के लिए सबसे बड़ी चुनौती है। कहना न होगा कि इस नये संग्रह में विष्णु नागर की कविताओं का परिप्रेक्ष्य ज़्यादा फैला है; अनेक स्तरों पर वह हमारे संकट का बहुआयामी साक्ष्य देता है और निश्चय ही वह पहले की बनिबस्त ज़्यादा मार्मिक भी हुआ है।

आज एक कवि के लिए यह एक प्रकार से नया वस्तु जगत् है जहाँ बाजार का शिकंजा अब भारतीय निम्न-मध्य वर्ग के जीवन की भीतरी तहों में पैठता जा रहा है। दैनिक ज़िन्दगी में एक विराट विस्थापन है–भौतिक स्थितियों का भी और आत्मिक जगत् का भी। जो आपाधापी मची हुई है उसमें मनुष्य का भीतर-बाहर सब लिथड़ गया है। नितान्त व्यक्तिगत प्रतीत होने वाले धरातल भी अब एक सार्वजनिक स्फीयर की जकड़बन्दी में हैं। आरोपित तैयारशुदा ज़रूरतें, सनसनी, उन्माद, अतिरेक, लिप्साएँ, मानसिक स्थिरताएँ, फिसलन, विस्मृति और आन्तरिक छीजन में लिपटी हुई एक नयी तरह की दुनिया; छद्म-चेतनाओं और आत्म-प्रवंचनाओं से

भरी सतही सुनिश्चितताएँ, व्यवहार और आचरण के पूर्व निर्धारित खाँचे और इस सबमें लिपटी हुई जटिल अमूर्तताएँ। हर कहीं छोटी-बड़ी घटनाओं और प्रसंगों के भीतर से यह समय झाँकता रहता है लेकिन जिसे ठीक ठीक पकड़ पाना दुश्वार है। विष्णु नागर अपनी एक कविता में कहते हैं–

बहुत कुछ अनसुना-अनजाना रह जाता है हमसे
जिसकी हम परवाह नहीं करते
जबकि वह गूँजता रहता है हमारे चारों ओर
जितनी उसकी गूँज बढ़ती जाती है,
उतना हमारा बहरापन

लेकिन विष्णु नागर की ये कविताएं उन अर्थों में साफ-साफ दिखती घटनाओं और प्रसंगों की कविताएँ नहीं हैं। उन्होंने अपने लिए एक ज़्यादा मुश्किल वस्तु-जगत् चुना है। ये गहरे आत्मालोचन और एक प्रकार से नैतिक अन्तर्द्वन्द्व की कविताएँ हैं। ये हमारे उस सामूहिक अवचेतन को खोलती हैं जिसमें शक्ति-संरचनाओं द्वारा दी गयी तर्क-पद्धतियों को हम निर्विरोध आत्मसात करते जाते हैं; वहाँ किस तरह चीजें मिथक बना दी जा रही हैं और उनसे जुड़े हगारे सम्बन्धों में कैसे एक निरन्तर शिफ्टिंग हो रही है। 'अमेरिकीकरण' जैसी कविता में कवि अमेरिका के उस मिथक को परत-दर-परत उघाड़ता जाता है जहाँ वर्चस्व की संस्कृति एक गरीब देश में खाने-पीने, रहने-सहने और आमोद-प्रमोद की जीवन शैली पर ही अपने को आरोपित नहीं कर रही बल्कि वह सोच, संवेदन, तर्क-पद्धति, क्रिया- प्रतिक्रिया, अवचेतन, मूल्य-दृष्टि और निर्णय-शक्ति सब कुछ को अपनी गिरफ्त में लेती जा रही है। यह एक आन्तरिक विस्थापन है। ये कविताएँ रूढ़िबद्धताओं की भीतरी तहों में मनुष्य सम्बन्धों की दशाओं का हवाला देती हैं। यहाँ लाचारियों और दैनन्दिन हिंसा में डूबे नागरिक जीवन की बहुत सारी जटिल कारगुज़ारियों के संकेत हैं। एक पेशेवर हत्यारा, गालिब, फ़ैज़, निराला, नीरज की कविताएँ सुन रो भी सकता है और "मार दो, काट दो, गिरा दो, जला दो, भून दो, घुसेड़ दो, उधेड़ दो" की दुनिया में मुस्तैदी के साथ अपना काम भी करता रह सकता है। यहाँ सफल आदमी के लिए सफलता की कोई भी कीमत कम है। स्वार्थ, झूठी सहानुभूति, उपयोगितावाद, दोमुँहेपन, अन्धविश्वासों, भय और उदासीनताओं से घिरे हमारे ये मनुष्य-व्यवहार हैं जिनमें ताकत की संरचनाएँ अपने सबसे नृशंस रूप में मौजूद हैं और यहाँ जितना दृष्ट और लक्षित है उससे कहीं अधिक अलक्षित और अनजाना रह जाता है। दैनिक जीवन की छोटी-बड़ी क्रूरताओं और हास्यास्पदताओं में लिपटा हुआ यह विद्रूप जिसका कोई ओर-छोर नहीं है--विष्णु नागर की कविताओं का एक संघटित और साँसत से भरा संसार है। इसमें कोई आश्वस्ति नहीं है, न कोई सरल उम्मीद। अनेक मनोदशायें

वहाँ एक दूसरे में लिथड़ी नजर आती हैं। अपनी तीन पंक्तियों की एक छोटी-सी कविता में वे कहते हैं—

मेरे भीतर इतना शोर है
कि मुझे अपना बोलना तक अपराध लगता है
जबकि बाहर ऐसी स्थिति है कि चुप रहे तो गये

ऐसे वक्त में जब कविता की भाषा में कुछ लोग ज़रूरत से ज़्यादा वाचाल हैं, विष्णु नागर के यहाँ व्यक्त और अव्यक्त के बीच पसरा हुआ यह तनाव, वर्गबद्ध चेतना के अन्तर्विरोधों का तीखा एहसास,एक मद्धम आवाज़, एक थिरता हुआ दुख, एक संयत स्वर में लिपटी हुई आत्म-ग्लानि बहुत अर्थपूर्ण लगती है। विष्णु नागर के यहाँ आत्मबद्ध किस्म के भावोच्छवास नहीं हैं। वर्तमान समय में निजी भावोद्रेक की व्यर्थता और कविता में निरीहता व आत्म-दया के झूठे व्यापार के प्रति शंकालु होते जाने की यह स्थिति बहुत महत्त्वपूर्ण है। कवि का बाहरी यथार्थ के छूँछे और सपाट विवरणों और उस भाव-स्फीति में भी यकीन नहीं है, जिसकी इधर हिन्दी कविता में खूब बाढ़ आयी हुई है। 'मुझे मालूम नहीं' जैसी कविता में कवि की चाँद से एक बातचीत में सांकेतिक रूप से रचनाकार के इस छूँछे अहम और जानकारीपरक पाण्डित्य की मुद्राओं पर महीन मज़ाक है—

"लेकिन यह तो तुम जानते होंगे
कि तुम्हारे उगने से पूरी धरती रोशन हो जाती है
उसने कहा मालूम नहीं
मैंने चिढ़कर कहा कि फिर तुम्हें क्या मालूम
चाँद ने कहा—
इतना मालूम है कि कुछ नहीं मालूम
लेकिन यह तुम्हें किसने बताया कि तुम्हें कुछ नहीं मालूम
चाँद ने कहा यह भी आपने बताया
क्योंकि आपकी बातों से मुझे लगा कि आपको सबकुछ मालूम है।"

सपाट तार्किकता, यथार्थ की सतही प्रामाणिकता और निरे तथ्य-संकलनों से दूर विष्णु नागर विट, कौतुक, वक्रता, स्थिति-विपर्यय, तिर्यक-अन्दाज़, अप्रत्याशित के रचाव, सुनिश्चित की बर्खास्तगी, गश्त, उत्खनन, आवर्तन, मितकथन, क्षिप्रता, कसाव और खिलन्दड़ेपन के साथ दिये हुए वस्तुजगत् के भीतर एक बुनियादी उलटफेर करते हैं और अपनी कविता के लिए 'स्पेस' निर्मित करते हैं। यथातथ्यता के भीतर वे एक रचनात्मक सेंध लगाते हैं और स्थितियों के तमाम अन्तर्विरोधों को उजागर हो जाने देते हैं और इस सबको करते हुए उनका स्वर निहायत शान्त, निस्पृह, निरुद्वेग और खिलन्दड़ेपन से भरा रहता है।

यह सवाल उठना चाहिए कि एक कवि के लिए इस सबका अभिप्राय क्या है? और उत्तर वही है जो हर समर्थ कबि अपने तरीके से देता है कि यथार्थ महज स्थूल घटनाओं और प्रसंगों का निर्जीव ढाँचा नहीं है। हर बार एक रचनाकार को यथार्थ के इस ढाँचे में अपने लिए एक जगह बनानी होती है। कोई ऐसी जगह ज़हाँ अनेक परस्परविरोधी तत्त्व आपस में गुँथे हुए होते हैं। और इस तरह हर बार कला का अनुभव हमें एक गतिशीलता का एहसास कराता है। विष्णु नागर अपने काव्य-उपकरणों के साथ प्रसंगों और उनसे जुड़ी अस्तित्व की जटिलताओं या सम्बन्ध-सूत्रों की 'एब्सर्डिटी' में लगभग एक तलदर्शी निगाह के साथ जाते हैं। कविता बहुधा किसी परिस्थिति विशेष, दृश्य की किसी स्मृति, क्लीशे की तरह बन चुकी किसी सामान्य अवधारणा या किसी औचक वार्तालाप से शुरू होती है और पंक्ति-दर-पंक्ति उसमें एक नाटकीयता उभरती जाती है। यह एक प्रकार से किसी दिये हुए फ्रेम-वर्क का सिरे से उत्खनन-सा होता है। जाँच एक भोलेपन या मासूमियत के अन्दाज़ में शुरू होती है, अन्त तक वही स्वर बना भी रहता है, कहीं कोई बलाघात नहीं लेकिन यात्रा में उस औसत या अतिसाधारण का भीतरी संसार उघड़ता जाता है। इन कविताओं में बहुत साधारण-सी प्रतीत होती जैविक क्रियाएँ भी अपने विरोधाभासों में कसमकसाती- सी नज़र आती हैं। सारा कवि-कर्म किन्हीं सांकेतिकताओं, छूटे हुए अन्तरालों, मितकथन की सघनता और अप्रत्याशित के उद्घाटन से निर्मित है। जो अनकहे की अनुगूँजें हैं या इस तरह भाषा में जो अन्तराल निर्मित होते हैं वे किसी तैयार सच्चाई को पाने की हमारी आदतों में एक व्यतिक्रम रचते हैं। अपनी एक कविता में कवि कहता है—

शुक्र है मैं अभी इतना अन्धा नहीं हुआ हूँ कि
मुझे अपना कुछ कुछ अन्धा होना पता न चले

दो परस्पर विरोधी स्थितियों को क्षिप्रता के साथ एक दूसरे के बगल में रख देने से जिस अटपटेपन का भाव पैदा होता वह इस रचनाकार में चीजों को देखने के एक बुनियादी मिज़ाज का परिचायक है। उदाहरण के लिए—

सब कुछ ठीक चल रहा होता है
इतना ठीक
कि गलत कुछ चल ही नहीं रहा होता
कैरियर, परिवार, बैंक बैलेंस, तबियत
अचानक सब कुछ गलत चलने लगता है
इतना गलत कि कुछ ठीक चल ही नहीं रहा होता
जहाँ हाथ डालो, हाथ जलने लगता है
ठण्डे पानी से भी शोले निकलने लगते हैं

अँगूठियाँ, तन्त्र-मन्त्र, यज्ञ-हवन-उपवास-जाप वास्तु
तीर्थयात्राएँ कुछ काम नहीं आतीं
फिर भी ईश्वर में विश्वास रखना होता है
कि वही सब कुछ ठीक करेगा
और वह कुछ कुछ ठीक कर भी देता है

विष्णु नागर अपनी कविताओं में अक्सर एक 'एब्सर्ड' अनुभव को रचते हैं। पिछले दौर का रचनाकार भी ताकत की संरचनाओं के सामने किसी एब्सर्ड को रचता था जो अकेलेपन, विभ्रम और विषाद की मनस्थिति के एक 'अनुभववाद' में बदल जाता था। मलयज ने कभी इसे 'अनुभववाद का दलदल' कहा था। अब तो ताकत की संरचनाओं ने प्रतिरोध की उन भंगिमाओं को भी इस हद तक अपने भीतर खपा लिया है कि वे भंगिमाएँ आज एक 'मेलोड्रामा' से अधिक नहीं लगतीं। यह आकस्मिक नहीं है कि विष्णु नागर एक एब्सर्ड को रचते हुए प्रकट तौर पर ज़्यादा से ज़्यादा निस्पृह दिखायी देना चाहते हैं। कई बार उनकी यह निस्पृहता खासी निर्वैयक्तिक, उपहासपरक और 'कैजुअल' भी लगती है। लेकिन जहाँ वे प्रभावशाली हैं वहाँ निस्पृहता की इस काव्य-भंगिमा के पीछे से नैतिक बोध में डूबी बेचैनी, प्रश्नाकुलता और किसी खोये हुए रोमान के अक्स साफ़ दिखायी पड़ते हैं। वहाँ कविताओं को रचने की यह ऊर्जा जैसे कि एक निराली द्वन्द्वात्मकता से चालित है। वह एक साथ सिनिकल भी लगती है और सूक्तियों की कसावट तक पहुँची हुई किसी आदर्शवादिता और सजल करुणा में भीगी हुई भी। लेकिन यह सब करते हुए भी विष्णु नागर के कवि-स्वभाव में वैयक्तिक मनोदशाओं और निजी राग-एश्वर्य के लिए अवकाश नहीं है। फिर भी दिलचस्प यह है कि अपने सारे एब्सर्ड-बोध, निर्विकल्पता और निहिलिज़्म के संस्तरों को स्पर्श करती संवेदना के बावजूद उनकी इधर की अनेक कविताओं में आकाश, रात्रि, बादल, चाँद-सितारों, धूप, चाँदनी, गर्मी-शीतलता, फूलों, रंगों, उड़ान, बचपन, स्मृति, हँसने और रोने के सन्दर्भ बार-बार आये हैं। वह सब जो यथास्थिति का अतिक्रमण करने की एक राह है और बिना एन्द्रिक संवेदन के जिस पर एक कदम नहीं चला जा सकता। जीवन की तमाम विसंगतियों, अटपटेपन और ऊलजुलूलताओं के मध्य आकाश की ओर देखने की यह इच्छा, किसी तरलता, किसी उड़ान, किसी स्वप्न जगत् में टहल आने की यह चाहना न केवल जीजीविषा, सकारात्मकता और रोमान का परिचय देती है बल्कि यह वर्तमान के बोध को बहुस्तरीय भी बनाती है। यहाँ कविता में एब्सर्डिटी और करुणा का यह अजीब-सा मेल है। वैयक्तिक से निर्वैयक्तिक होते जाने की यह आकांक्षा, कहे के साथ अनकहा छोड़ देने की ज़रूरत और हाशिये पर ठिठका हुआ एक गोपन मर्म—विष्णु नागर को शायद हमारे समय का एक सबसे मार्मिक कवि बनाता है। उनकी अलग-अलग कविताओं की कुछ पंक्तियाँ हैं—

आकाश में इतने आकार, इतने रंग थे उस दिन
कि उनका ठीक ठीक अर्थ समझना मुश्किल था
कि अपने को व्यर्थ समझना मुश्किल था।

('आकाश में रंग')

कभी लगता है आसमान में उड़ूँ
तो इतना ऊपर उड़ूँ
कि किसी को नज़र न आये
कि मैं उड़ रहा हूँ

('कभी लगता है')

आसमान में चाँद था
तारे थे
मैं भी तब
धरती पर कहाँ था

('आसमान में')

मैं एक यात्रा में
एक और यात्रा करता हूँ
एक जगह से एक और जगह पहुँच जाता हूँ
मैं दो यात्राओं से लौटता हूं
और सिर्फ़ एक का टिकट फाड़कर फेंकता हूँ

('दो यात्राएँ')

इस संग्रह में घर-परिवार पर लिखी अनेक कविताओं में गृहस्थ जीवन के अवरुद्ध दायरे, अन्तर्जगत्, और रूढ़ व्यवहारों में छिपी अर्थ-गर्भित छायाएँ एक प्रच्छन्न करुणा और कोमलता के साथ व्यक्त हुई हैं। रघुवीर सहाय की कविताओं के बाद परवर्ती पीढ़ी के किसी कवि के यहाँ शायद पहली बार इस तरह के सन्दर्भ आये हैं—

तुम्हें हँसते हुए देखकर
अचानक यह दुष्ट खयाल आया
कि तुम रोते हुए कैसी लगोगी
और तब भी मैंने तुम्हें हँसते हुए पाया

('तुम्हें हँसते देखकर')

एक स्त्री
आईने में अपने को देखती है
और पति से पूछती है—
"ऐ मैं सुन्दर हूँ न

पति कहता है–
"हाँ, सुन्दर हो
बहुत सुन्दर, प्लीज़ अब जरा चाय तो बना दो न"

("मालिक आपकी चाय तैयार है")

'प्रेम में रोना', जैसी एक छोटी-सी कविता में प्रेम की तृप्ति, विरोधाभास, आत्मबद्धता और अकेलेपन के अनेक मनोभाव एक साथ रचे गये हैं। इतना ही नहीं, 'हमने शादी की थी', 'इतना ज़्यादा वर्तमान', 'हम तो हवा हैं हवा' जैसी कविताओं में नयी संस्कृति के सन्दर्भ में शायद पहली बार किसी समकालीन कवि ने पारिवारिक जीवन में पीढ़ियों के बीच के अन्तराल में मनोदशाओं के रूपों और आयु मनोविज्ञान की बारीकियों को इतनी कलात्मकता के साथ प्रस्तुत किया है। पीढ़ियों के बीच ये अन्तराल जिनमें शिकायत या टकराहट नहीं, बस अपने होने को जानना-सुनना है, एक उदास एकान्त है, प्रार्थनाओं की-सी निमग्नता है–वह हमारे इस समय को बहुत अलग धरातल पर देखने की कोशिश है। ऐसी कोशिश जो केवल और केवल कविता में सम्भव है। वर्तमान समय के पारिवारिक जीवन पर क्या इससे अधिक सघन और उद्दात कविताएँ इधर के दिनों में अन्यत्र लिखी गयी हैं?

इस संग्रह तक आते-आते विष्णु नागर ने एक ऐसे काव्य जगत् की निर्मिति की है जो अत्यन्त संवेदनशील, सर्वथा अनौपचारिक, तात्कालिकता की उष्मा से युक्त, पुरमज़ाक, अल्पकथन और सांकेतिकताओं से भरा हुआ है। इसमें तहदारियाँ हैं। इस काव्य जगत् में हमारी क्रूरताओं और उदासीनताओं, हमारे भय और बुजदिली, हमारी आत्म-प्रवंचनाओं और क्षुद्रताओं के बीचों-बीच ही हमारे प्रेम, स्वप्न, राग और उद्दातताओं के रंग हैं और कविता इस तरह इस सबको इस तरह से रचना-बरतना चाहती है कि वह किसी हद तक कविता ही न लगे। नागर की पंक्तियाँ हैं–

मैं बदलता हूँ
अपने पत्ते
एक बार फिर से हरा होने के लिए
मैं कुछ समय बिल्कुल नंगा रहता हूँ

('वागर्थ' 2009 में प्रकाशित)

मुक्ति न भी मिले तो बना रहे मुक्ति का स्वप्न

यह दिलचस्प है कि कविता में कोई सीधी सरल-सी दिखती पंक्ति अचानक उठती है और एक मुहावरे में बदल जाती है।

शमशेर की एक बेहद सादी-सी पंक्ति 'बात बोलेगी, हम नहीं' एक सूक्ति बन गयी। इसी तरह अरुण कमल की काव्य पंक्ति 'सारा लोहा उन लोगों का, अपनी केवल धार' इस कदर लोकप्रिय हुई कि लोगों की जुबान पर मुहावरे की तरह चढ़ गयी। क्या होता है ऐसी पंक्ति में? महज एक चुस्त अन्दाजे बयाँ? नये युग-सत्य का कोई निचोड़ अथवा समय के साथ रचनाकार-व्यक्तित्व का कोई नया अभिप्राय? 1980 में अरुण कमल का पहला कविता-संग्रह 'अपनी केवल धार' प्रकाशित हुआ था और यह कहा जा सकता है कि इन तीस वर्षों में उनकी उपस्थिति हमारे काव्य-परिदृश्य के एक सर्वाधिक जीवन्त, संवेदनशील और निरन्तर विकासमान कवि की बन चुकी है। इन तीस वर्षों में उनके चार कविता-संग्रह प्रकाशित हुए हैं और हर नया संग्रह पिछले की तुलना में आगे की किसी यात्रा का सबूत देता रहा है।

अस्सी के दशक में हिन्दी कविता में युवा पीढ़ी एक ताज़गी लेकर आयी थी। इस कविता में अपनी प्रतिबद्धताओं, पक्षधरताओं और विचारधारा के अलग से चमकने वाले वक्तव्य और एक अकेले खड़े रचयिता की अहमन्यता नहीं, एक शामिल कवि का समूचा नागरिक जीवन था। भारतीय निम्नमध्यवर्ग का औसत जीवन। वे तमाम चीज़ें, आकार, दृश्य, प्रसंग, सन्दर्भ, परिस्थितियाँ, धारणाएँ, संस्कार, मनोदशाएँ, गाँठें और गुत्थियाँ, और सिहरन जिनसे हम रोज़ गुजरते हैं और जिन्हें रोज़ अनदेखा कर देते हैं। जन्म से मृत्यु तक का हाहाकार। यह एक बदली हुई कविता थी। कवि यहाँ इस भारतीय जीवन का महज एक दर्शक या व्याख्याकार नहीं था, वह उसमें रचा-बसा हुआ था। वह अपनी एक दैनन्दिन ठोस और भौतिक दुनिया के साथ था। उसका एक घर-बार, पास-पड़ोस, गली, मोहल्ला और सड़कें चौराहे थे। उसके नाते-रिश्ते थे। उसकी सुबहें और शामें थीं। उसकी यात्राएँ और घर लौटना था। यह एक बिंधा हुआ जीवन जिसमें समूचा जीना और मरना था। यह कविता जब पाठक को अपने पास बुलाती थी तो उसमें कहीं लटके-झटके, वाग्जाल, फुसलाहट, बयानबाजी, मुद्राएँ

और रिझाने के दूसरे सामान नहीं थे। कविता में आकर पाठक जैसे एक औसत जीवन की धूसर सतह को भेदता था और भीतर तो एक अपार स्पन्दित संसार था—मार्मिक, विडम्बनाओं से भरा, भरा-पूरा, अनदेखा और अनकहा। इस जीवन में तमाम कोने-अँतरे और तहदारियाँ थीं। कवि का यह संसार न नितान्त निजी था और न निपट सार्वजनिक। आवा-जाही का एक तार कसा हुआ था। परिस्थितियों और मनुष्य-व्यवहारों के तमाम तरह के गुम्फन थे। यह कविता जो औसत बना दिये गये या समझ लिए गये जीवन की अंदरूनी गतिशीलता को रेखांकित करती थी।

इन तीस-पैंतीस वर्षों में अरुण कमल ने जो कविता लिखी है वह इसी औसत मनुष्य के जीवन रस और जिजीविषा की कविता है लेकिन समय के साथ इसमें परिवेश का रंग ज़्यादा स्याह होता गया है। कविता की विषय-वस्तु पर चारों ओर की जटिलताओं, परेशानियों और तेजी से बदलते समय के दबाव बढ़ते गये हैं। इन वर्षों में यह कविता नये-नये इलाकों में गयी है, जहाँ पुराना खत्म हो रहा है और रोज़ कुछ नया बन रहा है। रास्ता भूल जाने की परिस्थितियाँ हैं, पुराने निशान धोखा दे रहे हैं। ये वे इलाके हैं जहाँ किसी इकहरी उम्मीद या इकहरी निराशा को व्यक्त करना भी बेमानी होता जा रहा है। भारतीय राजनीति का अधोपतन, तमाम तरह की सामाजिक-आर्थिक दुश्वारियाँ, सामुदायिक जीवन की लय का विघटन, विस्थापन, विस्मृति, असुरक्षा, अनिश्चितता और अकेलापन। चारों तरफ एक सर्वग्रासी मूल्यहीनता के बीच लिखी जा रही यह कविता आम आदमी के भौतिक वजूद और नैतिक विफलताओं को उस दिन-प्रतिदिन के सच से जोड़ती है जो समाज-विज्ञानियों और अर्थशास्त्रियों के आँकड़ों के बाहर खड़ा रहता है। यहाँ एक निरन्तर मार खाता, टूटता, छीजता नागरिक जीवन है और इस जिये जा रहे जीवन की तमाम दुरूहताएँ और तलछट हैं। उसकी स्मृतियाँ और विश्वास। सन्देह और आशंकाएँ। हिंसा और असहायताएँ। अवसन्न शोक और जमे हुए विषाद। और कभी इस सारे क्षरण और अनाचार के बीच बची रह गयी छोटी-छोटी खुशियाँ। मामूली मामूली इच्छाएँ। स्वप्न। राग-विराग। मनुष्य होने और कहलाने के यहाँ-वहाँ बिखरे हुए दृष्टान्त। और इस सबके साथ चलती हुई एक चिरन्तनता।

अपनी ही पीढ़ी के कुछ दूसरे कवियों की तुलना में अरुण की कविता का पाट ज्यादा चौड़ा है, ज्यादा गहरा भी। इसमें बेशुमार परिस्थितियाँ, प्रसंग, रंग और हवाले हैं। सन्दर्भों का तो वहाँ जैसे एक कोहराम-सा मचा हुआ है। कई बार अचरज होता है कि अरुण की कविता का कोई ठिकाना नहीं है कि वह कब किस दिशा में चली जायेगी, किन विषयों से जुड़ जायेगी, अनुभव के किन दुर्गम इलाकों में झाँक आयेगी। ठेठ समकालीनता से लेकर किसी आदिम राग की शाश्वता तक सारे दरवाज़े उनके लिए खुले हैं। वे जितनी सहजता से पटना की सारी सड़कों पर ट्रैफिक में फँसे

टेम्पो, ट्रकों और दुपहिया वाहनों पर एक कविता लिख लेते हैं, उतनी ही सहजता से सूर्यग्रहण पर। सूरत में फैली प्लेग की महामारी से लेकर पत्तियों के बीच छिपे एक हरे अमरूद तक वे कहीं भी सहज ही अपनी कविता को ले जाते हैं। यह अकारण नहीं है कि अरुण कमल ने बहुत सारी कविताएँ यात्राओं पर लिखी हैं। अधबीच रास्ते में घटते तमाम वाकये और प्रसंग। यह जो रोज-रोज दिखने वाला धूल-धूसरित, रूखा, निस्तेज, लावारिस और बेअसर पड़ा है, कविता जैसे उसे दुलारती है, झाड़ती-पोंछती है और चारों ओर की परिस्थितियाँ जितनी उदास हैं, जीवन की आसक्ति उतनी ही ज्यादा तीव्रता से आयी है। यह जीवन-द्रव्य अरुण की कविता में अनोखे घोल से बना है। इसमें जितनी वैचारिक प्रखरता और तर्क की ऊर्जा है, उतना ही राग और एन्द्रिकता का वैभव है। इस कविता में सादगी और कौतुक एक साथ हैं। विकलता और विट एक दूसरे के बगल में बैठे हैं। दृश्य जगत् से जो फाँक, जो 'स्लाइस' अरुण कमल अपने लिए चुनते हैं, उसमें उनकी तमाम कारगुजारियाँ देखी जा सकती हैं। चुनने के इस तरीके में दृश्य की 'आब्जेक्टिविटी' दूर तक निभायी जाती है पर वह निरा बखान या वर्णन होकर नहीं रह जाता। कवि का खिलन्दड़ा मन मानता नहीं। वह दृश्य में एक अलग तरह का हस्तक्षेप करता है। सतह के नीचे की चीज़ों को खींच निकालता है या कभी किसी बाँकपन, विडम्बना या अप्रत्याशित को उस पर आरोपित कर देता है। बहुत असंगत-सी चीज़ें भी इस कविता में एक दूसरे से रिश्ता बनाती हुई, अर्थ का विस्फोट करती हुई लगती हैं। अरुण कमल सम-सामयिक को अपने तरीके से रचते हैं। इसमें नागार्जुन की तिर्यक दृष्टि है, तो शमशेर की तरह की सांकेतिकता भी। चीज़ों का एक 'डाक्यूड्रामा' रचते हुए भी वे कब कितने संकेत पीछे छोड़ जायेंगे, इसका कोई ठिकाना नहीं है। राजेश जोशी ने अरुण कमल की कविता के बारे में लिखा है कि अरुण स्मृति, अनुभव और कल्पना–तीनों कालों का समवर्ती होना चाहते हैं।

मुझे यह बात भी महत्त्वपूर्ण लगती है कि अरुण कमल की कविता में संवाद और स्वगत के युग्त से बनी संरचना है। यहाँ एक और बात की ओर मेरा ध्यान जाता है कि चीज़ों के भीतर फैल जाने के बाद भी अरुण कमल की कविता कभी बहुत मुखर या वाचाल नहीं लगती। जहाँ सीधे-सीधे बखान हैं, वहाँ भी एक तरह की आन्तरिकता हर जगह अपना काम कर रही होती है। इस कविता में अभिव्यक्ति का खुलापन और नियन्त्रण एक साथ है।

अरुण की ये कविताएँ चीज़ों के रंग, स्वाद, स्पर्श, गन्ध और तमाम तरह की ध्वनियों से भरी हुई हैं। उनमें पछाड़ खा रहे अन्धड़ में ललाट से ललाट टकराते पेड़ हैं, आँधी, बारिश और बिजलियों के चित्र हैं। गर्मियों में ताप के अनेक रंग हैं। हजारों सालों की रातें हैं। और यह प्रकृति अरुण कमल की कविताओं में अलग

से दिखती कोई चीज़ नहीं, वह मानवीय मनोदशाओं और व्यवहारों में लिपटी हुई है। वे देशज होते हुए भी आंचलिक नहीं हैं। सारी रागात्मकता और एन्द्रिकता के बावजूद अनुभव को 'लिरिकल' बनाने में उनका विश्वास नहीं है। इसलिए अरुण कमल आधुनिक संवेदना के लोक-कवि लगते हैं। जहाँ अनुभव की हर सान्द्रता में तनाव और विकलता का एक तार हमेशा बिछा रहता है। बहुत सारे चरित्र, बहुत सारी जीवन-स्थितियाँ, बहुत सारे स्थान, बहुत सारी मनोदशाएँ इन कविताओं के एक सामुदायिक अवचेतन का 'कोलाज'-सा बनाती प्रतीत होती हैं। लगता है जैसे ये सब कवि की स्मृति के अन्दरूनी इलाके हैं जो सहसा प्रकट होते रहते हैं। कभी स्वतन्त्र सन्दर्भ बनकर, कभी तमाम चीज़ों में घुले-मिले, कभी वक्तव्य बनते हुए तो कभी अर्थ की अनुगूँज पैदा करते हुए, कभी साफ दिखते हुए तो कभी लुका-छिपी करते हुए। एक कवि जैसे हर बार हमें बताना चाहता है कि इस दौड़ते-भागते जीवन में कहाँ हमसे कुछ छूटता जा रहा है, कहाँ हमें एकाग्र होना है, क्या हमसे बिसर गया है। हमारी रोज़मर्रा की दुनिया में प्रेम, ललक, लालसाओं और उलझनों के ये सारे सन्दर्भ हैं और अरुण एक के बाद एक अपनी तमाम कविताओं में इन्हें रचते गये हैं। उनके यहाँ कहीं एक प्रगल्भ विकलता है, कहीं एक नामालूम-सा विडम्बना बोध और कहीं सब कुछ पर हँसता हुआ, चुटकी लेता हुआ एक शरारती मन। बिना जीवन के गहरे तदाकार हुए जीवन की साधारणता का ऐसा असाधारण चितेरा बनना सम्भव नहीं। एक उदाहरण—

जब भी आया होगा
कोई भाई किसी बहू का
यही होगा
सबसे होगा कल्याणी का ब्याह तय
मज़ाक का रिश्ता जो ठहरा
बचपन से रह गयी इस घर में कल्याणी
बच्चा खेलाती, खाना बनाती, सोहर गाती
बेना डोलाती
कल्याणी ने लड़के को देखा किनारे से
और तन तन सिहरी
जैसे आकर खड़ा हुआ बीच दोपहर
कोई बटोही जवान
और वृक्ष की पत्तियाँ सिहरीं
कल्याणी! कल्याणी!

यह साफ है ऐसे तमाम चित्र उनकी कविता में अनुभव के एक ठेठ जातीय

रूप का, या कुछ आधुनिक शब्दावली में कहें कि एक 'सबआल्टर्न' को रचते हैं। यदि हम यह मानकर चलें कि अनुभव का यह देशज इलाका कवि को शाश्वत और चिरन्तन लगता है तो यह भूल होगी। एक आधुनिक कवि के लिए यह सम्भव ही नहीं है। बदलते समय के साथ अरुण कमल की कविताओं में हताशा, भय और टूटन का रंग गहराया है। वहाँ एक कातर किस्म की विकलता को भी यदा-कदा आप पढ़ सकते हैं—

ताकि भूल न जाए मुक्ति की इच्छा
मुक्ति न भी मिले तो बना रहे मुक्ति का स्वप्न
बदले न भी जीवन तो जीवित बचे बदलने का यत्न

(स्वप्न)

लेकिन मुक्ति का यह स्वप्न भी दिनोंदिन छीजता जा रहा है। अरुण कमल जैसा सजग कवि जानता है कि तादात्म्य का सवाल आज ज्यादा जटिल हो गया है। वह एक इच्छित संसार नहीं है। अनुभव के नये बनते इलाकों में अब उम्मीद और प्रेम के साथ-साथ हताशा और विराग के शेड्स कहीं ज़्यादा हैं। कहीं तो अपनी वर्ग स्थिति का एक अपराध बोध और ग्लानि से भरी आत्मस्वीकृतियाँ ही अनुभव के रूपाकारों को तय करने लगी हैं। नब्बे के दशक में भारतीय परिवेश में बाज़ार, मुक्त पूँजी, उपभोक्तावाद और सांस्कृतिक दिशाहीनता ने किस तरह एक विराट विस्थापन पैदा किया है। इसकी गवाही अरुण कमल की बाद की कविताएँ एक अलग ढंग से देती हैं। ये कविताएँ प्रायः घूम-फिरकर इस बात की तरफ लौटती हैं कि स्मृति-भ्रंश, करुणाहीनता और संवेदना का क्षरण हमारे समय का सबसे भीषण संकट बनता जा रहा है। इन कविताओं में अवसाद, संशय, भय और अनिश्चतताओं के मनोभावों के साथ अरुण ने एक नये 'कवि-समय' को रचा है। वे इन कविताओं में नागरिक जीवन में बढ़ती अपराधवृत्ति और नैतिक शून्यता के जटिल मनोविज्ञान को हमारे समय के सामाजिक-आर्थिक परिप्रेक्ष्य में रखकर देखते हैं। 'सूचकांक' जैसी एक अद्भुत कविता है, जो समाज में सबसे निचले स्तर पर जी रहे मनुष्य के मन को पढ़ना चाहती है। यह मनुष्य जो श्रम की विफलता के बाद शनैः-शनैः अँधेरे की दिशा में चला गया है। यह गमन जैसे कि उसकी एक अनिवार्य परिणति थी। यह हमारी समय में एक नयी तरह का विस्थापन है। शक्ति केन्द्रों की अमानुषिकता को सहते-सहते निरुपाय व्यक्ति के प्रतीक रूप से 'इम्यून' हो जाने की भयावह सच्चाई। मनुष्य का एक ऐसा विस्थापन जिसे बाबूगीरी पर खड़ी प्रबन्ध-दृष्टि कभी समझ ही नहीं सकती। अस्थिरता और विचलन के बहुत सारे शेड्स अरुण कमल ने अपनी इन परवर्ती कविताओं में दिये हैं। 'स्वप्न' जैसी एक कविता है जिसमें स्त्री का तार-तार होता जीवन, हिंसा को जज़्ब कर लेने की एक अनोखी प्रतिरोध शक्ति

को रचता है। ऐसा नहीं है कि अरुण कमल सबसे नीचे की पंक्ति में जी रहे लोगों की इस प्रतिरोध क्षमता को केवल असामान्य स्थितियों के बीच रखकर ही देखते हैं। उनकी निगाह हमारे घर-परिवारों में रोजमर्रा के जीवन में खट रही स्त्रियों की ओर भी उठती है। जहाँ ऊपरी तौर पर सब कुछ सामान्य दिखता है पर वैसा होता नहीं। 'वापसी' इस विषय पर एक लगभग अद्वितीय किस्म की मार्मिक कविता है। जहाँ दुखों की मार के बीच भी एक अपरिभाषित रह जाने वाला अपार जीवन हिलोरें ले रहा है। तमाम तरह की निरुपायताओं के बीच भी साधारण मनुष्य के भीतर मौजूद इस प्रतिरोध क्षमता का दूसरा आयाम जीवन आसक्ति के रूप में 'जिसने खून होते देखा' जैसी कविता में रचा गया है। कवि उस जीवन को देखता है जो हर मार-काट, उपद्रव और भगदड़ के बाद भी बचा रह जाता है और जो अपनी जिजीविषा को तमाम जटिल व्यवहार-प्रणालियों में व्यक्त करता रहता है। एक समाज-विज्ञानी कहता है कि हिंसा हमारे जीवन के बीचों-बीच खड़ी है। लेकिन एक कवि 'जिसने खून होते देखा' जैसी कविता लिखकर कहता है कि ज़्यादा बड़ा सच तो यह है जीवन अब भी हिंसा के बीचों-बीच बचा हुआ है। मनुष्य के बचे रहने का यह 'मैकेनिज़्म' ही शायद कवि के लिए ज़्यादा काम की चीज़ है। आप कविता में एक अन्धकार में जीते लोगों की साँसों को सुन सकते हैं।

हिंसा, उन्मूलन, हड़कम्प और जिजीविषा के एक 'टेक्सचर' को बुनती हुई अरुण कमल की ये परवर्ती कविताएँ समूची हिन्दी कविता में एक सर्वथा नया आयाम जोड़ती हैं। 'शिविर' जैसी कविता है जिसे अरुण कमल के कलात्मक उत्कर्ष को देखने के लिए बार-बार पढ़ा जाना चाहिए। इस कविता में अचानक घिर गये, शिकार बनते लोगों की धड़कनों का अंकन है। दृश्य-बन्ध की सघनता, उसकी अनेक स्तरीयता, एक घिरे हुए मन के अवचेतन की तमाम यात्राएँ और स्थितियों का जैसा ड्रामा यहाँ खड़ा किया गया है वह हिन्दी में दुर्लभ है।

अरुण कमल की इन तमाम कविताओं में दृश्य हैं, नाटकीयताएँ हैं, एक बर्बर व्यवस्था का तिलस्म है और मनुष्य का निपट अकेलापन है। वे अपनी इन कविताओं में उस छटपटाहट को रचते हैं जो लाशों के बीच ज़िन्दा रह गये मनुष्यों के भीतर जन्म लेती है। महत्त्वपूर्ण यह है कि अरुण कमल एक सचेत कवि हैं। वे ताकत के सामने बचे रह गये निहत्थे आदमी का आदर्शीकरण नहीं करते। चुस्त बयानी या वक्तव्यबाजी द्वारा उसे वीरता का तमगा नहीं पहना देते। पूरा दृश्य जैसे अभी असमाप्त हो और कविता में आकर जैसे 'फ्रीज़' हो गया हो। निरुपायता से लेकर अस्तित्व की एब्सर्डिटी तक ये कविताएँ अनेक चीज़ों को छूती हैं। इनमें क्लेश की बेचारगी और प्रार्थनाओं की कातरता ही नहीं, कभी एक बड़े अजीब तरीके का हास्य भी दिखाई पड़ता है। 'उधर के चोर' जैसी कविता में अरुण कमल ने चार्ली चैपलिन

मार्का उस विट को प्राप्त किया है जो एक विद्रूप समय का सबसे ज्यादा मानवीय और कलात्मक पक्ष है। रघुवीर सहाय ने 'हँसो, हँसो, जल्दी हँसो' दौर की कविताओं में हिंसा को जिस तरह एक समग्र थीम बनाया था, अरुण कमल ने अपनी परवर्ती कविताओं में इस थीम को नयी ऊँचाइयों तक पहुँचाया है।

अपनी एक कविता में अरुण कमल कहते हैं–

'जो घर से निकल गया उसका इन्तजार मत करना'

यह विपदाओं का ऐसा समय है जब जीते-जागते आदमी गायब कर दिये जा रहे हैं। वे शायद स्मृतियों से भी पोंछ दिये जाते लेकिन क्योंकि एक कविता बची रहती है उनकी लाशों की शिनाख्त करने के लिए। वह उनमें अधूरे रह गये जीवन को दर्ज करती हैं।

('अन्यथा' जुलाई, 2006 में प्रकाशित)

भूमिकाएँ इसीलिए कभी खत्म नहीं होतीं

दैनंदिन जीवन में हमने जिसे एक सर्व-समान्य सच मान लिया और अनदेखा कर आगे बढ़ गए उसमें ताकत और क्रूरता की कितनी तहें छिपी हुई हैं। क्या हम ठहर कर कभी जान पाते हैं? नामालूम सी लगती स्थितियों के थोड़े से खुलते हुए कपाट होते हैं और उनमें से सहसा यह कठिन और बहुत नजदीक का अपार बेरहम संसार झाँकने लगता है। हरीशचंद्र पांडे की कविताओं को पढते हुए यह प्रतीति होती है कि शब्द निरर्थक होती जाती स्थितियों के बीच कितना कुछ अनसुने रह गए झीने, लगभग गायब हो जा रहे मानवीय संसार की अर्थवता को बुन सकते हैं। 'आदमी और झोला' शीर्षक कविता में एक नाटकीय दृश्य है जिसके मार्फत इस अनचीन्हे समय को कुछ कुछ समझा जा सकता है–

उचक कर
बस की खिड़की से भीतर फेंक दिया गया था जो झोला
सीट स्पर्श करते ही
आदमी हो गया
जब तक झोले वाला आदमी नहीं पहुँच जाता भीतर
झोला झोला नहीं आदमी ही था
आम आदमी से बढ़कर था
बल्कि एक गुंडा था

यह जो जीने का एक ढर्रा बना गया जिसके माध्यम से ताकत की संस्कृति समाज की सबसे निचली तहों में प्रवेश करती है, जहां ताकत, नियंत्रण, पशुता और लाचारी के अन्तर्सूत्र आपस में उलझ गए हैं। कविता इसी को तो निरखती है। लेकिन इतना भर नहीं। वह इसके सामने उस स्पेस को अब भी बचाना चाहती है जिसे मानवीय संसार कहा जाता है। यदि संसार की कल्पना पूरी तरह से समाप्त हो गयी होती तो फिर शायद इस कविता की आवश्यकता भी न होती

किसी बैठे हुए आदमी से आप निवेदन कर सकते थे
थोड़ी सी जगह के लिए

वह आपके रोते बच्चे या बीमार मां पर
तरस खा सकता था
पर एक झोला किसी को भी
पहचानने से इनकार कर सकता है

हरीशचंद्र पांडे के कविता-संग्रह **'भूमिकाएं खत्म नहीं होतीं'** की कवितायें वर्तमान के बहुत सारे शेड्स को रचती हैं। कभी बाहर से दिखते खुशनुमा उत्सवी समय के भीतर कितनी सारी अवाक् कर देने वाली स्थितियां और कभी इससे भी जटिल मनोदशाएँ। **'पानी'** शीर्षक कतिवा में चिता पर रखी देह को निरखते हुए निर्वेद की सबसे सघन घड़ी में पानी की अनेकानेक स्मृतियों की ओर जाती एक यात्रा है। यह देह के क्षरण की कविता होकर भी ठीक उन्हीं अर्थों में शोक की कविता नहीं है और न इसमें जीवन और मृत्यु का कोई किताबी फलसफा है। यहां शोक और राग की मिती जुली कोई भूमि है जिसे ठीक-ठीक व्यारव्यायित करना बहुत कठिन है। वह पानी जो काया के भीतर था, जिसने इस अकथनीय पार्थिव संसार से संबंधों के कितने संस्तरों को रचा 'गूढ'। अबूझ, अपरिभाषित और विकलाताओं से भरे स्मृतियों के वे तमाम संस्तर। सिर्फ एक कवि ही श्मशान भूमि में नश्वरता के दृश्य के बीचों बीच काया के ऐसे प्रगाढ़ राग को व्यक्त कर सकता है

देह अपना समय लेती ही है
निपटाने वाले चाहे जितने जल्दी में हों
भीतर का पानी लड़ रहा है बाहरी आग से
घी जौ चन्दन आदि साथ दे रहे हैं आग का
पानी देह का साथ दे रहा है
यह देह की दीर्घ संगत का आंतरिक सखा भाव था
जो देर तक लड़ रहा था देह के पक्ष में
बाहर नदियाँ हैं भीतर लहू है
लेकिन केवल ढलान की तरफ भागता हुआ नहीं
बाहर समुद्र है नमकीन
भीतर आँखें हैं
जहां गिरती नहीं नदियाँ, जहां से निकलती हैं
अलग अलग रूपाकारों में दौड़ रहा है पानी

('पानी')

देखा जाए तो यह कला में जीवन की पुनर्रचना है। एक विचित्र और कठिन परिस्थिति में काल से होड़ और विभिन्न संवेगों का सम्मिलन। एक समय को उसके समग्र मूड और उसके मंतव्यों के साथ भाषा के इलाकों में इस तरह से खींच लाना।

मुझे नहीं मालूम यह सब कलाकार से कितना धैर्य चाहता होगा। किसी लंबे आलाप की तरह यह कविता बीतने की अबूझ आन्तरिकता को, उसकी कालावधि के सबसे क्रिस्टिल और मार्मिक रूप को खोलना चाहती है। व्यक्त और अव्यक्त के बीच के तमाम फासले और उनके रहस्यमय संकेत जहां यह जीवन अपनी कितनी जिद्दी अरूपताओं के साथ बसा रहता है। एक सुंदर रचना शायद इसी तरह से संबद्धताओं और विपरीतताओं के एक रंगारंग संसार में हमें अचानक ला खड़ा करती है। इसी कविता की अंतिम पंक्तियाँ हैं

जो नहीं दिख रहा इस सबके पीछे का
जड़ से शिराओं तक फैला हुआ है भीतर ही भीतर
उसी में बह रहे है रंग रूप स्वाद आकार

हरीशचंद्र पांडे की कवितायें पुनः इस बात की प्रतीति कराती हैं कि एक महत्वपूर्ण रचना हमारे जाने-पहचाने सचों का किसी हद तक एक बुनियादी एब्सट्रेक्सशन करती है अमूर्तीकरण करती है और फिर वहीं से उनमें अर्थ की नयी संभावनाएं रचती है। भाषा जो हमारे समय में निरी सूचनात्मक इकहरी और कामचलाऊ हुई जा रही है, कविता में वे ही शब्द सहसा किस तरह हमारे समस्त मानवीय कार्य-व्यापारों और उनके आशयों से जगमगा उठते हैं। कहना न होगा कि कवि हरीशचंद्र पांडे ने इस लक्ष्य को अपनी इन कविताओं में कई तरह से साधा है। उनकी विषय-वस्तु में ज्ञात का अर्थ-विस्तार तो है ही, सूचनाओं और जानकारियों से भरे इस समय में कविता लिखने के आतंरिक दवाबों की भी वहाँ ऐसी बानगी है जो इधर लिखी जा रही कविता में विरल है। उदाहरण के लिए 'वनराजि' जैसी कविता जिसमें इतिहास की जानकारियों को भेदते हुए कवि द्वारा किसी बुनियादी जीवन-रोमान को रचने की एक विलक्षण कोशिश को देखा जा सकता है। वनराजि उतरांचल के उत्तरी-पूर्वी सीमा क्षेत्र में रह रही प्राचीनतम जन-जातियों मे एक मानी जाती है, जो तेजी से लुप्त होती जा रही है। कवि इस जनजाति के इतिहास की तथ्यात्मकता से बखूबी परिचित है पर वह उसे अपर्याप्त मानता है। एक समूचा जीवन सिर्फ तथात्मकता में नहीं होता। कवि का 'स्पेस' इससे आगे का है। वह तथ्यों के पिंजर में रक्त, मांस– मज्जा और धड़कनों का एक एन्द्रिक संसार रचता है। ऐसी किसी कविता में नरेशन किन्हीं सचों की टोह लेता घुमड़ता है। वे जैविक सच जिसमें सौन्दर्यचेतना की बसाहट है, जो काल की सीमाओं के पार हैं, जो अव्यक्त को 'लोकेट' करते हैं–

सुदूर पूर्व से क्या हवा में उड़ के आये होंगे
ये इतनी दूर
फूटे सेमल की उड़ती रूई में बीज की तरह

गड्ड-मडड
या फिर किसी बिगड़ैल महापशु के मरोड़े
गए पूंछ गुच्छ में जटे-जटे
फांदते हुए शिखरों– घाटियों को
नहीं, इन्होंने जरूर डुबकी लगाई होगी
ईरावदी में और उसकी थाह ली होगी
पर उसकी गहराई में उलझ कर नहीं रह गए होंगे
इन्होंने लांधे होंगे खासी गारो जयन्तिया
चेरापूंजी की बरखा में तरबतर हुए होंगे
और फिर ब्रह्मपुत्र का पाट पार किया होगा फिर गंगा का
हिमालय की उपत्यका में रम जाने के पूर्व
नदी के उतान और उथलेपन को चाहा इन्होंने
और बड़ी मछलियों का मोह नहीं किया
पेड़ों की सूखती शाखों से मोह किया
पत्तियों से पहचान कर बेलें
और बेलों से पहचान कर जड़ें
इन्होंने अपनी व्याधियों को हरा समूल
इन्होंने साधे अपने अपने मसान
काल को अपने पैरों के तलवों की घाटी में
बांधे ये वहीं खड़े हैं
जहां खड़े थे इनके आदिपुरूष

प्राप्त अवधारणाओं को उनके सबसे मौलिक रूप में पकड़ने या उनमें अपने मंतव्यों के 'स्पेस' को रचने का यह खेल इस संग्रह की बहुत सी दूसरी कविताओं में भी दिखता है। शक्ति-संरचनाएं जिस तरह से चीजों के मूल अर्थों को विस्थापित कर उनमें अपने इच्छित अर्थों को आरोपित की करने राजनीति करती हैं क्या इसी के बरक्स कला के भी जिम्मे यह काम नहीं आता कि वह सत्ता द्वारा निर्मित रेडीमेड अवधारणाओं में उलट-फेर करते हुए उनमें अपने किन्हीं अभिप्रेत अर्थों को भरे? कविता का वास्तविक के साथ एक अलग तरह का यह सरोकार शायद आज बहुत महत्वपूर्ण हो उठा है। वह वास्तविक का ही केवल अनुभव नहीं कराती अपने अनुभव के 'वास्तविक' को भी रचती है **'शेर बचाओं अभियान'** शीर्षक कविता में एक स्थापित अवधारणा को लगभग विस्थापित करते हुए कवि ने शेर बचाने के उपक्रम को ताकत, हिंसा, बर्बरता और एकाधिकारवाद को बचाने की दुरभिसंधि के रूप में उद्घाटित किया है–

जो गरजे तो दहल जाए दुनिया
जो चीरे तो चिथड़ा चिथड़ा हो जाए जिस्म
जिसे देखते ही सुंदरता भय में तब्दील हो जाए
जो दुर्लभ हो अपनी निरंकुशता और क्रूरता में
ऐसी दुर्लभता को बचाया ही जाना चाहिए

इस संग्रह में **'जंगल में एक बछड़े का पहला दिन' 'कुतरे गए फल' 'गुंथाई का राग'** जैसी अनेक कवितायें हमारी समकालीनता में राग की सर्वोतम और बहुविध भूमिकाओं को रचती हैं। इनमें वर्णित दृश्य के साथ किस हद तक एकमेव हुआ गया है इसे जानना चाहिए। यह क्षमता भाषा में शुद्धतम लय की है, कथन के स्पेस की है। इस 'स्पेस' में इसी दुनिया की अनछुई पवित्रता, एन्द्रिक उदात्तता और एक ऐसे कम्पित उल्लास को रचा गया है जो अन्यथा किसी दूसरी तरह से व्यक्ति नहीं हो सकता। इन क्षणों में कविता अपने उस स्वभाव को दर्शाती है कि हम उसमें रमे हुए उसी तरह निर्लिप्त और मर्मस्पर्शी हो सकते हैं जैसे कि वह कला स्वयं है। यह पाठक को दी गयी स्वतंत्रता है। पढ़ते हुए हम इसकी कारगुजारी में कितनी अबाध हिस्सेदारी करने लगते है। साहित्य में तकनीकी विशेषज्ञता रखने वाले प्रोफेशनल आलोचक ऐसे अनुभव की जो चाहे व्याख्या करते फिरें पर एक सहृदय के रूप में, एक रसिक के रूप में हम इस बात को अच्छी तरह से जानते हैं कि इसमें भाषा का एक ऐसा रूप है जो महज बाहरी सच का वर्णन नहीं कर रहा, वह उसी समय बखान के साथ एक स्पर्धा भी कर रहा है- एक भरोसा अपने शब्दों की ताक़त में, यानी जब वे एक खास तरह से बरते जा रहे हों तो वे सच को दिखाते ही नहीं, उसे इतना सघन बनाते हैं कि उसे लगभग एक जुदाई समय में रूपांतरित भी कर देते है। यह शायद कला का उसके सौंदर्य-बोध का सबसे अबूझ रहस्य है। यह आकस्मिक नहीं कि हम ऐसी भाषा की ओर बार-बार खिंचते है-

कैसे छांटता है ढेर सारे फलों में से खास फल कुतरने के लिए
कैसे लोकता है एक छोटे फल में कुतरने की खास जगह
निर्भर हो कर कैसे बैठ जाता है हिल रहे पके फल पर
कैसे रखता है फल के भीतर की सारी रस-खबर
लाल चोंच की संगत में एक फल डोल रहा है
अपनी ही देह के संकीर्तन से गुजर रही है एक पेड़ की जड़ें
अभी संसार की सबसे नरम रजाई पर तगाई का का चल रहा है
दुनिया की सारी दरारें भरी जा रही है अभी
अभी एक सुगा फल कुतर रहा है

(कुतरे हुए फल)

यह कहना शायद नाकाफी होगा कि हरीशचंद्र पांडे की इन कविताओं में हमारे जातीय बोध की श्रेष्ठतम मिसालें हैं। कवि राग के ऐश्वर्य को जानता है और उसे समय के अंतविरोधों के साथ जोड़ता है। वह दृश्य को खोलता है, उसे रुपांतरित करता है और उसमें बसे मूल अर्थ को लोकेट करता है। उसमें परस्पर गुम्फित और संघर्षरत विभिन्न तत्व भी कई बार साफ दिखाई हैं मूल बात यह है कि इन कविताओं में रोमान एक ताकत है। वह कई तरह से अपनी भूमिका को अदा कर रहा है। उसमें अप्रत्याशित को सहज ही उकेर लेने का सामर्थ्य है वह अपने साथ एक फ्री-एसोसिशन को ला सकता है। वह लौकिक सच्चाइयों के साथ एक ऐसी विकलता को दर्शा सकता है जो इन सच्चाइयों को अतिक्रमित कर सकती हो। अपने परिवेश में गहरे धंसी हुए ये कवितायें एक वास्तविक और मिथकीय समय के मिलन बिंदुओं को रच सकती हैं। कवि ने अपने इस संग्रह का शीर्षक ठीक ही रखा है- 'भूमिकाएं खत्म नहीं होती'। एक समूचे जातीय जीवन के अपार चित्रों को देख सकते हैं यहाँ आप। लेबर चौराहे पर खड़े दिहाड़ी मजदूर, खचाखच भरी बस में लदी वे सवारियां जो अपने गंतव्य पर पहुँचते ही पुनः दूसरे चोले पहल लेतीं हैं, महाविद्यालय का साईकिल-स्टैंड और एक दूसरे के काँधे पर औंधी पड़ी साइकिलें या अकाल से प्रभावित यहाँ से वहाँ भटकती दुनिया को टोहती बंजारिन औरतें या जंगल के सुनसान रास्ते पर प्रतिध्वनियों का खेल। हरीशचंद्र पांडे के कवि ने जगह जगह हमारे विस्मृत और अटूट की खोज की है। आज जब हम कविता में 'पोलिटिकली करेक्ट' दिखाई पड़ने के प्रति कुछ ज्यादा ही सचेत रहने लगे हैं और कविता का एक बड़ा हिस्सा फौरी किस्म के वक्तव्यों से शुरू होकर उन्हीं पर खत्म हो रहा है, आप कवि द्वारा इन कविताओं में स्वयं को तनिक खुला छोड़ देने और रचने के भीतरी दवाबों से प्रतिकृत होने के साहस और सफलता को देख सकते हैं–

ठेले को ठेलता वह बूढा
रूई की खोह से बोल रहा था
और सब्जी को सस्ता बेचने से इनकार कर रहा था

(क्या पता)

पेड़ मंच हैं पक्षियों के
पक्षी यहाँ से अपनी बात पूरी आजादी से उठाते हैं

(न काटो पेड़)

एक संन्यासिन ने अपन जटाओं को फुलवारी तक फैला दिया है

(कई दिन के कोहरे के बाद की धूप)

झींगरों का ये स्वर्णकाल है

प्रतिद्वन्द्विता में वे एक पर एक आवाजों के परचम तहिया रहे हैं

(जंगल में)

धरती के भीतर जाने कौन से अक्षय कोष से
सरसता आता था यह पानी
कहाँ से आती थी इसकी शीतलता
कहाँ से मिठास
एक चौड़े पत्थर के ठसपन पर
अनंत मध्यम लय की तरह गिरता था वह

(धार का पानी)

जो न छुए कहीं से भी किसी को
वह खम्भा कहाँ
अपने आस-पास के स्पर्शों से ही एक खम्भा
खम्भा है

(खम्भा)

यहाँ तो कई एक सुन्दर कविताओं का जिक्र हुआ। महज अपनी एक कविता **'कौन बजाये बांसुरिया'** के कारण भी हरीशचंद्र पांडे एक विरल कवि बन जाते हैं।

('चिन्तन दिशा' (2011) में प्रकाशित)

जलावतनी में एक स्वप्न देखा मैंने

छलनी-छलनी
मेरे आकाश के ऊपर से
बह रही है
स्मृतियों की नदी
ओ मातृभूमि
क्या इस समय हो रही है
मेरे गाँव में वर्षा?

ये पंक्तियाँ अपनी धरती से निष्कासित किसी महदूर दरवेश, किसी ओसिप मान्देलस्ताम या किसी यानिस रित्सोस की नहीं, हमारे अपने हिन्दी के ही एक कवि अग्निशेखर की पंक्तियाँ हैं। कवियों के अपने-अपने खोये हुए यरूशलम, सेण्ट पीटर्सबर्ग, एथेंस, बगदाद, लिथुवानिया और लेबनान होते हैं। अग्निशेखर की ये कविताएँ उसी परम्परा की एक कड़ी हैं। विगत 20 वर्षों से अलगाववाद और आतंकवाद की राजनीति के चलते कश्मीर से विस्थापित, यहाँ-वहाँ भटकते, अपने ही देश में एक शरणार्थी की तरह रहने को अभिशप्त हमारे इस कवि की ये पंक्तियाँ अपनी खास जीवन-स्थितियों से उठी हैं। अग्निशेखर का कविता-संग्रह 'जवाहर टनल' कुछ समय पहले प्रकाशित हुआ है और यह एक सर्वथा उल्लेखनीय हिन्दी कविता-संग्रह इसलिए है कि ये कविताएँ धार्मिक अलगाववाद, मज़हबी कट्टरता, सामुदायिक घृणा और हिंसा से घिरे एक क्रूर समय में अपनी जड़-ज़मीन से बेदखल कर दी गयी एक समूची कौम के सामूहिक अवचेतन की बानगी देती है। इतिहास में ऐसे दौर आते हैं जब एक आधुनिक निर्वासित कवि का एकल स्वर भी पूरी कौम की पीड़ा का एकीकृत स्वर लगने लगता है।

उदय प्रकाश ने इस संग्रह के परिचय में बहुत सही लिखा है कि "अग्निशेखर की कविताओं में अपने घोंसलों और वनों से विस्थापित कर दिये गये उन पक्षियों की उत्पीड़ित चेतना की वह विचलनकारी, व्याकुल चीख है जो राजनीतिक समयों और सत्ताओं द्वारा निषिद्ध और वर्जित कर दी गयी है।"

अपनी जड़-ज़मीन, परिवेश, आजीविका, परम्परा, लोक-संस्कृति, सामूहिक साझेदारी और स्मृतियों से त्रासद विस्थापन हमारे समय का एक बड़ा सच बन रहा है। सूचनाओं और समाचारों से पटे हुए इस समय में लोगों का उजड़ना अब हमारे लिए नयी बात नहीं। वह रोजमर्रा की एक खबर या दृश्य बनकर रह जाता है। बहुत हुआ तो हम इनके राजनीतिक, आर्थिक, सामाजिक पहलुओं पर कुछ मोटी-मोटी बातें कर लेते हैं। लेकिन सांस्कृतिक और मनोवैज्ञानिक स्तर पर एक ज़िन्दा कौम अपने निर्वसन की क्या कीमत चुकाती है? इस पीड़ा की गवाही तो केवल एक रचना ही दे सकती है। अग्निशेखर ने एक जगह लिखा है कि ''मेरे सामने सताये गये लोगों के शरणार्थी कैम्प, उनका रोना-बिलखना, झल्लाना, उनका रोष था। उनकी अपेक्षाएँ थीं। उनके जुलूस थे। ज़रूरतें थीं। ऐसे में जिन तथाकथित प्रतिबद्ध और धर्मनिरपेक्ष ताकतों को सामने होना चाहिए था, वे नहीं थीं। उनके अपने राजनीतिक समीकरण थे। उन्हें साम्प्रदायिक और आतंकवाद के इस चरित्र पर बोलने में असुविधा थी।'' अग्निशेखर का यह कहना इसलिए महत्त्वपूर्ण है कि हम देखते हैं साम्प्रदायिकता के खिलाफ अपनी प्रतिक्रियाओं को भी हमने खाँचों में बाँट रखा है। यह अकारण नहीं कि गुजरात की बर्बरता पर तो सैकड़ों कविताएँ रातों-रात तैयार हो जाती हैं पर कश्मीरी पण्डितों के विस्थापन पर एक चुप्पी बनी रहती है। अग्निशेखर जैसे कवि ने अपनी इन कविताओं के बारे में लिखा है कि ''भय, आतंक, बर्बरता, हत्या, धमकी, आगजनी भरे दिनों से भागकर शरणार्थी कैम्पों में रहने को अभिशप्त होना, झूठ, दुष्प्रचार, बेगानेपन के साथ नाउम्मीदी के दिन काटना यही वे नये अनुभव थे जो मुझे और मेरे साथी कवियों, लेखकों, चित्रकारों और अन्य संस्कृतिकर्मियों के सामने मुँह बाये खड़े थे।''

कविता इतिहास का 'नरेशन' नहीं है। वह पत्रकारिता भी नहीं है। वह ज़ाहिरा तौर पर कुछ मुद्दों पर एक तात्कालिक प्रतिक्रिया, सरल उच्छवास, नैतिक पक्षधरता का फौरी उद्घोष या कुछेक दृश्यों का स्थूल विवरण भी नहीं है। वह इन्कार करती है कि जो सामने घट रहा है उसे उसकी यथातथ्यता में स्वीकार कर लिया जाए। यह उसका प्रतिपक्ष है। लेकिन तब इतिहास के झंझावात में फँसी एक कविता के पास विकल्प में क्या बच रहता है? सिर्फ स्मृतियाँ, कुछ संयोजन, किसी घिराव का अतिक्रमण, थोड़ी-सी उड़ान, थोड़े से स्वप्न, कुछ जिजीविषाएँ, चन्द अनुत्तरित प्रश्न, वेदना का एक दुर्निवार रूप और समय के भीतर किसी और समय की खोज। अग्निशेखर की इन कविताओं को पढ़ते हुए मेरे भीतर सूसन सोन्ताग की ये पंक्तियाँ गूँजती रहीं कि ''साहित्य उन अर्थछायाओं, प्रतिकूलताओं और असंगतियों का द्वार है, जहाँ किसी भी सरलीकरण के विरुद्ध आवाज उठती हो। एक लेखक का काम यह है कि वह हमें दिखाये कि इस संसार में अधिकारिक और निरंकुश बना दिये गये सच के विरुद्ध तमाम दावे अभी शेष हैं।''

हाँ, ये कविताएँ निरंकुश बना दिये गये सच के विरुद्ध मनुष्य गरिमा के किसी मूलभूत दावे की कविताएँ हैं। विस्थापन और घेराबन्दी के बीच मनुष्य की किसी खोयी हुई पहचान को पाने और उसके पुनर्वास की कविताएँ। इसलिए आकस्मिक नहीं कि ये ठेठ सियासी स्थितियों के बीच से उठती हैं और इन्सानी वजूद के बुनियादी सन्दर्भों की ओर जाती हैं। ये तमाम तरह की विशृंखलताओं और विच्छिन्नताओं के बीच यादों के आईने की कविताएँ हैं। वे तमाम लोग जो जीने की जद्दोजहद में अपना थोड़ा-बहुत सामान लिए यहाँ से वहाँ भटक रहे हैं। उसमें सबसे कीमती सामान उनकी स्मृतियाँ हैं–

जलावतनी में
एक स्वप्न देखा मैंने
मेरे छूटे हुए घर के आँगन में
फिर से हरा हो गया है चिनार
और उसकी एक डाल पर
आ बैठी है
झक् सफेद कबूतरों की एक जोड़ी
मुझे देखती अनझिप

(कबूतर सपना)

एक ऐतिहासिक समय और जीवन स्पन्दन की कोई मुठभेड़ यहाँ इन कविताओं में सबसे मार्मिक बिन्दुओं पर है। एक तरफ तल्ख़ वर्तमान–जहाँ सामुदायिक क्षण है, हिंसा है, अफवाहें और अनिश्चिताएँ हैं, दहशत, क्रोध, बेचारगी, अकेले पड़ते जाने की तकलीफ और मृत्यु की आसन्न उपस्थिति है और दूसरी तरफ जीवन का मूलभूत रोमांस, जीवन इच्छाएँ, सामूहिकता का बोध, हिस्सेदारी, किसी सुन्दर और कोमल को बचा रखने का राग, घर फिर से लौटने का स्वप्न और एक अमूर्त बेकली है। यही इन कविताओं की विशिष्ट ज़मीन है।

मैं इस तारीख का क्या करूँ
पहुँचता हूँ बरसों दूर मातृभूमि में
सीढ़ियों पर घर की
फैल रहा है ख़ून अभी तक
मेरी स्मृतियों में
गरजते बादलों
और कौंधती बिजलियों के बीच
स्तब्ध है
मेरी अल्पसंख्यक आत्मा

वहीं कहीं अधजले मकान के
मलबे पर
जहाँ इतने निर्वासित बरसों की
उगी घास में
छिपाकर रखी जाती हैं
पाकिस्तान से आयी बन्दूकें
तैरती हैं आज भी हवा में
दहाड़े मारती स्त्रियों की बददुआएँ

(काला दिवस)

अग्निशेखर की ये कविताएँ कई बिन्दुओं पर सहसा हमारा ध्यान खींचती हैं। सबसे बुनियादी सवाल तो यह कि दुख की एक कातर घड़ी में कविता के मूल सरोकार क्या होंगे? क्या वह घटनाओं की निरी नाटकीयता को रचने लगेगी और विवरणों और तफसीलों में 'इंडल्ज' होकर अपनी प्रामाणिकता का कोई हलफनामा देने लगेगी? शायद नहीं। सहसा वरिष्ठ कवि रघुवीर सहाय का यह कथन ध्यान में आता है कि "दुख की भी एक 'प्रोफेशनल पॉलिटिक्स' हमारे समय में बन चुकी है। एक निर्मम और तटस्थ उदासीनता के भीतर ही सारी नाटकीय भाषाकुलताएँ उमड़ने लगती हैं और तिरोहित होती रहती हैं।" अग्निशेखर सम्भवतः अमानवीयता के इस हद तक फैल चुके दायरे से वाकिफ़ हैं। तभी तो यहाँ जो यथार्थ है वह प्रत्यक्ष विवरणों को रचने के 'स्वाद' में नहीं, स्मृति-प्रदेश के एक कसैलेपन में व्यक्त हुआ है, जहाँ घोर वर्तमान और इतिहास विहीन चिरन्तन समय आवाजाही करते रहते हैं। हर मामूली-सा लगता सन्दर्भ और देखा गया दृश्य आत्मनिष्ठता के रंग में रंगा आता है और वह जैसे किसी मूल मनोभाव को प्रक्षेपित करता है। एक परिपार्श्व जो हर चीज़ पर लरजता रहता है—

आज के दिन
मैं यहूदियों की तरह
किसी 'वेलिंग-वाल' के सामने जाकर
रोना चाहता हूँ जार-जार
अपने ज़ीनोसाइड और जलावतनी पर
और पलटकर
भूल जाना चाहता हूँ कल्पनातीत
जो जो हुआ हमारे साथ

(काला दिवस)

सब तरफ बर्फ़ है ख़ामोश
जले हुए हमारे घरों से ऊँचे हैं
निपत्ते पेड़
x x x
इतने बरसों बाद भी
नहीं थमी है ख़ून की नदी
उस पार खड़ी है गाय
इस पार है मेरी माँ
और आकाश में
गहराता जा रहा है
सुराख

(पुल पर गाय)

इन कविताओं में पर्वतों के धुँधलकों और ओझल हो जाती चिड़ियों की यादें हैं; झेलम, चिनार और अखरोट के वृक्षों की छाँव हैं, चमकती रातें, नदी में तैरते पत्ते, ओस भीगी नीरवता, बर्फ का शीतल शान्ति, बजता हुआ सितार, सूफियों के आस्तान, मन्दिरों में घण्टियों की आवाज, धूप, बारिश और बौरायी हवा की स्मृतियाँ हैं। यह सब जैसे कि कवि के अपने जीने का एक समूचा है। इस 'लैण्डस्केप' से लिपटा हुआ एक अवसाद है, जिसमें बहुत छोटी-छोटी चीज़ें आपस में जुड़ती-सी दिखती हैं। कविताएँ जब एक बीतते समय की 'मैपिंग' करती हैं तो ये ही छोटी-छोटी मामूली चीज़ें सनसनीखेज़ लगने लगती हैं! कुछ खो देने का यह जटिल अनुभव दो स्तरों पर है। एक तो अपनी ज़मीन से जबरन बेदखल कर दिये जाने का अपमानजनक अनुभव और दूसरे अपनी पहचान मिटते जाने की पीड़ा। भौतिक और अधिभौतिक दोनों स्तरों पर निष्कासन। यह दोहरा निर्वासन यहाँ इन कविताओं की एक केन्द्रीय भूमि है, जिसमें उद्वेलन और स्मृति के मिले-जुले रूप हैं। अपनी इस क्षति के एहसास को अग्निशेखर जैसा कवि एक काव्यात्मक मितकथन में सांकेतिकता और तहदारी के साथ प्रस्तुत करता है। यह स्वर बहुत संवेदनशील है पर फिर भी एक ही साथ वह वस्तुनिष्ठता, एक खास प्रकार की निरपेक्षता और गैर-भावुकता को अर्जित करना चाहता है। आप उसे जज़्ब की हुई वेदना का अनुभव कह सकते हैं।

'जवाहर टनल' जैसी कविता इस जटिल मनोभूमि का एक अच्छा उदाहरण है। कश्मीर घाटी को शेष भारत से जोड़नेवाली जवाहर टनल एक भौगोलिक वास्तविकता भी है और अपनी जड़ों से बेदखल कर दी गयी कौम की जटिल संवेदना का एक काव्यात्मक मेटाफर भी—

गीले और घने अँधेरे से भरी थी
जवाहर लाल नेहरू सुरंग
और हम दहशत खाये लोग
भाग रहे थे बसों में
फिलहाल हमें सुरंग से होते हुए
निकलना था
पर्वतों के दूसरी तरफ
शेष हिन्दुस्तान में

एकमात्र था इत्मीनान
कि जैसे-तैसे बचा लाये थे
हम खौफ़ज़दा बहू-बेटियाँ अपने साथ
स्कूली बस्ते
कृषकाय बुजुर्गों की रोज की ज़िन्दगी
वही थी उपलब्धि इस वक्त
हमारे पाँच हजार वर्षों की
संसार था ईर्ष्या से भरा
हमारे प्रति
जबकि हम भाग रहे थे स्वर्ग से
भिंची हथेलियों में जान थी हमारी
कमीज के अन्दर छिपाये
चिनार के पत्ते
और जेबों में ठूँस भरी थी
गाँव की मिट्टी
x x x
सुरंग के बाहर थी रोशनी
सुरंग के बाहर थी उम्मीदें
सुरंग के बाहर सुरक्षा
सुरंग के बाहर थे
कवि, कलाकार और संस्कृतिकर्मी

कविता यहाँ घटित हुए का केवल एक आख्यान भर नहीं है। बुनियादी संवेग उस एहसास के किसी भी इकहरे रूप का अतिक्रमण है। कला में इतिहास की किसी भयावह घटना का गवाह बनने का अर्थ न सिर्फ़ बचे रहने की एक हिकमत है, बल्कि दूसरे स्तर पर वह उस घटित का प्रतिकार भी है। इन ठोस दृश्यों के भीतर अपने

वजूद का अर्थ और उसे खो देने की कचोट छिपी हुई है। यहाँ निर्वासन की स्थूल भौतिकता, स्मृति, वेध्यता, जिजीविषा और व्यर्थता-बोध सब एक दूसरे में लिपट-से गये हैं। कविता अपघात और पीड़ा के किसी घनीभूत, पवित्र और अखण्डित रूप को पाना चाहती है। ठोस भौतिक दृश्य और उसकी बहुस्तरीय व्यंजना का यह रूप एक अन्य स्तर पर एक दूसरी कविता में मिलता है, जहाँ एक लड़की शरणार्थी शिवर से रात के निविड़ अँधेरों को पार कर कैसे चुपचाप अपने गाँव पहुँचती है और घने अँधेरे में कपड़ों समेत नदी में कूद पड़ती है। अपने पुरखों की नदी में तैरने का यह वर्जित सुख ही उसे उस घनीभूत पीड़ा से उबार सकता था जो अपनी नदी को खो देने से जन्मी है। इस कविता में एक साधारण घटित जैसे एक मिथकीय समय को रचने लगता है–

"उसे पहचाना हवाओं ने
मिट्टी की सौंधी गन्ध ने
वह तैरती रही
त्रासद उल्लास में
जैसे तैर रही हो अन्तिम बार
उसके आगे पीछे
पानी की दुनिया में फैल गयी
मछलियाँ...
यह रक्षा-कवच उनका
वह तैरती रही अपने से बाहर होकर
और भाग आयी
रातों रात वापस निर्वासन में
वह आज तक हैरान है
उसे जल में तैरना कैसे आया"

(एक पाकिस्तानी दोस्त का आना)

ऐसी अनेक कविताएँ इस संग्रह में हैं जो इसे इधर प्रकाशित तमाम कविता-संग्रहों में खासतौर पर उल्लेखनीय बनाती हैं। ऐसी कविताएँ जैसे शिद्दत से यह एहसास कराती हैं कि रचना यद्यपि वास्तविक जीवन का पर्याय नहीं है, फिर भी इतिहास के किसी अन्धड़ में जीवन जब गरिमा-च्युत हो जाता है तो रचना फिर से उसे सम्मान देने का प्रयास करती है। इतिहास के नितान्त आसन्न संकट और आत्म-ग्लानि से घिरे हुए समय में भी एक रचना में स्वप्न और स्मृतियों के अनेक आयाम हो सकते हैं। बेघर कर देने के खिलाफ यह कविता अपनी सांस्कृतिक अस्मिता को बचाने की कविता बन जाती है। रचना में इस तरह बहुत 'पर्सनल समय' भी बहुत 'पॉलिटिकल

समय' लगने लगता है। कवि जो यहाँ इन कविताओं में शोक और अनुराग की उस सबसे प्राचीन मुक्तिदायी शक्ति के द्वारा अपनी क्षति को बहुत जानदार और अर्थपूर्ण बना रहा है। यह विश्वास शायद इतिहास की दुर्घटनाओं से उबरने की इच्छा से आता है। कहना न होगा कि अग्निशेखर की कविता में अपने खोये हुए को दोबारा प्राप्त करने की एक उद्दाम जिजीविषा है। प्रूस्त ने जिस खोये हुए समय की कला में पुनर्वास करने की बात कही है, ऐसी कोई कविता उसी कोशिश का एक रंग दिखाती है। अग्निशेखर इन अर्थों में हमारी समकालीन कविता के अनुभव बोध में बहुत कुछ नया जोड़ते हैं।

('चिन्तन दिशा' (2011) में प्रकाशित)

वे नहीं जानते, यह दुनिया मेरी भी है

1984 के आसपास जब अनूप सेठी से पहली मुलाकात हुई थी तब वे मुम्बई आकाशवाणी में कार्यक्रम-निष्पादक की नौकरी कर रहे थे। 'पहल' पत्रिका ने कुछ समय पहले एक पुस्तिका 'पाँच लम्बी कविताएँ', शीर्षक से छापी थी, जिसमें हम दोनों की भी कविताएँ थीं। शान्त, सौम्य, अल्पभाषी, किचिंत अन्तर्मुखी अनूप सेठी से मिलना एक भायँ-भायँ करते महानगर में किसी हद तक एक गैर-महत्त्वाकांक्षी किस्म के व्यक्ति से मिलना था। ऐसा व्यक्ति जो बहुत प्रदर्शन नहीं करता पर महसूस होता है कि उसके पास कहने को बहुत कुछ है और जितना उसने कहा, उससे अधिक उसके भीतर अव्यक्त रह गया है। उनकी कविताओं की प्रकृति भी कुछ ऐसी ही है। 'जगत् में मेला' संग्रह में अनूप की कविताएँ आधुनिक विकास की प्रक्रिया की विभिन्न तहों को छूती हैं, तमाम अन्तर्विरोधों और पीछे छूटते समय और जीवन की स्मृतियों को कुछ तफसीलों में, चित्रों में उजागर करती हैं। छोटी-छोटी नामालूम-सी लगती अनेक तरह की स्थितियाँ, दृश्य और हरकतें—एक खाका-सा उभरता है। एक ऐसी दुनिया जिसे आधुनिक विमर्श की भाषा में 'सबाल्टर्न' कहा जा सकता है। बाज़ार यदि सामान्य तार्किकता और युनिवर्सल के मिथकों से चलता है तो कला-संवेदना के लिए वे छूटी हुई जगहें महत्त्वपूर्ण हैं। मुख्यधारा जब परिवर्तन के किसी वर्चस्ववादी रूप को अन्तिम सत्य या 'एब्सोल्यूट ट्रुथ' कहने लगती है, तब कला उन बहुत सारे सीमान्त समयों को उघाड़ती है, जिनमें से अनुभव के कोने-अँतरे झाँकते रहते हैं। कला इन्हीं में से होकर जीवन के किसी सार्वभौमिक सच की ओर आना चाहती है।

लेकिन महत्त्वपूर्ण यह है कि एक कवि के रूप में अनूप सेठी की यात्रा हिमाचल प्रदेश के अपने छूटे हुए परिवेश की स्मृतियों में किसी रूमानी समय की खोज करने या 'नॉस्टेलजिक ट्रिप' के अन्दाज़ में नहीं जाती। पीछे जो छूट गया वह भी वैसा नहीं रह गया है। एक 'दिमागी लैण्डस्केप' और 'वास्तविक लैण्डस्केप' के बीच छिड़ा हुआ यह द्वन्द्व हमारे आधुनिक भावबोध की शायद सबसे जटिल भूमि है। अतीत वहाँ एक खोया हुआ घर है और वर्तमान एक नितान्त अनिश्चित परदेस। रचनाकार दोनों जगह निष्कासित है और बाहर खड़ा हुआ है। विकास-प्रक्रिया के दबावों में

मनुष्य के पारम्परिक परिवेश का हाशिये पर छिटक जाना महज एक भौतिक घटना नहीं है। तमाम तरह के व्यावहारिक दबावों और घिरावों के बीच यह जो पीछे छूट गया है उससे भी निस्तार कहाँ है। वह चेतना में एक प्रकार का 'कंटिजेंट वर्ल्ड' या आपदाग्रस्त संसार बन जाता है। सलमान रश्दी अपनी पुस्तक 'इमेजिनेटिव होमलैण्ड' में कहते हैं कि "आप जब समय के एक अन्तराल के बाहर से चीज़ों को फिर से पकड़ना चाहते हो तो जिस दुनिया को आप प्रदर्शित कर रहे होते हो, अनिवार्य तौर पर वहाँ हमेशा आपके पास एक टूटा हुआ दर्पण होता है, जिसके कुछ टुकड़े तो हमेशा के लिए खो चुके होते हैं।"

इन अर्थों में अनूप की इन कविताओं में स्मृतियाँ हैं; दृश्यालेख है, घटित की तफसील है, सामने दिखते का इतिवृत है, पर कुछ भी कहीं भी सर्वांगीण नहीं। जो समय था उसका एक वर्तमान है और उसमें लाजिमी तौर पर कई तरह के विखण्डित दृश्य। उनकी एक कविता हिमाचल प्रदेश से एक रिपोर्ट की कुछ पंक्तियाँ गौरतलब हैं–

सुनसान सूखी उनींदी सड़क के किनारे
रात के तीन बजे स्टोव की भड़भड़ के ऊपर
चिपचिपाती चाय उफन रही है
रेहड़ियाँ गठरियों की तरह बँधी पड़ी हैं
दुकानें उजड़े हुए खुरदुरे फट्टों से बन्द की गयी हैं
मानों सालों से उन्हें खोला नहीं गया
भोजनालय ठण्डे पड़े हैं
ढेर-ढेर लोगों ने लेकिन
कुछ घण्टे पहले खायी हैं ढेर-ढेर रोटियाँ
तन्दूर लाल हुए पड़े रहे दिन भर
पेड़े भी बहुत बिके
सड़क पर धड़धड़ाते रहे वाहन
लोग आये हड़बड़ाए हुये
चुन्नियाँ चढ़ाकर निकल गये
सूनी आँखों वाले बच्चे भी दौड़े बदहवास
दुकानों के पीछे फैले खेत
गर्मियों की सूनी पड़ी हरियाली
और फर्लांग भर बाद पसरे रहे गाँव
पराँठे और चावल और दाल पच रही है
भक्तों की अँतड़ियों में

लोग सो रहे हैं सरायों में
पण्डों की तोंदों में भोग भी पच रहा है उसी तरह
पहाड़ों की चोटी पर घिरी अकेली
जल रही है माता ज्वालामुखी

कविता का यह अंश क्या एक धार्मिक पर्यटन स्थल की सूचना या 'टोपोग्राफी' भर है? शायद नहीं। वह एक समानान्तर समय का बयान है जो चीज़ों के पीछे से लरजता रहता है। एक मुरझाया हुआ, कामचलाऊ, घिसटता हुआ, आस्था के बीचोंबीच पसरा हुआ निस्तेज समय जब सारे धागे बिखर गये हैं। उसकी एक खास लय हमारे जटिल सामाजिक-आर्थिक-सांस्कृतिक जीवन के एक दूसरे में उलझे सूत्रों को बड़े ग्राफिक ढंग से दिखा रही है। एक पार्थिव जीवन जिसमें आस्था, श्रम, थकन, भूख, मौसम, प्रकृति और ठहराव का धूल में लिपटा हुआ 'एम्बीयेंस' है। पूरे दृश्य में एक उदासी और अवशता के रंग को भी खूब पढ़ा जा सकता है। एक कविता जब अपने बयान में स्थलाकृतियों को रचते हुए उनके फलितार्थों को इस हद तक उजागर करने लगे तो क्या वहाँ चीज़ों का महज उल्लेख भर होता है? एक शान्त, मद्धम, निरुद्वेग, झीनी लय में कला इस रूखड़ यथार्थ के किसी 'इसेंस' को उभार रही होती है। यह ऐसी स्थानिकता है जिसमें जब अति साधारण और दिन-प्रतिदिन का औसत इस तरह से दर्ज होता है तो वह एक 'ग्लोबल' कहे जा रहे भागते-दौड़ते समय का प्रतिलोम लगने लगता है। यह ठहराव, ठेठ और गद्यात्मक किस्म की तफसीलें तथा स्थलाकृतियों के भीतर बसा हुआ आर्गेनिक समय जिसे हम अपने जीने और होने का एक आन्तरिक 'स्पेस' कहते हैं, वह इस लय के मार्फत उजागर होता है। यदि आधुनिक प्रबन्ध-तन्त्र की शब्दावली में कहें तो यह कविता हमारे बहुत कामचलाऊ मान लिए गये जीवन भी किसी 'माइक्रोरियलिटी' को रचती है। कविता शायद इस तरह हमारे विकास की बड़ी-बड़ी अवधारणाओं, सिद्धान्तों, आयोजनाओं और 'मिशन स्टेटमेंटों' के बीच हमारी विस्मृत, अँधेरी, सुनसान, क्षतिग्रस्त, विरूपित चीज़ों और स्पन्दनों को उनका छिना हुआ व्यक्तित्व लौटा रही होती है।

अनूप सेठी ऐसी किसी कविता को ठेठ रिपोर्ट की निकटतम दूसरी तक ले आये हैं। यह किसी सैरगाह मान लिए गये भू-स्थल के पिछवाड़े का बयान है। लेकिन वह बयान से कुछ अधिक है। अच्छा-बुरा एक जीवन जो तमाम स्थितियों के भीतर से छलक छलक रहा है। चीज़ों के बहुत सारे अर्थ यहाँ स्वतः स्पष्ट हैं। कविता उनका एक बृहद 'कोलाज' बनाती है और अन्ततः वह इन चीज़ों को समय की एक अव्यक्त व्याख्या के लिए प्रस्तुत करती है। हम इन चीज़ों से होकर किसी अभिप्रेत की ओर जाना चाहते हैं। ऐसी कविता संक्रमण की किसी कसकती, अशान्त, सघन

आन्तरिकता को रचना चाहती है। एक कलाकार का अनुभव जो कुछ भीतर निहित है उसमें है, न कि जो कुछ सामने है उतने भर से मतलब रखता है। इन अर्थों में अनूप सेठी का कवि स्वयं को ओट में रखते हुए भी दृश्य में अपने होने को प्रमाणित करता है। और वह भाषा में किसी कौतुक, किसी दूर की कौड़ी, किसी अचरज लोक, किसी बलाघात, किसी वाचालता से भरे 'जेस्चर' की ओर नहीं जाता। ये एक दौड़ते-भागते समय में किसी अलक्षित जगह को चीन्हने, वहाँ ठहरने, अपने को 'रिलोकेट' करने की एक मुश्किल दुनिया को रचती हैं। यह ठहरना, ठिठक जाना, अपने को बचाने का उपक्रम—यही तो शायद आज बहुत महत्त्वपूर्ण हो उठा है। ऐसी कविता चीज़ों में आती 'शिफ्टिंग' का आकलन करती है। उदाहरण के लिए एक कविता में उथले पानी को देखकर किसी पुराने निर्मल जल की एक भीनी-सी स्मृति है। स्मृति जिसमें एक पुराना समय और उसकी ऐन्द्रिकता शायद अभी शेष हो, लेकिन इस रुकने के साथ-साथ यह जानना भी कितना मानीखेज है कि चीज़ें धीरे-धीरे कैसे अपने मूलाकारों से, अपनी अर्थवत्ताओं से अवमूल्यित होती गयी हैं। चट्टानें अतल में धँस गयीं। पुल के आसपास की जमीन रिहाइशी मकानों से भर गयी। बस अड्डे पर घिसे हुए कैसटों के चालू गानों का एक कानफोड़ू शोर है। डब्ल्यू.डब्ल्यू.एफ. के अंतरराष्ट्रीय पहलवानों के स्टिकर कस्बे के बच्चों की स्कूल कापियों में हैं। दिन भर धूल उड़ाते ट्रकों के काफिले, दिहाड़ी से लौटते मज़दूरों के चेहरों की पस्ती, बिजली के खम्भों पर बैठी उदास चिड़ियाँ, सोडियम से पके आम, खचाखच भरी बसों से उतरते यात्रियों के चेहरों की जड़ता और एक घिसा हुआ उम्रदराज पुल। अनूप की कविताओं में ऐसी तमाम चीज़ों की एक लम्बी फेहरिस्त है और उन्हें निरखने वाली एक सजग आँख। यहाँ हर दृश्य, हर वस्तु, हर स्थिति अपनी वास्तविक ठोस सत्ता में भी है और एक बड़े फलक पर दूसरी तमाम चीज़ों से जुड़ते हुए किसी अव्यक्त की ओर इशारा करती हुई भी। ऐलियनेशन या असन्तोष यदि आपकी आदतन बन चुकी रिहाइश नहीं है और भाषा में वह किसी अति नाटकीय मुद्रा को नहीं रच रहा हो तो शायद वह आज एक बेहद अर्थपूर्ण, जटिल और सम्भावनाओं से भरी प्रक्रिया है।

ढलान पर टिमटिमाता
पहाड़ी कस्बा सोयेगा रोज़ रात
सैलानी दो चार दिन रुकेंगे
अलसाये बाज़ार में टहलती रहेगी ज़िन्दगी

x x x

अपनी ही खुमारी में अपना ही प्यार
कस्बे को चाट जाएगा

ख़बरों में भी नहीं आयेगा कस्बा
और बेख़बर घूमता रहेगा दुनिया का गोला

('अशांत भी नहीं है कस्बा')

एक दूसरी कविता की पंक्तियाँ हैं–
"खड्ड की पीठ से चिपकने लगी
ज़्यादा सफल लोगों की शहरी-सी दिखती
नावाकिफ इमारतें"

यह आकस्मिक नहीं कि कवि को कस्बे में नयी इमारतों की आकृतियों में एक शहराती समय की घुसपैठ दिखाई दे रही है। यह हमारे समय की नयी सोशियॉलॉजी है। यह हमारे समय में अतिक्रमण का एक बेहद जटिल स्वरूप है। ऐसा अतिक्रमण जो अपने साथ बहुत सूक्ष्म स्तरों पर आत्म-निर्वासन को ला रहा है। एक परवशता। नाकाम क्रोध और अपसरण। बोध की ये नयी निर्मितियाँ और उन्हीं के साथ चलता हुआ आत्म-निषेध। हिन्दी की समकालीन कविता में आधुनिक विकास के ऐसे जटिल मनोविज्ञान की खोज अभी ज़्यादा नहीं हुई है, जहाँ एक बाह्य सत्ता की हर जगह मौजूदगी दर्ज होती हो और बहुत अस्तित्ववादी स्तर पर किन्हीं चीज़ों के विलुप्त, विस्मृत होने का आसन्न संकट भी। इस सन्दर्भ में हम देखें कि इन कविताओं में भागसू, मेखल्टी, ठियोग, शाली बाज़ार, ज्वालाजी, धोलाधार, धर्मशाला में चुराव का पुल आदि सिर्फ कुछ जगहों के नाम भर नहीं हैं। उनमें विरूपित होते एक समूचे जातीय जीवन की आन्तरिक अर्थवत्ता बसी हुई है। ये कविताएँ कितनी 'विजुअल' हैं, इन्हें पढ़कर अन्दाज़ा होता है। इनमें सोये हुए कस्बों के बस अड्डे, धूल धूसरित ढाबे, थके हुए बूढ़े, खच्चरों की पीठ पर लदी हुई सामग्री, पहाड़ी मोड़ पर चढ़ती-उतरती बसें, अलसाये बाज़ार में टहलते सैलानी, टीवी एण्टीनों पर बिसूरती चाँदनी, जिले के दफ्तर में नौकरियाँ बजाते लोग, आसपास के गाँवों से आकर कचहरियों में प्रतीक्षारत लोग, मकानों के बीच छूटी हुई जगहों पर बनते नये मकान, चट्टान-सा खुरदुरा और रेत-सा झरता हुआ पहाड़—गरज यह कि हमारे भीतरी प्रदेशों में बदलते हुए समय की समूची धड़कन है।

'नये फैशन के मकानों में लोग', 'पंख', 'अशान्त भी नहीं है कस्बा', 'निष्ठुर ही तो हो पहाड़', 'मौसम', 'अबोली है रात निर्वात', 'कम्बल' जैसी कविताओं में अलग-अलग न जाने कितनी ही जीवन स्थितियाँ हैं जिनमें देसीपन की एक खालिस गन्ध को आप अनुभव कर सकते हैं। अनूप सेठी इन अर्थों में एक गहरे 'रूटेड' कवि हैं। यह बात अलग है कि महानगरीय जीवन की अपनी कुछ दूसरी कविताओं, यथा 'बम्बई दर्शन', 'खिड़कियाँ', 'हमारे शहर की स्त्रियाँ', 'ठसाठस', 'सरकारी कालोनियों में अजन्मे बच्चे' या 'चर्चगेट का प्लेटफार्म' जैसी कविताओं को वे इतना 'इंटेंस' नहीं

बना पाये हैं। शायद वहाँ अनुभव का अन्तःसाक्ष्य शिथिल है। लेकिन इससे अलग उनकी 'हजामत', 'सांस्कृतिक केन्द्र के अहाते में संस्कृति से इतर चीज़ें', 'मैं अमृतसर जाना चाहता हूँ' जैसी कविताएँ हैं, जिनमें उनका अपना एक अलग ही अन्दाज़ है। 'सांस्कृतिक केन्द्र के अहाते में संस्कृति से इतर चीज़ें' कविता में सांस्कृतिक केन्द्र में एक बालश्रमिक की मौजूदगी को उन्होंने लगभग एक अछूते कोण से पकड़ा है। इस कविता में मज़दूरी करते बच्चे के चेतन जगत् और अवचेतन का विलक्षण तरीके से 'फ्यूज़न' किया गया है। सांस्कृतिक केन्द्र में पेशेवर कलाकारों की अपनी तन्मयता है। इसी सबके बीच आहाते में बनी कैण्टीन में वह पहाड़ी बच्चा भी तो उतनी ही तन्मयता और कलाकारी से भोजन तैयार करने में जुटा हुआ है। भीतर सभागार में कला का एक मान्यता प्राप्त रूप है, उसका अपना वैभव है पर बाहर कैण्टीन में सब्जी काटते हुए इस बच्चे का अपना हुनर भी तो एक कला का ही दर्जा लिए हुए है। उसे किसने देखा। कला के ये दो समय, दो दुनिया एक दूसरे के समानान्तर हैं। जिन प्रभावों से हमारा सामान्य बोध बनता है, कविता ने उन्हें यहाँ लगभग उलट-पुलट दिया है। बाल श्रमिकों पर लिखी गयी यह हिन्दी की उन विरल कविताओं में से है, जहाँ रचनाकार का मन्तव्य एक निष्क्रिय दया उपजाना नहीं है।

हमारे इस बदलते हुए समय का बहुत सारा नया सन्दर्भ हमारी कविताओं में आ रहा है, आने वाला है। विडम्बना यह है कि हमारी आलोचना इन कविताओं की ओर देखती नहीं है, जिनमें नये समय की आहटें हैं, अनुभवों के बिल्कुल अलग तरह के संसार हैं। विशिष्ट ऐतिहासिक परिस्थितियों, देशज भूगोल और मानवीय इच्छाओं के जटिल सम्बन्धों की एक महत्त्वपूर्ण खोज अनूप सेठी की कविताओं में है। उनकी एक कविता की पंक्तियाँ हैं–

यह दुनिया उनकी है
वे नहीं जानते
यह दुनिया मेरी भी है

('चिन्तन दिशा' (2011) में प्रकाशित)

बदलते समय की संवेदनशील कविताएँ

युवा कवि हरि मृदुल के पिछले दिनों दो कविता संकलन 'सफ़ेदी में छुपा काला' तथा 'जैसे फूल हज़ारी' प्रकाशित हुए हैं और उनकी कविताओं को पढ़ना एक प्रीतिकर अनुभव है। 1998 में 'उद्‌भावना' पत्रिका का 'सदी के अन्त में कविता' विशेषांक का जब मैं सम्पादन कर रहा था तो हरि मृदुल की कविताओं ने आकर्षित किया था। उनकी छोटी-छोटी कसी हुई अर्थगर्भित कविताओं की तासीर अलग थी और कहने का अन्दाज़ भी। मुझे ऐसा लगा कि जैसे बीसियों युवा कवियों के बीच एक ऐसे कवि को देखा है जिसके पास अपनी सहज मौलिकता है और जैसे इन कविताओं में हमारे बदलते हुए समय के अनुभवों की एक नयी ज़मीन है। यह 90 के दशक के अन्तिम वर्ष थे। हरि मृदुल उत्तरांचल की अपनी जड़-ज़मीन से उखड़कर मुम्बई आये थे और एक युवा पत्रकार के रूप में यहाँ रोज़ी-रोटी का संघर्ष कर रहे थे। उनकी कविताओं में विस्थापित मन की पीड़ा को व्यक्त करने का तरीका निराला था। दौड़ती-भागती ज़िन्दगी में छोटी-छोटी, नामालूम पर बेहद अन्तरंग-सी जीवन स्थितियों, प्रसंगों, घटनाओं और वस्तुओं के चित्र थे और उनके मार्फ़त हमारे समय के कुछ नये 'रेफरेंस' थे। संकेतों में एक समूचा परिवेश उभरता दिखाई देता था। पहली बार मैंने कविता में मोबाइल फोन, कलर टीवी, पोलिथिन की थैली, कूरियर सर्विस, फ़ैक्स, एस.टी.डी. और काले शीशों का ज़िक्र देखा था। ये सब हमारे नये समय की चीज़ें थीं और कविता की भाषा में अपनी जगहें बना रही थीं। वस्तुओं की अपनी सत्ता होती है, वे जब रचनात्मक भाषा में उतरती हैं तो अपने साथ अपने जीवन-सन्दर्भों की आँच भी लेकर आती हैं। यहीं पर मुझे हरि मृदुल की कविता में मौलिकता का एहसास हुआ। वे नये जमाने की इन चीज़ों के सन्दर्भों को अपनी वर्ग-सम्पृक्त दृष्टि के साथ एक अर्थ-विस्तार देते हुए लगे।

आज जब इन दो संग्रहों में उनकी कविताओं को देखता हूँ तो पाता हूँ कि मेरा अनुमान ग़लत नहीं था। भूमण्डली अर्थव्यवस्था, सूचना समय, बाज़ार और उपभोग के नये उपकरणों के साथ हरि मृदुल ने अपनी इन कविताओं में जो अनुभव-वृत्त बनाये हैं, जो कोण चुने हैं, उनमें अनिवार्यतः महानगरीय जीवन की ग़रीबी, तलछट,

हिंसा, भूख, लाचारी और पीछे छूटते लोक-जीवन के सन्दर्भ भी शामिल हो गये हैं और इस तरह वहाँ एक बहु आयामी, संश्लिष्ट अनेक पर्तों वाला अनुभव संसार रूपायित होता है। यह ऐसी कविता है जो सुख, सुविधा, विलास, ऐश्वर्य, रंगीनी, उपकरणों और खुशहाली के शोर-गुल से भरे समय के बीचो-बीच कहीं उस उदास आदमी के मन को रचती है जो हाशिये पर है, जो कहीं पीछे छूटा हुआ है। एक नये समय की सोशियोलॉजी को खँगालते हुए एक कवि के लिए आज कितनी नयी तरह के काम बन गये हैं—सतह के नीचे का जीवन, एक ऐसा समय जिसमें बहुत बड़ी तादाद में लोग सिर्फ़ मज़दूरी करने के लिए ज़िन्दा रखे जाते हों, ताकि उनके आधार पर ताकत की संरचनाएँ अपना वर्चस्व बनाये रख सकें; भय, असुरक्षा, निरीहता और लाचारी के तमाम सन्दर्भ जो यदि सनसनी की ओर नहीं जाते तो ज़िन्दा रहने के एक जटिल 'फिनोमिना' को समझने की चुनौती पैदा करते हैं। विकास और समृद्धि के आलोक-वृत के बाहर उस छिटके हुए आदमी के मन का रूपांकन जो कि सारी आक्रामकता, दमन और विपत्ति के बीच अपने बचे रहने का नियोजन करता है—कभी मूक लाचारी में, कभी मुखर आत्म-दया में और कभी निर्वैयक्तिक हो हँस लेने की एक अजीब-सी जिजीविषा में। कहना न होगा कि हरि मृदुल ने इस नये अमानवीय किस्म के समय के जटिल आन्तरिक यथार्थ में जाने की कोशिशें की हैं। रघुवीर सहाय ने कभी इस छिटके हुए, दबे हुए आदमी के अन्दरूनी संसार को एक 'गिड़गिड़ाहट की हिंसा' में घिरे देखा था। उन दबावग्रस्त इलाकों और साथ ही आदमी की 'सर्वाइवल इंस्टिंक्ट' के नये-नये रूपों की कोई खोज आज की कविता में कुछ दिलचस्प पंक्तियों की ओर हमारा ध्यान खींचती है। हरि मृदुल की एक कविता 'शवासन' की पंक्तियों को ज़रा देखें—

मैं एक हवाई दुर्घटना के बारे में
सोचने लगा
कोई ख़तरा नहीं
इस लायक ही नहीं कि कभी हवाई
जहाज़ का टिकट ले सकूँ
अपहरण की वारदात थी सुर्खियों में
पहले अपने को ताका
फिर हँसा मैं
कौन उठा ले जायेगा इस फटीचर को
समाचार था मोटापे के बारे में
कि हार्ट अटैक की सबसे अधिक सम्भावना
पहली बार मुदित हुआ

अपने तिनके शरीर पर
इन्कम टैक्स विभाग के छापे की बात
अपने तईं सोचा
जैसे कहकहों का दौरा ही पड़ गया

कला में कई बार इस तरह का अन्दाज़ शायद दो तरह से अपना काम करता है। एक ओर वह प्रभु-वर्ग की एक ख़ास जीवन शैली या वैभव की सामाजिक स्थितियों से अपनी दूरी को व्यक्त कर रहा होता है, दूसरी ओर वह सारी विसंगति को एक ठण्डी एब्सर्ड स्थिति बनाकर उसका जायज़ा लेता है, उसे 'ब्लैक ह्युमर' में रूपान्तरित कर देता है। ग्रास-रूट के वंचित आदमी का भी अपना एक तर्क-शास्त्र होता होगा। कला जब सामाजिक असम और असन्तुलित रूपों, घटनाओं के अव्याख्यायित सम्बन्ध-सूत्रों और मनुष्य-व्यवहारों की जटिलताओं को एक एब्सर्डिटी के स्तर पर पढ़ती है, तो किसी भावुक प्रलाप की बनिस्बत उसका असर कहीं गहरा होता है। हरि मृदुल की कविता में यह ज़रूरी निस्संगता अनेक जगहों पर बहुत अच्छे ढंग से उभरी है। उनकी कुछ और कविताओं की पंक्तियों को देखें—

सामान ख़त्म हो गया दस दिन में
पोलिथिन की थैलियाँ ही बची रह गयीं
तो एक दिन मौका पाकर इनमें से उड़ी एक
पतंग की तरह आकाश की ओर
एक फ़ुदकी मेंढक की माफ़िक
पौधों की जड़ों में
चली एक अज़गर की चाल
धरती के अन्दर
रही जो घर के भीतर
लिपटी मन के चारों ओर एक रात

(पोलीथीन)

x x x

जब खरीदे थे मोजे
जूते काफ़ी पुराने थे
नये मोजे इनकार कर रहे थे
इन जूतों की संगत के लिए
ख़ैर तय तो मुझे करना था
एक अरसे बाद ही जूते बदले जा सके

इधर मैंने अनुभव किया है
रुँआसे से दिखते हैं मोजे
नये जूतों के साथ अब

(मोजे)

x x x

छेद गिने थे परसों छह
आज मिले छत्तीस
हतप्रभ हूँ
एक ही दिन में
कैसे हो गये तीस
तो पहनी है जो यह बनियान
रिस रहा है यहीं से जीवन

(बनियान)

पुराने मोजों और फटी हुई बनियान के छेदों से जीवन के रिसाव की मार्मिक व्यंजना करने के लिए एक आवश्यक निर्वैयक्तिकता और दैनिक विद्रूप को कला के स्तर पर उठा लेने की हिकमत चाहिए। हरि मृदुल की सबसे बड़ी विशेषता यह भी है कि वे कम शब्दों में अपनी बात कहना जानते हैं।

इन दोनों संग्रहों को पढ़ते हुए यह बात साफ़ है कि कवि ने जिस तरह महानगरीय जीवन की तल्ख स्थितियों के बखान और छूटे हुए लोक-जीवन के नातों-रिश्तों, राग-रंग, स्वप्न और स्मृतियों के रोमान को आपस में सँजोया है, वे न सिर्फ़ एक ही सृजनात्मक अनुभव के आवश्यक पहलू हैं, वे आपस में एक दूसरे से अभिन्न रूप से जुड़े हुए भी हैं। बल्कि यह भी कहना होगा कि वे एक विकासशील अर्थव्यवस्था में जीते हुए आदमी के भौतिक और आन्तरिक विस्थापन की बहुत भाव प्रवण सच्चाइयाँ हैं। वे हमारे समय में सामाजिक-राजनीतिक-आर्थिक बहस के सबसे बड़े मुद्दे, अर्थात् विकास की असंगतियों और हमारे समकालीन रचनाकार की ज़द्दोज़हद और उसके रचनात्मक लेखन के तमाम अन्तसम्बन्धों को भी व्यक्त करती हैं। क्या इससे अलग आज हमारी और कोई चिन्ता हो सकती है? हरि मृदुल जैसा एक युवा रचनाकार आज जब ग्रास-रूट स्तर के मनुष्य के घिराव और बुनियादी जीवन ऊर्जा के संरक्षण की सोशियोलॉजी को एक नये तरीके से अपनी रचना में उठाता है, जहाँ भूख और अभाव का अर्थ यह नहीं है कि पीछे छूट गये प्रेम को, होठों के नीचे के काले तिल को, अम्मा और दाज्यू की यादों को, बहती हुई हवा को, शुभ्र आकाश और खेतों में फैली चाँदनी को, डाल पर किसी पक्षी के आ बैठने की याद को, तारे के टूटने की उस घड़ी को, बहते जल के संगीत को, बेल-बूटों और

हरितिमा को, घास काटते हुए गुनगुनाती हुई स्त्री के स्वर को, पर्व और त्योहारों की धमक और अनुगूँजों को, ढलानों पर बने घरों के पाथरों को, सीढ़ीदार खेतों में बहते पसीने को, चुपचाप कही और सुनी जाने वाली बातों को या अंग से अंग के स्पर्श की स्मृतियों को बिसार दिया जाये। जीवन की लय इन्हीं सब छोटी-छोटी नामालूम-सी चीज़ों के भीतर गुँथी रहती है। और तब वह रोमान एक सरल रोमान नहीं रह जाता। उसमें एक समूचे जीवन की गरिमा और जीवन शैली का सौन्दर्य बोध बसा हुआ है, मूल्यों और नैतिक बोध की एक समूची चेतना धड़कती रहती है। कला हर कीमत पर इसे बचा लेना चाहती है। विकास प्रक्रिया की असंगतियों, विस्थापन और अमानवीकरण की प्रक्रियाओं और मनुष्य के 'कमोडीफिकेशन' के विरुद्ध यह समकालीन कला और साहित्य का एक नया मोर्चा है और आज इसके सन्दर्भ दूर तक जा रहे हैं।

इस तरह यह कविता जब हमारे इस बदले हुए समय में मोबाइल फोन, फ़ैक्स, कम्प्यूटर, वाशिंग मशीन और कूरियर सर्विस के बगल में छेद वाली बनियान, पुरानी रजाई की खोल में बसी हुई गन्ध, तकिये के मैले गिलाफ़ों, महँगी सब्जियों, भूख, ब्लड रिपोर्ट और पुराने खाकी थैलों को रख देती है तो वह अनुभव अविश्वसनीय रूप से आत्मीय, सघन और तात्कालिक लगने लगता है। महत्त्वपूर्ण बात यह है कि कवि ने जिस अनुभव को रचना चाहा है उसमें त्रास, खिलन्दड़ेपन, मुक्तता, निर्वैयक्तिकता और उड़ान के शेड एक दूसरे में गुँथे हुए नज़र आते हैं।

काफ़ी पुराना यह सिरहाना
पर लाज रखी हरदम ही इसके खोल ने
हालाँकि जन्म भर की गन्ध
इसमें पूरी तरह सुरक्षित
चुगली करने के एक ख़ास अन्दाज में

(सिरहाना)

हरि मृदुल के पास आसपास की तमाम चीज़ों को देखने वाली एक सजग आँख है, एकचयनधर्मी समझ है और देखे गये को भाषा की अन्तरंगता में बरतने का हुनर है। यहाँ बाह्य दृश्य और अन्तर्जगत् जैसे विभाजन बेमतलब हैं। वे बहुत सफाई से दृश्य को अमूर्तन में और अमूर्त को प्रत्यक्ष घटित की नाटकीयता दे सकते हैं। ऊँची इमारतों में टाई पहनकर घुसते लोग, पैंट के पीछे की जेब में रखी कंघी, अपनी फिल्म के पहले शो को देखते हुए एक 'एक्स्ट्रा' कलाकार का मनोविज्ञान, वाचमैन की नौकरी करते हुए बी.ए. पास युवक, बत्तीस रुपये पाने वाले टाई में सजे-धजे सैल्समैन या 'एक्सचेंज ऑफर' में खरीदी गयी चीज़ें—ये तमाम सारी चीज़ें और चाक्षुष दृश्य उनकी कविता में एक नयी तरह का वस्तु-जगत् बनाते नज़र आते हैं।

कविता अपने ख़ास 'टूल्स' के जरिये एक रंगीन समय की अमूर्त हिंसा, छोटी-छोटी प्रक्रियाओं और उनके मन्तव्यों को उघाड़ती दिखाई पड़ती है। यह एक मुश्किल संसार है अपनी तमाम तरह की बेचैनियों, उद्विग्नताओं और साथ ही एक अजीब-से कौतुक से भरा हुआ। न सिर्फ़ विषय-वस्तु के चुनाव में, बल्कि 'टेम्परामेण्ट' के स्तर पर भी। और इस कवि की युवा संवेदना को सहज ही लक्ष्य किया जा सकता है। परिवेश, दृश्य, लक्ष्य और स्थितियों के अनुरूप हरि मृदुल की भाषिक संवेदना में भी ख़ासा वैविध्य दिखाई देता है। कुँमाउनी लोक जीवन से उठे बहुत सारे शब्दों और सन्दर्भों की उष्मा को उन्होंने दैनिक जीवन की अमानवीयता के बीचों बीच रख दिया है। यह बात सहज ही उन्हें इधर उभरकर आये नये कवियों में एक अलग पहचान देती है।

('चिन्तन दिशा' (2010) में प्रकाशित)

सदियों से इस बदरंग दुनिया को उठाये ये पृथ्वियाँ

हिन्दी कविता में स्त्री-हस्ताक्षर हमेशा गिने-चुने थे। छायावाद का युग हो या नयी कविता का समय उसके बाद अकविता का दौर-कभी 2 या 3 से ज़्यादा उल्लेखनीय स्त्री-स्वर नहीं रहे। इधर हिन्दी में जितनी बड़ी संख्या में कवयित्रियाँ उभरी हैं, उसके सामाजिक-सांस्कृतिक पहलुओं पर व्यवस्थित चर्चा होना अभी बाकी है। हिन्दी प्रदेश की रचनाशीलता में स्त्री-अस्मिता का ऐसा उभार हमारे साहित्यिक समाज की एक घटना ही कही जायेगी।

दिलचस्प यह भी है कि आज की कविता में जब हम स्त्री की संवेदना की बात करते हैं तो सभी स्वर एक जैसे नहीं हैं। उनके सरोकार, विषय-वस्तु के चयन, अभिव्यक्ति के तेवर और भाषिक-अन्दाज़ एक जैसे नहीं हैं। यूँ भी स्त्री-हस्ताक्षर का अर्थ अनिवार्य तौर पर स्त्री-अस्मिता का लेखन नहीं माना जाना चाहिए। हिन्दी कविता में जब स्त्री-हस्ताक्षरों का ज़िक्र होता है तो यह भी देखा जाना चाहिए कि पश्चिम के 'फेमिनिज़्म' के आन्दोलन से अलग भारतीय सन्दर्भों में उसका अपना घटित होना किस तरह का है। भारतीय स्त्री-लेखन अपने चरित्र में पश्चिम नारीवाद जितना न तो अतिवादी है, न ही वह पुरुष सत्ता को अपना शत्रु मानता है। स्त्री द्वारा अपनी इयत्ता की अवधारणा, देह को लेकर उसकी चेतना, राग और एन्द्रिकता का उसका जटिल संसार, अर्ध सामन्ती ढाँचे की हदबन्दियां और उन्हें आत्मसात् करने या उनसे बाहर आने की प्रक्रियाएँ, आर्थिक-सामाजिक दुश्वारियाँ, पितृ-सत्ता और वर्चस्व की संस्कृति के विभिन्न रूप, मातृत्व की संवेदना, न्याय और मुक्ति की कामनाओं के तमाम संस्तर, समानता और अधिकारों की माँग और उनसे जन्मे अन्तर्द्वन्द्व इत्यादि—इन तमाम चीजों के सन्दर्भ में हिन्दी की समकालीन कविता में स्त्री-हस्ताक्षरों के रचना-संसार पर बात की जानी चाहिए। तब विषय-वस्तु के चयन और मानसिक प्रतिक्रियाओं को लेकर विभिन्न रचनात्मक-व्यक्तित्वों का शायद एक दिलचस्प संसार हमारे सामने खुल सकता है। कहीं उसकी मनोदशाओं के रूप सीधे और मुखर रूप से अपने सामाजिक-आर्थिक परिवेश पर टिप्पणी करते हैं तो कहीं वह आधुनिक समय में अस्तित्व के मूलभूत प्रश्नों से वाबस्ता है। उदाहरण के

लिए जो अभिव्यक्ति गगन गिल की कविताओं में है, कात्यायनी का संसार उससे बहुत अलग है। जो तेवर सविता सिंह के हैं, अनीता वर्मा की ज़मीन उससे भिन्न है। अभी जम्मू की एक किंचित अल्प-ज्ञात युवा कवयित्री अरुणा का कविता-संग्रह 'पृथ्वियाँ' पढ़ने को मिला तो एक सुखद आश्चर्य हुआ। उनके यहाँ स्त्री चेतना के सन्दर्भ की एक अलग ही बानगी मिली–

पृथ्वियाँ हो जायेंगी हम
सबकी सब एक दिन
किसी खास धुरी पर
कीली जाती हुई
अपने सूरज के गिर्द
चक्कर काटते

इस संग्रह में अरुणा की 87 कविताएँ एक ही शीर्षक 'पृथ्वियाँ' के अन्तर्गत प्रकाशित हैं। एक पृथ्वी नहीं अनेक पृथ्वियाँ। अलग-अलग रूप, रंग, अवस्थाएँ और परिस्थितियाँ। उसका राग, उसकी एन्द्रिकता, उसका ऐश्वर्य, उसकी चहक, सुन्दरता, स्वप्न, कामनाएँ, शृंगार और मातृत्व की भावनाएँ। इसी के साथ उसका मान-मनुहार, उपेक्षा, अपमान और क्लेश, अकेलापन, पूर्णता की चाह, बिखराव, छलावे, चुप्पियाँ, थकन, टूटन, रुदन, सहने और सिसकने की मनोदशायें और अविराम गतिमान रहने की नियति। अरुणा पृथ्वी का एक रूपक-सा बनाती हैं और उसमें स्त्री जीवन के बहिरंग और अन्तरंग के तमाम रंगों का 'कोलाज' रचती हैं। एक कविता में कवयित्री कहती हैं–

न तुम सूरज हो न मैं पृथ्वी
न तुम मेरी उम्मीद में
दिन रात जलना
न कोई क्षितिज होगा
न हम मिलेंगे
न दूर न पास
कहीं भी नहीं
क्षितिज का होना, दिखाना एक छलावा है
हज़ारों मील चलने के बाद मैं जानती हूँ

स्त्री चेतना का यह वह रूप है जिसमें सह अस्तित्व, समर्पण और सामंजस्य की परम्परावादी धारणायें कहीं तड़क-सी गयी हैं। ऐसा स्वर जिसमें मुखर चुनौती या विद्रोह नहीं तब भी एक सतत तनाव है। अपनी अवस्थिति का एक नया बोध है। कवयित्री जब कहती है कि "एक फनियर शिला पर खड़ी हूँ और सारा आकाश पाने

की चाह में मुँह अवाक" तो यह न सिर्फ स्त्री होने की किसी मूलभूत विडम्बना को अपना केन्द्रीय भाव बनाती है, बल्कि वह उस गतिशीलता और ऊर्जा को भी रेखांकित करती है, जिसमें सारी अस्तित्वगत घेराबन्दियों के बावजूद चहकने, प्रमुदित रहने की एक जिजीविषा और मार्मिक इच्छा व्यक्त होती है। यह निरे विद्रोह और किसी सैद्धान्तिक बगावत का बाहरी तेवर नहीं, इसमें अपने वजूद का सबसे केन्द्रीय इलाका है। एक नैसर्गिक कामना, किसी कोमलता के स्पर्श की चाहना, किसी जीवन्तता का स्वप्न। अर्थात् वह सब कुछ जो किसी परवशता, लाचारी और टूटन के बगल में ही बैठा रहता है। कविता में यह द्वन्द्वात्मकता, मनोभावों का यह विरोधाभास बहुत महत्त्वपूर्ण है। स्वप्न, हर्ष, सौन्दर्य, एन्द्रिकता, राग और मुक्ति की आकांक्षाओं के ये रंग एक अवसाद और उदासी में ढलकर आते हैं और मानवीय अनुभूति की सबसे मार्मिक व्यंजना करने लगते हैं।

हमारे यहाँ स्त्री-चेतना की अभिव्यक्ति बहुधा सामाजिक-सांस्कृतिक संरचनाओं में वजूद के हाशियेकरण की सैद्धान्तिकी में परिभाषित होती रही है और इस तरह वह अपने रोज-मर्रा का एक आख्यान रचती हैं। अरुणा की ये कविताएँ उन अर्थों में वृत्तान्त की कविताएँ नहीं हैं। वे स्थूल भौतिक परिस्थितियों या उनके किसी राजनीतिक विवेचन में जाने के बजाय नैसर्गिक अस्तित्व की जटिलताओं और उनमें रहकर अपने मूलभूत मनोभावों के एक बहुआयामी संसार की ओर जाती हैं। उसमें संकेत हैं। परस्पर गुम्फित विरोधाभासी स्थितियों और स्त्री के बहुरंगी मनोभावों का एक बिम्बधर्मी संसार है। इनमें बहुत कुछ एक स्वगत की तरह व्यक्त होता है। सूरज, पृथ्वी, ब्रह्माण्ड, क्षितिज, उजाले, अँधेरे, बारिश और तपिश, जड़ता और परिक्रमा, चीत्कारों और चुप्पियों, उम्मीदों और नाउम्मीदियों, चुभते हुए नश्तरों और मन की हिलोरों, बन्धनों और आजादियों का अनेक आयामी संसार जिसमें एक स्त्री के परिवेश की तमाम स्थितियों का काव्यात्मक रूपांकन होता जाता है। बहुत कुछ प्रकट और बहुत सारे गोपन का एक झिलमिल संसार। यह वह कविता है जो तर्क के आख़िरी इलाके से उठती है और अपनी गहरी एन्द्रिकता के सहारे चीजों का रूपान्तरण करती है। बाहर से इस कविता की भंगिमा कई बार शान्त और सुस्थिर भी प्रकट होती है पर संयम और आत्मबन्धन के उस अनुशासन को थोड़ा सा खुरचते ही औरत होने की सारी विडम्बनाएँ एक गहन अन्तरंगता के साथ प्रकट होने लगती हैं। एक ऐसी पृथ्वी जो प्रेम और कामनाओं की उजास में भी नहाती है और अपनी ही धुरी पर परिक्रमा करने को भी अभिशप्त है। पूर्व निर्धारित नियम, कायदे-कानून, उनकी हदबन्दियां, आरोपित अर्थ और उन सबके तले सबका बोझा उठाये चुपचाप सहते जाने वाली पृथ्वियों का अलौकिक धीरज। कवयित्री इन सारी स्थितियों को जैसे किसी लोकगीत की सरलता, इंटेंसिटी और अन्तरंगता के साथ व्यक्त करना चाह रही है। एक कविता में वह उसका यह अन्दाज़ देखें—

हाथ जोड़ माँगे थी पृथ्वी
दो बूँद नेह उस रंगरेज से
दुपट्टे की खातिर
भीग जाता मन तो
हरा हो जाता तन
और भी जी जाती कई सदियाँ
इसी बदरंग दुनिया को उठाये-ओढ़े

ऐसा नहीं पृथ्वी का रूपक गढ़ते हुए कवयित्री को सब कुछ तिक्त और क्लेशपूर्ण ही लगता हो। इन पृथ्वियों के हिस्से बादलों के स्पर्श और बारिशों की फ़ुहारें भी आयी हैं और उसके एहसास की वे तमाम स्मृतियाँ भी उतनी ही कीमती हैं—

एक दिन उतरा बादल पृथ्वी पर
या पृथ्वी छूने लगी बादल
जानता नहीं कोई
पत्थरों में फूटा सुर
पायल से खनक
वसन्त छाने पर
पृथ्वी ने कहा लजा कर
न रंगो यों पीत रंग कन्हाई

यह लेकिन यह भी आकस्मिक नहीं कि 'पृथ्वी' शीर्षक अन्तर्गत लिखी गयी इन कविताओं में कँटीले तार, कँकरीली ज़मीन, नश्तर, चिलचिलाहट, स्याही, बोझ, धुरी, परिक्रमा, रिसता खून, महावर, सूखी घास के पत्र, बचपन, रंगीन चीथड़े, तारकोल, गगनभेदी आवाज़, तलाश, प्रार्थना, कुलबुलाहट या भिंची मुट्ठियों के सन्दर्भ कई बार आये हैं। सुखों के एहसास के बीच यह विवादी स्वर ही एक मूल्यवान अनुभव को रच रहा है। ये रोज़मर्रा के शब्द कविता में आकर कितने अर्थगर्भित हो गये हैं। और वे आत्म की निःशब्द विकलता को एक सार्वजनिक स्फीयर में विलक्षण सहजता से रख दे रहे हैं।

बावजूद पीड़ा के जब छेदा गया होगा कान
सोने की कील से
खुश हुई होगी नन्ही पृथ्वी कोई
माँ
माँ अवश्य डोली होगी हौले से
स्थिर देखने के प्रयास में
जानती थी वह

औरत होने की राह में
था यह पहला कदम

कितना सहज और अर्थ-गर्भित है लिखने का यह अन्दाज़। स्त्री-स्वर के इस अन्दाज़ पर मुझे याद आता है कि वर्जिनिया वुल्फ एक जगह पर लिखती हैं कि "ये जो इतने भारी भरकम, भड़कीले वाक्य होते हैं, वे औरतों के किसी काम के नहीं होते, क्योंकि वे पुरुषों द्वारा रचे गये होते हैं एक स्त्री इस भाषा में वाक्यों की संरचना में तब तक हेर-फेर करती जाती है जब तक कि वे बिना नष्ट हुए उसके भावों को प्रकट नहीं करने लगते।" वर्जिनिया वुल्फ की इस अत्यन्त अर्थपूर्ण उक्ति पर सोचते हुए मुझे लगा कि यह सवाल सिर्फ भाषा का नहीं, देखने के समूचे पैटर्न का है। एक स्त्री-वादी कविता बार-बार इस सवाल को अलग-अलग तरह से उठाती है कि अधीनता के अन्तर्गत जो अन्तःकरण 'निर्मित' हुआ है वह मुक्त, सुसंगत और स्वायत्त नहीं है। यह अन्तःकरण अपनी भावनाओं और इच्छाओं की उन 'निर्मितियों' को जानना चाहता है और यह काम किसी भी आरोपित निरन्तरता के मिथ को तोड़कर ही सम्भव है। अरुणा अपनी एक कविता में कहती हैं–

मुझसे मेरा पता मत पूछो
भूलती जा रही हूँ
याद है बचपन में गुड़िया की शादी
एक उजला आँगन
और आते बराती
बाद उसके धुँधलाया
सारा उपवन
आँसुओं में डूबी सारी पृथ्वी

हिन्दी कविता के आलोचनात्मक दृश्य की आज जो विपन्नता है, उसमें आश्चर्य नहीं है कि इतने सुन्दर कविता-संग्रह की कोई चर्चा ही नहीं हुई।

('चिन्तन दिशा' (2011) में प्रकाशित)

दलित कवयित्रियाँ–स्त्री फिर भी पराधीन

रतिक्रिया के बाद पीठ फेरकर सो जाने पर
तुम्हें यह भी पता नहीं होता
कि बगल में स्त्री है
कि श्मशान
कि गोबर

—मल्लिका अमरशेख

दलित कवयित्री अपनी इयत्ता को खोजती है। वह अपने अस्तित्व के सवालों को अपनी वेदना के सबसे गुह्यतम इलाकों से उठाती है और उसकी यह अभिव्यक्ति समूची पुरुष सत्तात्मक व्यवस्था के मुँह पर एक तमाचे की तरह होती है। यह एक मथ देने वाला बहस मूलक उबाल है जिसमें पीड़ा, विक्षोभ और आवेग एक साथ है। यहाँ इतिहास से एक संवाद है, परम्परा और संस्कृति से पोषित सारे मूल्यों और उनकी अर्थवत्ता से जिरह है। अपनी सारहीनता के कड़वे एहसास से जन्मी यह अभिव्यक्ति पुरुष वर्चस्व और उसकी सारी कुटिलताओं को चुनौती देती हुई अपने होने के एक 'नो मैंस लैण्ड' से उठी है।

मराठी दलित कवयित्रियों की कविताएँ एक अनवरत दुखान्त नाटक की प्रदीर्घता के बीच जैसे कि हस्तक्षेप हैं। ऐसा दुखान्त नाटक जिसका कोई अन्त दिखाई नहीं देता। सभ्यता के आदि काल से वह आज तक अनवरत चला आ रहा है। इन कविताओं की समग्र 'टोन' को देखें तो लगता है जैसे वह सदियों से कटघरे में खड़े किसी मूक अभियुक्त का एक हलफनामा है। वह व्यक्ति जिसे अभियुक्त बनाकर रखा गया है पर जिसकी अन्तर्वेदना को जैसे एकाएक वाणी मिल गयी है। यहाँ एक-एक शब्द में विस्फोट है। जैसे एक लावा-सा बह चला हो।

साठ के दशक में मराठी में दलित कविता का उदय समग्र आधुनिक भारतीय साहित्य में एक क्रान्तिकारी घटना थी। भीमराव अम्बेडकर की दलित मुक्ति संघर्ष की विचारधारा से उठी यह कविता दलितों के एक संगठित राजनीतिक प्रतिरोध के समानान्तर सांस्कृतिक क्षेत्र की गतिविधि थी। विषमता के दर्द से जन्मी यह कविता मराठी की आभिजात्य साहित्यिक परम्परा को एक चुनौती देती थी। पीड़ा, विक्षोभ

और प्रतिहिंसा के संगठित आवेग से चालित इस कविता में विद्रोह की स्थितियों की अभिव्यक्ति का एक अलग ही तापमान और मुहावरा था। कुलीन साहित्यिक परम्परा के विरुद्ध यह अपनी शक्ति मराठी साहित्य की वाचिक परम्परा से ग्रहण करती थी। मराठी भक्ति साहित्य में सदियों से उपेक्षित और प्रताड़ित मनुष्य जाति क़ी वेदना मौजूद है और उसकी जड़ें गैर-संस्कृत परम्परा में रही हैं। मराठी भक्ति कविता की तरह आधुनिक दलित कविता ने अपनी जीवन शक्ति साधारण मनुष्य की बोलचाल की भाषा से उपलब्ध की है। इस कविता में शब्द के वाचिक रूप पर जोर रहा है। यह मुद्रित शब्द की पश्चिमी आधुनिकता से अलग, अकादमिक अनुशासनों और सुस्थिर प्रतिमानों से बगावत करते हुए, प्रचलित सौन्दर्यबोध की धज्जियाँ उड़ाते हुए पीड़ित जन समाज के बागी तेवर की एक नयी अभिव्यक्ति-शैली को रचती रही है।

जैसे-जैसे समाज के इन उपेक्षित वर्गों को सदियों से दबी हुई अपनी पीड़ा की अभिव्यक्ति के रास्ते मिलते गये इनमें अभिव्यक्ति के और भी सूक्ष्म वर्गीकरण होते गये। दलित कवियों के बीच से ही दलित कवयित्रियों के अनुभव का संसार भी मूर्त हुआ, जिसमें शोषण का इतिहास और अधिक भयावह व जटिल था। वह दोहरे शोषण का शिकार थीं। एक तो दलित और फिर पितृ-सत्तात्मक व्यवस्था का उत्पीड़न।

मराठी में दलित महिलाओं के लेखन की जरा बारीकी से पड़ताल की जाए तो आप पायेंगे कि एक ओर उसमें जाति व्यवस्था के त्रास का एक सार्वजनिक अनुभव-वृत है तो दूसरी ओर उसमें एक स्त्री के आत्म-बोध का एक 'प्राइवेट' संसार भी है। घर और परिवार में व्याप्त पितृ-सत्तात्मक व्यवस्था से लड़ते हुए अपनी अस्मिता की खोज का संघर्ष वहाँ साफ दिखाई पड़ता है। दलित पुरुष बाहर चाहे जितना विद्रोही और प्रगतिशील हो, घर की सनातन व्यवस्था में तो वह भी उतना ही अत्याचारी और अनाचारी है क्योंकि 'पुरुष' जो ठहरा! गरीबी, गैर-बराबरी, उत्पीड़न, गुलामी और वेदना के ये मिले-जुले भाव मराठी दलित महिला रचनाकारों के समस्त लेखन में एक रेडिकल स्वर को रचते हैं—फिर चाहे वह उनका आत्मकथात्मक लेखन हो या फिर कविताएँ। इस तरह के लेखन की सबसे बड़ी विशेषता यह है कि वह संघर्ष के एक समग्र दायरे के भीतर अलग-अलग उप-संघर्षों के क्षेत्रों की रचना करता है। दलितों के भीतर एक सामुदायिक चेतना के संघर्ष ने स्त्री और पुरुष के बीच लिंग-भेद आधारित चेतना के पृथक आयामों की एक हद तक उपेक्षा की है। मल्लिका अमरशेख की आत्मकथा 'मला उध्वस्त व्हायचयें' हो या बेबी काम्बले की आत्मकथा 'जीना आमचा' अथवा शान्ताबाई काम्बले की आत्मकथा 'माम्क्ष्या जल्माची चित्रकथा'—ये सभी शोषण के विरुद्ध संघर्ष में स्त्री-स्वर के महत्त्वपूर्ण दस्तावेज हैं। नजुबाई गबित एक आदिवासी लेखिका हैं। अपनी आत्मकथा 'अदोर' में उन्होंने बड़ी पीड़ा के साथ बताया है कि किस तरह आदिवासी स्त्रियों को अपने विचार प्रकट करने की कोई स्वतन्त्रता नहीं है।

मराठी में दलित महिलाओं की आत्मकथाओं और दलित कवयित्रियों की रचनाओं के बीच एक बारीक-सा फर्क भी दिखाई देगा। आत्मकथाएँ जहाँ एक ठोस काल-खण्ड में मूर्त परिस्थितियों और घटनाओं को दस्तावेजों के रूप में उभारती हैं, वहीं कविताएँ लगभग एक जिरह की तरह हैं। उनमें ठोस घटनाक्रमों के विशेषीकरण के बजाय पीड़ा के एकालाप रचने पर जोर है जो सभ्यता, इतिहास, संस्कृति, व्यवस्था, परम्परा, संकल्पनाओं, मिथकों आदि को चुनौती देते हुए काल की एक अखण्डता में शोषण के एक अबाधित चक्र का पर्दाफाश करते हैं।

बन्द किया मुझे गुफा में
और गुफा का मुँह बन्द कर
तुम चले गये जंगलों-वनों में शिकार करने

—प्रतिभा अहिरे

घर बाज़ार में अनावृत
स्तन लहराते हैं मुक्त
निरन्तर
कैसा होता है प्रेम
मुझे अब भी समझने नहीं दिया गया है

—प्रज्ञा दया पवार

हमने नहीं बनाये
अपने दुखों के पिरामिड
न बनाये ताजमहल
रात भर पानी में डूबने पर भी
हमारे दुख बच रहने वाले
जिद्दी भीगे हुए छछूँदरों की मानिन्द

—मल्लिका अमरशेख

इन अधिकांश कविताओं में खोज की एक जटिल प्रक्रिया है। हाशिये पर छिटके हुए निःशब्द जीवन में 'आत्म' की चेतना तभी सम्भव है जब पहले 'आत्म' का निर्माण किया जाये। यह 'आत्म' कोई दिया हुआ या तैयार रूप नहीं हो सकता। वह इतिहास और परम्परा के दिये हुए अर्थों से टकराते हुए निर्मित हो रहा है। वर्तमान से अतीत और अतीत से वर्तमान तक की एक सतत यात्रा में यह काल-खण्डों से ऊपर उठता चेतना का एक अखण्डित 'स्पेस' है, जिसमें कल बीता हुआ बहुत आज का लगता है और आज जो कुछ घटित हो रहा है, वह सनातन काल से चला आया प्रतीत होता है। यह अकारण नहीं कि इन कवयित्रियों के तार सहज ही पुरातन और मिथकीय सन्दर्भों से जुड़ जाते हैं। आधुनिक कवयित्री की मौजूदा व्यथा-कथा में कुन्ती, सावित्री, यशोधरा, क्लियोपेट्रा जैसे सारे विगत चरित्र इस तरह उपस्थित

हैं, जैसे वे उसके पास-पड़ोस में रहते हों। अश्वमेघ यज्ञ, विजय पताकाएँ, सिंहासन, राजतिलक, अग्नि परीक्षाएँ जैसे प्रतीक उसके लिए आज भी वर्चस्व की पुरुष प्रधान व्यवस्था को व्यक्त करने वाले प्रतीक हैं। कहना न होगा कि ये कविताएँ आख्यान मूलक नहीं, बहस के उत्ताप से रची गयी हैं।

स्त्री चेतना की इन सभी कविताओं में यह बुनियादी दलील है कि पुरातन काल से आज तक स्त्री की देह ही उसकी सबसे बड़ी 'कारा' है। सारा शक्ति-तन्त्र इसी को निशाने पर लेता है। स्त्री देह के पदार्थीकरण (Commodification) की सूक्ष्म प्रक्रियाओं का यहाँ तमाम अलग-अलग तरह के सन्दर्भों के साथ खुलासा है। मिल्कियत की राजनीति, उपभोग की चालाकियाँ, घर-परिवार की बेड़ियाँ, गर्भाशय की विवशता, लोक-लाज के ताले, ममत्व, त्याग, सहनशीलता, समर्पण, सेवा, श्रम और उत्सर्ग के आदर्श—इन सबको जब एक दलित कवयित्री देखती है तो पाती है कि स्त्री-शोषण की बर्बरताओं का दुष्चक्र तो कहीं भी नहीं टूटा है, हम जाति-व्यवस्था के शिकंजों को तोड़ने की चाहे कितनी मुहिम चला लें। पीड़ा में ऐसी स्त्री सबसे ज्यादा अपनी काया को लक्ष्य करती है। प्रज्ञा दया पवार की पंक्तियाँ हैं—

हजारों करोड़ों प्राचीन अर्वाचीन रहस्य लिए
हाड़-मांस की जीवन्त संकल्पना
पेट में लिए सतत बदलती
उलटती हुई
रक्त की लहर-सी उछालती
पहाड़ों, दर्रों में बेकार भटकती
प्यासी
वंचित हर वस्तु से
अपमान बोध का विराट इतिहास
पीठ पर लादे फिरती
यह स्त्री

यह स्त्री जो वीरांगना, कल्याणी, सुरबाला, वनिता, गणिका, राजनर्तकी, सौभाग्यकांक्षिणी, कामिनी, बहुभोग्या, माता, कुमारी, श्रीमती के अपने सभी रूपों में इसी तरह से पराधीन है। इन कविताओं में क्रोध के साथ तार्किकता का एक दुर्लभ किस्म का निर्वाह है—

मैं नहीं मानती खुद को अर्धांगिनी
मैं सिर्फ एक शरीर नहीं हूँ

* *

तुम्हारी गाय-भैंसों की सम्पत्ति में

जुड़ गयी स्त्री-दासी नामक वस्तु

*　　　*

किस तरह उच्चारते हैं
स्वतन्त्रता शब्द को
कैसा दिखता है
किस तरह उभरता है
किस तरह लिखा जाता है
कैसी होती है स्वतन्त्रता की आवाज

*　　　*

तत्काल दर्द मिटाने वाले
कितने काउंटर्स हैं तत्पर
मुझमें से प्रेम और प्रेम में से मुझे
कन्फर्म डिलीट करने वाले

*　　　*

औरतें लिख रही हैं
रक्त बन चुकी है तप्त स्याही
लेकिन कब लगेगी आग
सिर्फ आग
पृथ्वी के
हर एक
प्रस्थापित
अन्तिम वक्तव्य में
उसकी छातियों और जाँघों में तुम खोजते हो
जीवन का अर्थ
या तुम्हारे प्रश्न के उत्तर
या थोड़ा-सा टाइम पास या चेंज
पत्नी रखैल और वेश्या
क्या फर्क होता है इनमें!
सिर्फ संख्या का...

इन अधिकांश कविताओं में प्रथम पुरुष एकवचन की शैली है। चेतना की यात्रा में स्त्री की बाल्यावस्था से वर्तमान तक की स्थिति पर एक विहंगम दृष्टि है। अपनी काया में होने वाले परिवर्तनों की सूक्ष्म शिनाख्त है। इन परिवर्तनों से जुड़ी भावनात्मक स्थितियों के भावालोकन हैं। अपनी देह के गुह्य रहस्यों के बेबाक

बयान हैं क्योंकि यह देह ही स्त्री को एकमात्र उपलब्ध साधन या सम्पत्ति के रूप में हासिल है। देह के अतिरिक्त जो उसकी सत्ता है, उसे हमेशा नकारा गया है।

दिखने और वास्तविक के बीच के अन्तराल से उठी ये विक्षुब्ध रचनाएँ, प्रेम, समता, गरिमा और सुन्दरता के किसी मूल भाव की खोज में सब कुछ को अनावृत करती जाती हैं। मीरा के प्रेम दीवानी होने और कृष्ण में उसके 'स्व' के विलयन के मिथक को एक दलित कवयित्री नये सिरे से उठाती है–

मैं तो अब कह भी नहीं सकती
अरी मैं तो प्रेम दीवानी
मेरा दर्द न जाने कोय

–प्रज्ञा दया पवार

चूँकि एक दलित कवयित्री का यह सारा संघर्ष अपने 'इतर' की खोज है, इसलिए आश्चर्य नहीं कि ये अधिकांश कविताएँ एकालाप की शक्ल में उभरती हैं। जहाँ संवाद सम्भव नहीं, वहाँ एकालाप जन्म लेता है। सम्भव है कि कई बार ये रचनाएँ शब्द बहुल भी लगें।

एकालाप में संवादी की उपस्थिति गौण होती है। वह एक घिरे हुए मनुष्य का आत्म-रक्षा का अन्तिम अस्त्र है। संवाद दो समान धरातल वालों के बीच सम्भव होता है। वहाँ किसी कॉमन निष्कर्ष तक पहुँचने की मशक्कत होती है। लेकिन जहाँ धरातल में ही समानता नहीं, वहाँ कैसा संवाद? वहाँ तो एकालाप में ही नये अर्थ पैदा होते हैं, नयी यात्राएँ तय होती हैं, नये उत्खनन होते हैं। हर एकालाप सम्प्रेषण के स्थापित मानकों को ध्वस्त करते हुए ही आकार लेता है। हर एकालाप की महत्ता उसके स्थिर रूप में नहीं, उसकी त्वरा, तीव्रता और इंटेंसिटी से बनती है। वह भावुक की सुस्पष्टताओं, स्थिरताओं और तुष्टियों पर एक तरह का आक्रमण है। वह अव्यक्त और सम्प्रेषित का अनुसन्धान है। इन अर्थों में, शिल्प-संरचना की दृष्टि से भी दलित कवयित्रियों की ये रचनाएँ किसी अव्यक्त की खोज हैं, अपनी इयत्ता का विस्तार हैं। अपने अधूरेपन के दर्द से जन्मी अभिव्यक्ति को मल्लिका अमरशेख की ये पंक्तियाँ बखूबी बयाँ करती हैं–

सम्पूर्ण स्त्री की कल्पना
जो गर्भाशय रहित हो
एक सम्पूर्ण बरसात
एक सम्पूर्ण ग्रीष्म
और एक आसमान
और
एक किनारे की तरह हो

('अन्यथा' से प्रकाशित)

बतरस

महानगरीय संवेदना और हिन्दी कविता

(विजय कुमार से अनूप सेठी की बातचीत)

आपका अधिकांश समय मुम्बई शहर में बीता। यहीं रहकर आप काव्य सृजन करते रहे हैं और आपकी पहचान एक महानगर के कवि के रूप में बनी है। मुम्बई में हिन्दी कविता की कैसी परम्परा रही है?

मुम्बई एक बहुभाषी महानगर है। यहाँ अंग्रेज़ी, मराठी, गुजराती, कोंकणी, सिंधी और उर्दू में अनेक महत्त्वपूर्ण कवि हुए हैं। इन भाषाओं की रचनाशीलता की तुलना में हिंदी में रचनात्मकता यहाँ बहुत क्षीण है। हिन्दी कविता की कोई समृद्ध परम्परा यहाँ रही है ऐसा मैं नहीं मानता। यूँ मुम्बई में मंचीय और कवि सम्मेलनी कविता की गतिविधियाँ खूब हैं। पर उसका एक फूहड़ और बाजारू रूप है। गम्भीर रचनाशीलता यहाँ कम है।

क्या ऐसा इसलिए कि मुम्बई मूलतः एक व्यावसायिक शहर है?

नहीं, यह बात भी पूरी तरह सही नहीं है। यदि ऐसा होता तो मराठी, गुजराती, उर्दू, कोंकणी और सिन्धी साहित्य की एक सम्पन्न परम्परा यहाँ क्यों विकसित होती? हिन्दी थियेटर यहाँ क्यों विकसित होता? चालीस के दशक में प्रोग्रेसिव आर्टिस्ट ग्रुप जैसा कला का एक महत्त्वपूर्ण आन्दोलन मुम्बई में क्यों जन्म लेता? असली कारण शायद यह है कि मुम्बई हिन्दीभाषी क्षेत्रों के रचनात्मक केन्द्रों से काफी हद तक कटा हुआ रहा है।

लेकिन एक ज़माने में यहाँ व्यंकटेश प्रेस भी था और हिन्दी ग्रन्थ रत्नाकर जैसा महत्त्वपूर्ण प्रकाशन गृह भी। हिन्दी ग्रन्थ रत्नाकार ने तो उस ज़माने में शरतबाबू और जैनेन्द्र के सारे उपन्यास यहाँ से छापे थे। इसके बावजूद यहाँ हिन्दी का कोई रचनात्मक माहौल क्यों नहीं बना? मेरा सवाल खासतौर पर हिन्दी कविता को लेकर है।

मैं समझता हूँ कि पिछले सौ वर्षों में आधुनिक हिन्दी कविता के विभिन्न उतार-चढ़ावों के साथ मुम्बई की स्थानीय रचनात्मकता का कभी कोई रिश्ता नहीं

रहा है। मुझे तो यह भी सन्देह है कि बीसवीं शताब्दी के प्रथमार्द्ध में मुम्बई शहर में कोई साहित्यिक गतिविधि थी। इस मामले में कोलकता, मुम्बई से ज़्यादा सम्पन्न रहा है। कोलकता में पिछले सौ वर्षों की हिन्दी की साहित्यिक गतिविधियों का इतिहास लिखा जा सकता है, पर ऐसा कोई इतिहास मुम्बई के बारे में लिखना मुश्किल है।

आज़ादी के कुछ पहले और बाद के समय में मुम्बई में पं. नरेन्द्र शर्मा, शंकर शैलेन्द्र, धर्मवीर भारती, वीरेन्द्र कुमार जैन, ओंकारनाथ श्रीवास्तव, कीर्ति चौधरी जैसे कवियों की उपस्थिति रही है। आज़ादी के पहले के दशकों में प्रेमचन्द के अलावा उदयशंकर भट्ट, रामविलास शर्मा, शमशेर, शील, भगवतीचरण वर्मा और उपेन्द्रनाथ अश्क जैसे साहित्यकारों का कुछ समय मुम्बई में बीता है। तो इन दिग्गजों की उपस्थिति में भी यहाँ साहित्य सृजन और बौद्धिक विमर्श का कोई माहौल क्यों नहीं बन पाया?

इस प्रश्न का सीधे-सीधे जवाब देना कठिन है। हम महज कुछ स्थितियों का विश्लेषण कर सकते हैं। हिन्दी के जिन जाने-माने साहित्यकारों का नाम आप ले रहे हैं वे यहाँ आकर विकसित नहीं हुए हैं। यहाँ आने के पहले ही वे अपना काफी काम कर चुके थे। बल्कि बहुत सारे लेखकों की तो यहाँ आने के बाद सृजन-यात्रा ठप ही हो गयी। पं. नरेन्द्र शर्मा, धर्मवीर भारती, कीर्ति चौधरी आदि ने मुम्बई में रहकर कौन-सा महत्त्वपूर्ण लेखन कार्य किया है? मुझे नहीं लगता कि इनकी कोई ऐसी कविता है जिसमें महानगरीय संवेदना का कोई उल्लेखनीय रेखांकन मिलता हो। शंकर शैलेन्द्र फिल्मों में गीतकार बनने से पहले माटुंगा रेलवे वर्कशाप में काम करते थे और वामपन्थी आन्दोलन की सांस्कृति गतिविधियों से जुड़े हुए थे। चालीस के दशक के उत्तरार्द्ध में फिल्मों में जाने के बाद उन्होंने साहित्य में कुछ भी महत्त्वपूर्ण सृजन कर्म नहीं किया। रामविलास शर्मा, शमशेर, शील, भगवती बाबू यहाँ हमेशा प्रवासियों की तरह ही रहे। उनकी उपस्थिति की कोई महत्वपूर्ण स्मृति यहाँ के पुराने लोगों में नहीं है! सवाल यह है कि महानगर किस तरह से साहित्यिक गतिविधियों के केन्द्र बनते हैं। देखिये सबसे पहली बात तो यह कि किसी भी स्थान पर जो एक भाषिक समुदाय होता है वह विकास की किस अवस्था में है यह जानना महत्त्वपूर्ण है। सांस्कृतिक जुड़ाव के स्तर पर ही उस स्थान की साहित्यकता निर्भर करती है। हिन्दी की तुलना में मुम्बई में मराठी और गुजराती भाषाओं की सांस्कृतिक जड़ें काफी पुरानी और गहरी रही हैं। मराठी की बात हम फिलहाल छोड़ दें क्योंकि वह तो यहाँ की स्थानीय भाषा है पर गुजराती का भी एक सांस्कृतिक इतिहास मुम्बई शहर के साथ गहरे जुड़ा हुआ है। अंग्रेजों के ज़माने में मुम्बई प्रेसीडेंसी का काफी हिस्सा गुजरात के इलाके को भी अपने में शामिल करता था। तब पृथक गुजरात राज्य का जन्म नहीं हुआ था। गुजराती भाषा की बौद्धिक, सांस्कृतिक और

रचनात्मक गतिविधियों का केन्द्र एक लम्बे समय तक मुम्बई शहर ही था। 18वीं और 19वीं सदी में पारसियों और ऊँची जाति के हिंदू गुजरातियों की मुम्बई शहर में एक महत्त्वपूर्ण उपस्थिति बन चुकी थी। गुजराती भाषी समाज में एक आधुनिक कॉस्मोपोलिटन पढ़ा-लिखा गुजराती मध्यवर्ग विकसित हो रहा था। इसने 19वीं सदी में मुम्बई के गुजराती समाज में समाज सुधार के आन्दोलन तो चलाये ही, पत्रकारिता और साहित्य की गतिविधियों को भी खूब प्रोत्साहन दिया। 19वीं सदी का यह वह समय था जब गुजराती और मराठी समाज में उच्च शिक्षा प्राप्त समाज सुधारक लोग मुम्बई में एक साँझा मंच पर अपना काम कर रहे थे। 19वीं सदी में गुजराती के आधुनिक गद्य लेखक नर्मद, नवलराम लेखनकार्य के अलावा समाज सुधार के क्षेत्र में भी सक्रिय थे। आप जानते हैं मुम्बई से निकलने वाला गुजराती दैनिक 'मुम्बई समाचार' आज एशिया का सबसे पुराना जीवित अखबार है। यह 1841 में शुरू हुआ था। इसी तरह दादाभाई नौरोजी ने 'रास्ता गोस्तार' अखबार 1841 में आरम्भ किया था। 1857 में मुम्बई से आरम्भ हुई महिलाओं की गुजराती पत्रिका 'स्त्रीबोध' भी सम्भवतः भारत में नारी चेतना की पहली पत्रिका थी। तो इस तरह मराठी के अलावा गुजराती भाषा में भी 19वीं सदी में हुए नवजागरण और सांस्कृतिक आन्दोलन का केन्द्र मुम्बई शहर था। गुजराती भाषा में उन दिनों फ़ारसी शब्दों की बहुलता थी। उसे संस्कृतप्रधान आधुनिक भाषा का रूप देने का सांस्कृतिक आन्दोलन भी मुम्बई में ही छिड़ा था। आज़ादी के बाद के.एम. मुंशी, बलवन्त राय ठाकोर, रामनारायण पाठक जैसे प्रमुख गुजराती लेखक मुम्बई में रहकर अपना सृजन कार्य कर रहे थे। साठ और सत्तर के दशक में यहीं से राजेन्द्र शाह, हरीन्द्र दवे, सितांशु यशश्चंद्र और सुरेश दलाल जैसे कवियों ने गुजराती कविता को आधुनिकता बोध की एक नयी ऊर्जा दी थी। इतने विस्तार से ये सब बातें करने का मतलब यह है कि गुजराती और मराठी के साहित्य में आधुनिक चेतना की एक सशक्त परम्परा मुम्बई शहर में विकसित हुई है क्योंकि यहाँ समाज सुधार की महत्त्वपूर्ण गतिविधियाँ रही हैं।

हिन्दी भाषा की जो भी क्षीण-सी सृजनात्मक परम्परा मुम्बई शहर में बनी है, उसका आरम्भ कब से होता है?

एक बात बड़ी दिलचस्प है कि हिन्दीभाषी क्षेत्रों से मुम्बई शहर की ओर लोगों के आने का सिलसिला दूसरे महायुद्ध के बाद ही ज़्यादा बढ़ा है। उन्नीसवीं सदी से लेकर बीसवीं सदी के प्रथमार्द्ध तक उत्तर भारत का श्रमजीवी वर्ग काम-धंधों की तलाश में ज़्यादातर कलकत्ता की ओर पलायन करता था। आपने वह फिल्मी गाना सुना होगा—'मेरे पिया गये रंगून, वहाँ से किया है टेलीफून, तुम्हारी याद सताती है।' तो महायुद्ध के पहले तक यह पिया हमेशा कलकत्ता या रंगून की तरफ़ जाता था। संगीत में कजरी, पूरबी और बिदेसिया के गायन में जो स्त्री के मन में विछोह की

पीड़ा है, वह पति के पूरब तरफ चले जाने से जुड़ी हुई है। पूरब अर्थात् कलकत्ता। दूसरे महायुद्ध के बाद कलकत्ता की साख आर्थिक केन्द्र के रूप में घटने लगी और आजीविका के लिए लोग ज़्यादातर मुम्बई की ओर आने लगे। उत्तर भारत से यहाँ जो लोग आये वे अल्पशिक्षित, गरीब और मेहनतकश वर्ग के लोग थे। ये लोग यहाँ छोटे-मोटे काम-धन्धे करने लगे, मिल कारखानों में लग गये या थोड़े से शिक्षित हुए तो यहाँ के प्राइमरी स्कूलों में अध्यापक बन गये। ज़्यादातर उत्तर भारत के ये मेहनतकश लोग यहाँ छोटी-छोटी 'खोलियों' में एक समूह के रूप में रहते थे। इनके बाल-बच्चे गाँवों में ही थे। सांस्कृतिक और सामाजिक रूप से ये यहाँ पूरी तरह 'परदेशी' थे। बम्बई में कुर्ला के काजूपाड़ा में या डिलाइल रोड वाले इलाके में उत्तर भारत के इस श्रमजीवी वर्ग की बस्तियाँ थीं। वहाँ कुछ सांस्कृतिक गतिविधियाँ चलती थीं। रात भर बिरहा के मुकाबले चलते। जानी बाबू, युसुफ आज़ाद और कामिनी देवी की कव्वालियाँ होतीं। कुश्ती के दंगल आयोजित होते। इन सब चीज़ों से यह वर्ग अपनी छूटी हुई सांस्कृतिक ज़मीन से जुड़ता था। इस निर्धन हिन्दी भाषी समाज में एक पढ़े-लिखे मध्यवर्ग की आधुनिक चेतना के विकास की रफ्तार बहुत धीमी रही है। यह वर्ग महानगर में रहते हुए भी अपनी सोच और संस्कारों में पूरी तरह महानगर का वाशिन्दा नहीं था। साहित्य सृजन के लिए अवचेतन की ज़मीन बहुत महत्त्वपूर्ण भूमिका अदा करती है। महायुद्ध के बाद हिन्दी साहित्य में जो आधुनिकतावादी चेतना और प्रगतिशील समाज विकसित हो रहे थे उनसे मुम्बई शहर लगभग अछूता था।

लेकिन यह भी तो सच है कि मुम्बई शहर में ही 'इप्टा' की गतिविधियाँ शुरू हुईं। पृथ्वी थियेटर चल ही रहा था। सिनेमा की गतिविधियाँ थीं। सिनेमा में साहिर, मजरूह, कैफ़ी, जाँ निसार अख्तर, अख्तर उल ईमान, शंकर शैलेन्द्र, गोपालसिंह नेपाली, पं. नरेन्द्र शर्मा, रामानन्द सागर, पं. प्रदीप और भरत व्यास जैसे लोग थे। इन सबसे मिलकर भी यहाँ हिन्दी कविता का कोई परिदृश्य नहीं बना?

चालीस के दशक में इप्टा, पृथ्वी थियेटर और सिनेमा में उर्दू की प्रधानता थी। उस दौर की फ़िल्मों में संवाद की भाषा देखिए। गानों की भाषा पर ग़ौर करें। स्थिति अपने आप स्पष्ट हो जाएगी। एक और बात महत्त्वपूर्ण है। उर्दू के जो शायर थे वे सिनेमा के लिए काम करते हुए भी सिनेमा के बाहर उर्दू साहित्य की दुनिया में भी उतने ही सक्रिय थे। आप साहिर को देखिए। कैफ़ी आज़मी को देखिए। अख्तर उल ईमान को देखिए। मंटो, कृशनचंदर, बेदी, अब्बास, इस्मत चुगताई की स्थिति को देखिए। लेकिन क्या यही बात सिनेमा में सक्रिय हिन्दी के साहित्यकारों के बारे में कही जा सकती है? शैलेन्द्र का ज़िक्र मैं पहले ही कर चुका हूँ। यदि लोकप्रिय फिल्मी गीतों को छोड़ दें तो भरत व्यास, केदार शर्मा, इन्दीवर या अनजान का हिन्दी

साहित्य की दुनिया में क्या योगदान था? इसी तरह यहाँ दाउदत्त उपाध्याय, श्रीनाथ द्विवेदी, सरस्वती कुमार दीपक, नीलकण्ठ तिवारी, वंशीधर पण्डा, शिवशंकर वशिष्ठ, हनुमंत नायडू जैसे कुछ प्रगतिशील चेतना के गीतकार भी थे, लेकिन ये सब लोग हिन्दी साहित्य के जीवन्त परिदृश्य, उसकी आधुनिक चेतना, उसकी हलचलों और उसके बौद्धिक-सांस्कृतिक विमर्श से किंचित कटे हुए लोग थे। इतना ही नहीं ये लोग इसी शहर में अन्य भाषाओं की साहित्यिक गतिविधियों से भी कटे हुए थे। कहने का मतलब यह है कि महायुद्ध के बाद के वर्षों में हिन्दी का जो साहित्यकार मुम्बई में सक्रिय था वह किसी हद तक अपने में सिमटा हुआ था। यहाँ हिन्दी भाषा के सृजनात्मक कर्म के लिए ज़मीन बहुत धीमी गति से तैयार हो रही थी।

हिन्दी की आधुनिक चेतना का एक रूप किन्हीं अर्थों में साठ के दशक में आरम्भ होता है। साठ के दशक में यहाँ टाइम्स ऑफ इण्डिया प्रेस से धर्मयुग, सारिका और नवभारत टाइम्स जैसी पत्र-पत्रिकाओं की शुरुआत होती है। भारतीय विद्या भवन से नवनीत जैसी पत्रिका निकलती है। धर्मवीर भारती, वीरेन्द्र कुमार जैन, रामावतार चेतन, कन्हैयालाल नन्दन, सत्येन्द्र श्रीवास्तव, अनन्त कुमार पाषाण, श्री हरि, वसन्त देव, वीरेन्द्र मिश्र, कीर्ति चौधरी जैसे लोगों से नयी कविता और नवगीत का एक माहौल मुम्बई में बनता है। लेकिन इसके बावजूद मैं कहूँगा कि इन तमाम लोगों को सही अर्थों में मुम्बई का कवि नहीं कहा जा सकता। महानगर तब भी एक बड़ी हद तक इनकी चेतना में अनुपस्थित था। वास्तविक तौर पर महानगर की जमीन पर पली और विकसित हुई कवियों की पीढ़ी यहाँ साठ के दशक में उभरती है। उसे काफी हद तक मुम्बई के कवियों की पीढ़ी कहा जा सकता है। कुन्तल कुमार जैन, सूर्यभानु गुप्त, यज्ञ शर्मा, महेन्द्र कार्तिकेय, अक्षय जैन, सोहन शर्मा, रविनाथ सिंह इत्यादि। ये लोग हिन्दी केन्द्रों से निकलने वाली लघु पत्रिकाओं में छपने लगे थे। इनके कविता-संग्रह छप रहे थे। प्रतिष्ठित साहित्यकारों से इनका सम्पर्क बढ़ रहा था। कुल मिलाकर ये लोग किसी हद तक हिन्दी साहित्य के एक व्यापक परिदृश्य से जुड़ रहे थे। इस कड़ी में मैं आपका और अपना नाम भी जोड़ सकता हूँ। हमारे बाद भी राकेश शर्मा, राजेश रेड्डी, हरजिंदर सेठी, राजसुमन, हृदयेश मयंक, हरि मृदुल, हस्तीमल हस्ती, देवमणि पांडेय, संजय भिसे, गीत चतुर्वेदी जैसे लोग हैं जिन्होंने इस महानगर में रहकर कविता लिखी हैं। कुछ नाम शायद छूट भी गये हों।

आपकी बातों से मुझे लगता है कि महानगर और कविता के रिश्तों पर बात करते हुए दो पहलू उभरते हैं। एक तो महानगर में लिखी जा रही कविता और दूसरा कविता में आने वाला महानगर। शायद दूसरी बात ज़्यादा महत्त्वपूर्ण है।

आप बिल्कुल ठीक कह रहे हैं। यह सम्भव है कि महानगर में रहकर लिखते हुए भी आप अपनी संवेदना और बोध में महानगर के कवि न हों।

वे कौन-से आधार हैं जिन पर एक कवि महानगर का कवि कहलाता है?

देखिए महानगर, छोटा शहर, कस्बा या गाँव जैसे सारे विभाजन कतई बेतमलब भी हैं। मूल बात तो यही है कि आपका अपने माहौल से लगाव कितना गहरा है और उससे आप अपने लेखन में कौन सी नयी बात पैदा करते हैं? महानगर की संवेदना या गाँव की संवेदना जैसी कितनी भी श्रेणियाँ बना लीजिए लेकिन यदि आपके लेखन में दम नहीं है तो ऐसे सारे 'लेबल' हमें कहीं नहीं ले जाते।

लेकिन भौतिक जीवन की खास परिस्थितियाँ, लेखकीय परिवेश, समय, गति और इस सबका दबाव एक सोशियोलॉजिकल फिनोमिना बनाकर तो उभरता ही है और फिर लेखन में उन चीज़ों की जाँच भी होती रहती है।

मूल बात फिर भी यही है कि ये तमाम चीज़ें आपकी चेतना का हिस्सा किस तरह बनती हैं। उदाहरण के लिए एक कवि घूमते-घामते एक पर्यटक के रूप में कुछ दिनों के लिए बड़े शहर में आता है। और फिर वहाँ की भीड़भाड़, यातायात, लोकल ट्रेन, समुद्र या चौपाटी पर एक कविता लिख देता है और अपने गाँव या कस्बे में लौट जाता है। तो इससे वह कविता महानगर की कविता नहीं हो जाती। एक पर्यटक और एक नागरिक की चेतना का यह फ़र्क महत्त्वपूर्ण है।

क्या आधुनिक समय में महानगरीय बोध का अर्थ एक ऐसे संवेदना जगत् से है जिसमें एक असुरक्षा का भाव हो, अकेलेपन का बोध हो, अज्ञात किस्म के भय हों और लगातार अजनबी होते जाने की स्थिति हो। क्या यही महानगरीय बोध कहलायेगा?

मैं अपने जवाब में थोड़ा-सा विस्तार में जाना चाहूँगा। देखिए पिछली दो शताब्दियों में दुनिया के तमाम बड़े-बड़े शहरों में जो कविता लिखी गयी उसमें एक खास तरह की भौतिक परिस्थितियों में घिरे जीवन और शब्द के आपसी सम्बन्धों की खोज मिलती है। कैसे एक रचनाकार शहर के बारे में अपनी कविता रचता है, कैसे एक पाठक इससे अपना रिश्ता बनाता है और कैसे उस कविता की व्याख्या उस शहर की एक खास छवि को हमारे भीतर जगाती है। यही बात महत्त्वपूर्ण है। यूँ शहरों में जीवन कब नहीं था लेकिन शहरों के साथ कवि के रेस्पांस हर युग में बदलते गये हैं। प्राचीन समय में एक शहर एथेंस था। ग्रीक नाटककार सोफोक्लीज़ की रचनाओं में पाया जाने वाला एथेंस। कालिदास की कविता में भी एक उज्जयिनी नगरी है। ईसा पूर्व चीन में हान वंश के प्राचीन कवि चांग के यहाँ भी एक स्पष्ट नगरबोध है। लेकिन ये सारे शहर सभ्यता के शिखर स्थल हैं। एक समय था जब शहर मनुष्य की सर्वोत्तम उपलब्धियों के मूर्त रूप थे। सोफोक्लीज़, कालिदास या चांग की रचनाओं में जो नगर-बोध है क्या उसकी तुलना बादलेयर या आपोलोनियर के पेरिस, इलियट के लन्दन, मेन्दलस्ताम के सेण्ट पीट्सबर्ग, गिंसबर्ग की 'हाउल'

कविता के सान फ्रांसिस्को या लोर्का की कविता में आये न्यूयार्क शहर के अनुभव से की जा सकती है? स्वयं हम अपनी भारतीय भाषाओं की ओर देखें तो नामदेव ढसाल अरुण कोल्हटकर और नारायण सुर्वे के मुम्बई शहर, शक्ति चट्टोपाध्याय या तारापद राय के कलकत्ता या रघुवीर सहाय या विष्णु खरे के यहाँ दिल्ली शहर को लेकर बने बोध की तुलना हम पुराने क्लासिक नगर-बोध से नहीं कर सकते। शहर हमारे इन आधुनिक कवियों के लिए एक सामान्य सन्दर्भ नहीं, एक 'टेक्स्ट' हैं एक 'पाठ' हैं। सारी गतिविधियों की लीलाभूमि है और इसी शहर के समानान्तर इन कवियों का अपना एक भाषिक ढाँचा है। इस पर मतभेद हो सकते हैं कि शहर को एक 'पाठ' माना जाये या नहीं। उत्तर आधुनिक विद्वान् तो इस पर खूब सारी बहसें करते रहते हैं। हमें उस पचड़े में नहीं पड़ना है। हमारे लिए तो मूल बात यह है कि एक स्थान-विशेष कविता की भाषा में जब एक मैटाफर, एक प्रतीक या एक चरित्र बनकर उभरता है तो वह शहर अपनी भौतिक सत्ता से कहीं आगे जाकर एक सामाजिक सांस्कृतिक सन्दर्भ बन जाता है। इतिहास के एक खास कालखण्ड में सभ्यता के विकास की एक खास अवस्था, उसके अन्तर्विरोध और मनुष्य व्यवहारों के रूप हमारे लिए महत्त्वपूर्ण हैं। शहर जब कविता में आते हैं तो वे उस दौर की वाणिज्यिक हलचलों, राजनीतिक हितों, नागरिक जीवन के ढाँचों, इमारतों और सड़कों के साथ बनते हुए सामाजिक मनोवैज्ञानिक सच की अभिव्यक्ति करते हैं। इस तरह कविता में आकर बाहर का वस्तुजगत् एक मनोवैज्ञानिक और सौन्दर्यवादी सच में रूपान्तरित हो जाता है। औद्योगिक सभ्यता के साथ ये आधुनिक महानगर अस्तित्व में आये हैं। पश्चिमी महानगर हों या हमारे मुम्बई या कलकत्ता जैसे देशी किस्म के महानगर—ये सभी कविता में जब आते हैं तो मनुष्य की प्रगति के मिथक और उसके आन्तरिक क्षरण को दर्शाते हैं। कविताएँ बताती हैं कि इन महानगरों के पूरे वातावरण में ही एक मूलभूत तनाव है। हमारे एक आधुनिक कवि असद ज़ैदी की एक कविता में कहा गया है कि दिल्ली एक हृदयविदारक शहर है। यह तनाव मनुष्य की अस्मिता और उसके चारों ओर की व्यवस्था के बीच एक असामंजस्य से जन्मा है। कविता ही क्यों, सारी आधुनिक कला मनुष्य के लगातार विस्थापित होते जाने, अपनी जड़ों से उखड़ते जाने, लगातार हाशिये पर धकेल दिये जाने की जैविक स्थिति और उनसे बद्ध मनोदशाओं से जन्मी है। बीसवीं सदी की शुरुआत में कला में जो भविष्यवाद का आन्दोलन उभरा था उसमें टेक्नॉलॉजी की सभ्यता और शहरों का जीवन ही तो केन्द्रीय थीम है। टी.एस. इलियट ने अपनी प्रसिद्ध कविता 'वेस्टलैण्ड' में शहर को एक 'अवास्तविक शहर' ('अनरीयल सिटी') कहा है। आप देखिए हमारे समय की सारी महत्त्वपूर्ण कविता बॉदलेयर से लेकर ब्रेश्ट तक इसी 'अनरीयल सिटी' को सम्बोधित है। इन कवियों की शैली चाहे रहस्यवादी

हो, अभिव्यंजनावादी या अतियथार्थवादी हो—हर जगह कवि शहर के अपने खास अनुभव को अपनी थीम बना रहा है। शहर इतिहास के एक अन्तर्विरोध को दर्शाते हैं। वे सभ्यता के आन्तरिक क्षरण को देखने का आधार देते हैं। पश्चिम में उन्नीसवीं सदी में जो महानगर विकसित हुए वे औपनिवेशिक लूट की सम्पदा और आधुनिक टेक्नॉलॉजी के बल पर भव्यता का एक मिथक खड़ा करते थे। लेकिन इन शहरों में श्रमजीवी वर्ग की हालत तो फिर भी व्यवस्थित नहीं है। दिल्ली तो उन अर्थों में आज भी महानगर नहीं है। कलकत्ता या मुम्बई पश्चिम के बड़े नगरों की तरह आधुनिक टेक्नॉलॉजी और औद्योगिक सभ्यता के रचनात्मक पहलुओं को पूरी तरह आत्मसात् नहीं कर पाये। क्योंकि हमारे ये महानगर औपनिवेशिक दासता में और उसी ज़ेहनियत के सहारे विकसित हुए हैं। इनमें एक जबर्दस्त असन्तुलित विकास है। आजादी के इतने वर्षों बाद भी इन महानगरों का पूरा मिजाज़ एक केन्द्र द्वारा परिधि की उत्पादनशीलता के शोषण पर टिका हुआ है। लाखों-करोड़ों लोग देश के भीतरी इलाकों से इन महानगरों की ओर खिंचे चले आये हैं। एक कवि के रूप में आप इन महानगरों में भयावह अन्तर्विरोधों और विषमताओं को कदम-कदम पर घटते हुए देखते हैं। आप देखते हैं कि एक ही शहर में अनेक तरह के जीवन और अनेक तरह के समय जिये जा रहे हैं। महानगरों के केन्द्र स्थलों से सुदूर उपनगरों तक। गगनचुम्बी इमारतों से नारकीय झोंपड़पट्टियों तक। और मनुष्य वहाँ है। एक कवि का रिश्ता मनुष्य के इस नये बनते हुए अनुभव से है। तमाम तरह के द्वैत और दुविधाएँ। तमाम तरह की उम्मीदें और तमाम तरह के दुःस्वप्न। यही हमारे आधुनिकताबोध की एक खास तरह की ज़मीन है। आप रोज़ी-रोटी की तलाश में एक महानगर में आते हैं और फिर वापस लौटने की कोई राह नहीं रह जाती। सारे दरवाज़े बन्द कर दिये जाते हैं। 'जड़ों' की ओर लौटने का नारा विक्टोरियन युग के कवियों के लिए ठीक था। हम और आप आज वापिस जाना भी चाहें तो कहाँ जाएँगे? तो इस तरह महानगर का यह अनुभव एक कवि के लिए, एक कलाकार के लिए किसी उम्मीद, किसी दिवास्वप्न, किसी तिलिस्म, किसी परवशता, किसी तनाव, किसी असुरक्षा, किसी मोह और किसी मोहभंग से बनता है। यह एक जटिल अनुभव है। शाश्वत वर्तमान में जीने का जटिल अनुभव।

मेरा सवाल यह था कि इस महानगरीय बोध से कविता किस तरह बनती है? क्या महानगरीय जीवन शैली और कविता-कर्म में एक बुनियादी अन्तर्विरोध नहीं है?

महानगर निश्चय ही आपसे बहुत कुछ परम्परागत छीन लेता है लेकिन निश्चय ही वह बहुत कुछ आपको नयी ज़मीन भी देता है। एक महानगर में जितने भी अन्तर्विरोध आपको दिखते हैं वे खास गतिशील होते हैं और वे एक स्थिर सामाजिक व्यवस्था के बोध को ध्वस्त करते हैं। मेरा यह मानना है कि महानगरों में उनका

विशाल आकार तो आक्रान्त करता ही है, एक कलाकार के रूप में आप शहरीकरण और टेक्नॉलॉजी की गति को लगातार अपनी चेतना पर अनुभव करते रहते हैं। महानगरीय बोध की एक खास बात आप देखिए कि अधिकांश लोग परम्परागत समाजों से विस्थापित होकर यहाँ आये होते हैं। कोई यह नहीं कह सकता कि यहाँ मेरा पुश्तैनी मकान है और मैं दादा-परदादा के ज़माने से यहाँ रह रहा हूँ। तो इस तरह एक अस्थिरता का बोध आपके भीतर कहीं गहरे बना होता है। शहर लगातार अनेक परस्पर विरोधी मनोभावों को आपके भीतर जगाते हैं। शहरों की यह आकृतिहीनता आपके सारे परिप्रेक्ष्य को प्रभावित करती है। शहरों को एक सुसम्बद्ध रूप में, एक 'कोहेरेंट' शक्ल में बाहर खड़े होकर देखा ही नहीं जा सकता। शहर के बाहर आपके लिए खड़े होने की कोई जगह नहीं है और फिर जब आप शहर के भीतर प्रवेश करते हैं तो एक चेहरा विहीन भीड़ और एक तीव्र गति से आपका सामना होता है। सारी दृश्यावली एक 'फ्लीटिंग रियलिटी' की तरह, एक दौड़ती-भागती वास्तविकता की तरह आपके सामने से गुज़र रही होती है। हमारी आधुनिक कविता में, उपन्यासों में, कलाकृतियों में शहर की इसी गतिशीलता को पकड़ने की कोशिशें हुई हैं और भाषा और रंग के माध्यमों में नये-नये क्रान्तिकारी प्रयोग किये गये हैं। मुझे 'वेस्टलैण्ड' कविता के बारे में कहा गया एज़रापाउंड का वह कथन याद आता है कि एक शहर में दृश्यों के प्रभाव एक के बाद एक आते रहते हैं। वे एक दूसरे को काटते हैं, 'ओवरलैप' करते हैं। और इस तरह पूरा दृश्य-विधान सिनेमेटोग्राफिक लगता है।

आप कह रहे थे कि महानगरीय जीवन शैली और कविता के बीच एक बुनियादी अन्तर्विरोध है। मैं ऐसा नहीं मानता। आप पिछले डेढ़ सौ वर्षों की आधुनिक कविता को देखिए। यह कविता मनुष्य के बोध और उसके परिवेश के सम्बन्धों को पुनर्परिभाषित करने की कविता है। बड़े महानगरों के कल्चरल शॉक ने कलाकारों को एक अभूतपूर्व तरीके से अपने मानसिक और सामाजिक खाके में फेरबदल करने के लिए विवश किया है। इस उथल-पुथल को व्यक्त करने के लिए भाषा और अभिव्यक्ति में बहुत सारे नये उपकरण आये हैं, नये समुच्चय बने हैं। नये मिथकों और प्रतीकों ने इस सारी उथल-पुथल को एक नया समन्वय देना चाहा है। हमने ऐसे तमाम कलाकारों और कवियों को देखा है जिन्होंने एक शहर को उसके औसत रूटीन के रूप में स्वीकार नहीं किया है, बल्कि कला को वास्तविकता का बंधक बनाने से आगे जाकर कुछ कहना चाहा है। ऐसे कलाकार महज यथार्थवादी नहीं, बल्कि स्वप्नदृष्टा रहे हैं। उन्होंने उम्मीद और भय के दो अतिवादी छोरों के बीच फैली हुई 'अनरीयल सिटी' को अपनी कला में खोजा है। उदाहरण के लिए बादलेयर की कविता को लीजिए। उन्होंने उन्नीसवीं सदी के आधुनिक औद्योगिक

शहर पेरिस में सारी यान्त्रिकता और उसके अन्तर्विरोधों के बीच एक नयी तरह की लयात्मकता की खोज की थी। वाल्टर बेंजामिन ने बादलेयर को उच्च आधुनिकता और टेक्नॉलॉजी के युग का एक लिरिकल कवि कहा है। यहाँ 'लिरिकल' शब्द का व्यापक अर्थ है। तमाम विरोधाभासों के बीच एक हारमनी की खोज। जीवन कभी भी एक रिक्त स्थान नहीं है। एक महानगर केवल तेज़ दौड़ती मोटर कारों, भीड़ भरी लोकल ट्रेनों, विशाल इमारतों, पुलों, फ्लाइओवरों, कल-कारखानों, बाज़ारों और फुटपाथों से ही नहीं बनता। शहर के मानचित्र में केवल गलियों और मोहल्लों के नाम होते हैं। एक शहर लोगों की स्मृतियों और सपनों में होता है। घटनाओं, हादसों और तारीखों के चेतना पर पड़े अक्सों में होता है। एक शहर लोगों के दिन-प्रतिदिन के जीवन की लय के बीच से संवाद करता है। हम जब इस भीतरी सूत्र को पकड़ते हैं तो एक कविता का जन्म होता है। जहाँ भी मनुष्य के सुख-दुख हैं, आशा-आकांक्षाएँ हैं, स्वप्न और स्मृतियाँ हैं, वहीं कविता भी है। भागम-भाग, छीना-झपटी, आपाधापी, शोरगुल और भीड़भाड़ के बीच भी महत्त्वपूर्ण कविता रची गयी है।

आप महानगरीय कवि के अनुभव जगत् में एक बुनियादी द्वैत की बात कर रहे थे। मुझे वह बात दिलचस्प लगी। क्या आप यह कहना चाहते हैं कि इस कवि मन की प्रकृति कुछ भिन्न किस्म की होती है?

कवि कोई आसमान से टपका हुआ जीव तो है नहीं। उसकी कुछ जैविक आवश्यकताएँ हैं। बाल-बच्चे, घर-परिवार, पास-पड़ोस, नाते-रिश्तेदार, आजीविका है। सुबह-शाम की यात्राएँ हैं। ट्राम, बस, रेलगाड़ी, रिक्शा और स्कूटर की रेल-पेल में फँसा हुआ एक जीवन है। लेकिन किसी धरातल पर वह अपनी इस घेराबन्दी को तोड़ता है। यह तोड़ना चाहे बहुत मुखर तरीके से हो या गोपनीय तरीके से। सच कहा जाये तो ऐसी जीवन-स्थिति कवि को अपने सृजन कर्म में एक किस्म की छापामार लड़ाई की ओर धकेलती है। महानगर के सन्दर्भ में इस बात का एक खास तरह से अर्थ बनता है। छोटी जगहों पर आज भी कवि की एक 'पहचान' है। कुछ-कुछ रोमांटिक किस्म की। कवि अपनी इस विशिष्ट पहचान को एक छोटी जगह पर कदाचित आसानी से प्राप्त कर लेता है। वह कई बार तो 'कवि जी' के रूप में ही अपने परिवेश में सम्बोधित किया जाता है। छोटी जगहों पर उसके पास कविता लिखने का अनन्त समय है। लेकिन महानगर में तो कवि होने की यह सामाजिक पहचान ही एक सिरे से गायब हो जाती है। एक बड़ी आवास कॉलोनी में कवि महोदय को उनका पड़ोसी भी एक कवि के रूप में नहीं जानता। दफ्तर में भी ये कवि महोदय 'वर्माजी' या 'शर्माजी' के नाम से कुल मिलाकर एक बाबू ही हैं। मुहल्ले, सड़क और दफ्तर में कौन उनके कवि-रूप को जानता है। लेकिन इन्हीं महाशय का एक दूसरा जीवन भी है। विचार और अनुभव और शब्द का जीवन।

बुर्जुआ समाज में जीते हुए कलाकार का एक भावात्मक तलघर। एक ऐसा जीवन जहाँ वह बाहर की सारी घेराबन्दियों को तोड़ देता है, जहाँ वह जीवन के किसी उत्स की ओर लौटता है या लौटना चाहता है। हमारी अधिकांश आधुनिक कविता मनुष्य के इसी आन्तरिक विभाजन, द्वैत, बेचैनी, ऊहापोह और आत्म-निर्वासन की कविता रही है।

मुझे ऐसा लगता है कि आप महानगर की कविता के एक खास 'स्टीरियोटाइप' को रेखांकित कर रहे हैं।

नहीं, मैं कह रहा हूँ कि आधुनिक औद्योगिक संस्कृति में एक रचनाकार के भीतर पैदा हुई नयी जटिलताओं को समझा जाए। यह देखा जाए कि अनुभव की ये जटिलताएँ, रचना के भीतर अपना 'स्पेस' किस तरह से निर्मित करती हैं। इसे थोड़ा सहृदयता के साथ देखने की जरूरत है। हमें यह देखना है कि वर्चस्व की दुनिया में एक कलाकार के भीतर प्रतिकार की शक्लें किस तरह की बनी हैं। एकआयामी हो चुकी दुनिया में एक 'नॉन कंफर्मिस्ट' की उपस्थिति का अपना महत्त्व है। श्रेणीबद्ध समाज में एक कलाकार का जो भौतिक जीवन बाहर से दिखाई पड़ता है वही अन्तिम सच नहीं है। हमें देखना है कि आज के इस दौर में कला कैसे अपने लिए एक अज्ञात ज़मीन खोजती है। महत्त्वपूर्ण यह है कि आपकी कविता में चेतना की अनेक पर्तों पर रम सकने का साहस किस तरह से दिखाई पड़ता है। मुक्ति की एक अथक कामना आपके भीतर किस रूप में उपस्थित रहती है। किसी अबूझ यात्रा पर निकल सकने का स्वप्न आपका कैसा है। पाप की एक नगरी में जहाँ सब कुछ भयावह और नियन्त्रणकारी है आप कविता में किसी पवित्रता के जादू या तिलिस्म की खोज करते हैं जो कुछ देर के लिए आपकी इस बुझती हुई आत्मा को प्रकाशित कर दे।

मैं बादलेयर का उदाहरण देना चाहूँगा। वे हमारी आधुनिक महानगरीय कविता के प्रथम पुरुष हैं। उनकी कविता में प्रकृति कहीं नहीं है। शहर की एक खास 'टोपोग्राफी' या स्थल-आकृति ही उनकी कविता में प्रकृति का पर्याय बन जाती है। ऐसा कविता की दुनिया में पहली बार घटित हुआ। वे शहर के जीवन के ब्यौरे देते हैं पर किसी भी चीज़ के अच्छे या बुरे होने के बारे में वहाँ कोई आसान टिप्पणी नहीं है। क्योंकि यहाँ भागने का कोई रास्ता नहीं है। बादलेयर एक सतत तनाव को उठाना जानते हैं। उनकी कविता में शहरी जीवन का एक शाश्वत वर्तमान उभरता है। पहली बार कविता में सार्वजनिक जगहें, मनुष्य की अपार भीड़ और कोलाहल उपस्थित होते हैं। बादलेयर ने बड़े शहर की कविता के बारे में लिखा है कि बड़े शहरों की भीड़ भरी जगहों में जाते हुए एक जिद्दी किस्म का काव्यात्मक आदर्श पैदा होता है। बादलेयर 'पेंटर ऑफ़ मॉडर्न लाइफ' में इस अनुभव की बहुस्तरीयता, उसके आच्छादन, उसकी फिसलन, उसके विभेदों, उसके अन्तर्सूत्रों, अनुषंगों, विलगावों और

विस्थापनों आदि की बात करते हैं। एक बड़ी महत्त्वपूर्ण बात वे कहते हैं कि महानगर में अनुभव की तीन बड़ी विशेषताएँ हैं। पहली बात तो यह कि तमाम तरह की परस्पर विरोधी चीज़ें हमें देखने को मिलती हैं। दूसरी बात यह कि हर चीज़ किसी दिशा में तीव्रता से कूच कर रही है और तीसरी बात यह कि गति का यह एहसास आपके अनुभव के पुराने साँचों को तोड़ देता है। शहर का पूरा मंज़र 'फ्लीटिंग रियलिटी' से, दौड़ती-भागती वास्तविकताओं से भरा हुआ है। वाल्टर बेंजामिन ने भी शहर के इस चरित्र को रेखांकित किया है। वे कहते हैं कि शहर एक जटिल जगह इसलिए है कि वहाँ परस्पर विरोधी चीज़ों का एक सान्निध्य, एक 'जक्स्टापोजीशन' आपको हर समय दिखाई पड़ता है। इसलिए पूर्व संकल्पनाएँ काम नहीं आतीं। अनुभव का एक नंगा रूप आपके लिए खुल जाता है। बेंजामिन की एक और बात मुझे महत्त्वपूर्ण लगती है जब वे कहते हैं कि शहर में जो कुछ आपका सार्वजनिक है, उसी के बगल में आपका नितान्त निजी जीवन भी बैठा हुआ है। जो निजी अन्तरंगता है, उसके बगल में सार्वजनिकता झाँक रही है। इस तरह बाह्य और आन्तरिक की परम्परागत छवियाँ और उनके अन्तराल हमारे इन नये अनुभवों में गड्ड-मड्ड हो जाते हैं।

यह बात हम अपने दिन-प्रतिदिन के अनुभव में देख रहे हैं। उदाहरण के लिए शहर की दीवार पर श्रमिकों की भूख हड़ताल के किसी पोस्टर के बगल में जब आपको कैडबरी चाकलेट का विज्ञापन दिखाई देता है तो तुरन्त आपको समझ में नहीं आता कि इस पर किस तरह से प्रतिक्रिया व्यक्त की जाए। हमारी संवेदना में एक आकस्मिक 'रप्चर', एक क्रम-भंगता, एक 'टूट-फूट' पैदा होती है। हम वस्तुओं के आपसी सम्बन्धों का कोई अन्तर्सूत्र नहीं ढूँढ़ पाते, सिवा इसके कि वे पास-पास उपस्थित हैं।

तो नागर-संवेदना की जटिलताओं को समझने की इतनी सम्पन्न परम्परा हमें अपने बुजुर्ग कवियों से मिली है। तो फिर यह नागर-अनुभव 'स्टीरियो टाइप' कैसे हो सकता है? क्या आप पाल वेलरी, एलुआर, लुई अरांगा, आपोलोनियर, इलियट, रिल्के, कार्ल सैंडबर्ग, ब्रेश्ट, जिब्गन्यू हर्बेत, मुक्तिबोध, श्रीकान्त वर्मा, विष्णु खरे, दिलीप चित्रे, नामदेव ढसाल, नारायण सुर्वे सभी को एक ही श्रेणी में रखना चाहेंगे? शहर को लेकर इनके काव्यानुभवों में क्या विविधता का एक विशाल फलक नहीं है?

अभी आप महानगरीय कविता में अनुभव की क्रमभंगता की बात कर रहे थे। क्या ऐसी कविताओं की संरचना भी इस चीज़ से प्रभावित होती है?

बेशक! आप देखिए कि महानगरीय अनुभव की एक श्रेष्ठ कविता जितना बहिरंग संसार का बखान करती हैं, उतना ही मानसिक जगत् की हलचलों को भी प्रक्षेपित करती जाती है। ऐसी कविता की संरचना में शहर हमेशा कुछ विरोधाभासी अनुभवों

का एक समुच्चय है। ऐसी कविताओं में अक्सर आपको मनोभावों के आकस्मिक 'कट्स' मिलेंगे। छूटे हुए अन्तराल और खामोशियाँ मिलेंगी। कवि को बाहर के जीवन में चीज़ों की आपसी क्रमबद्धता जब दिखाई नहीं पड़ती तो उसकी क्षति-पूर्ति वह भाषा में एक मानसिक छलाँग के द्वारा करना चाहता है। ऐसी कविताओं में कई बार वस्तुएँ अपने निर्धारित सन्दर्भों से बाहर खड़ी हुई अपने निपट नंगे रूप में आपको घूर रही होंगी। आधुनिक कविता के शिल्प में 'कोलाज' की शैली मानसिक क्रमभंगताओं से ही जन्मी है।

मैं कुछ देर पहले बादलेयर का ज़िक्र कर रहा था। वे आधुनिक नगरबोध की कविता के जनक हैं। वे रूमानी युग के बाद के कवि हैं। बादलेयर में जिस तरह की बेचैनी, आवारगी, भटकन, शहर के तलघर और उसके नरक को देखने का साहस और एक गहरा विफलताबोध है उसने इन डेढ़ सौ वर्षों में संसार भर के कवियों को गहरे प्रभावित किया है। उनकी कविताओं को पतनशील मानसिकता की कविता भी कहा गया लेकिन हमें यह नहीं भूलना चाहिए कि बादलेयर के भीतर एक बदलते हुए युग की आत्मा वास करती थी। 19वीं सदी के मध्य में वे पेरिस में अपनी कविता लिख रहे थे। पेरिस जो 19वीं सदी में पूरे यूरोप की सांस्कृतिक राजधानी था और सभ्यता के विकास का केन्द्र था। लेकिन बादलेयर कौन से शहर को देख रहे थे? चमक-दमक और ऐश्वर्य से भरे पेरिस को नहीं, उस पेरिस को जिसमें गन्दी और गरीब बस्तियाँ हैं, फुटपाथ पर लाचार लोग हैं, चकले और वेश्याएँ हैं। भिखारी, जुआरी, नशेड़ी, यतीम और बेरोज़गार लोग हैं। वे तमाम लोग जो एक चमचमाते हुए महानगर के तलघर में रहते हैं। वे तमाम लोग जिन्हें पूँजीवादी सभ्यता ने पैदा किया और हाशिये पर फेंक दिया। यह पेरिस शहर बादलेयर के भीतर से होकर गुज़रता है। वे इसे अपनी आत्मा की बेचैनियों के साथ देखते हैं। इस कविता का एक खास मिजाज़ है। कवि बहुत मामूली और आमफहम चीज़ों के बीच किसी रहस्य को देखता है, किसी स्वप्न का पीछा करना चाहता है, किसी अनजानी सम्भावना के पीछे भटकता फिरता है। बादलेयर एक अति अनुशासित और कामकाजी सभ्यता के बीचोंबीच खड़े होकर आवारागर्दी का एक अर्थ पैदा करते हैं। उनमें एक गहरा विषाद और अशान्ति है। वहाँ कवि का ऐसा वजूद है जो एक नरक के भीतर भटकते हुए किसी निर्वासित फरिश्ते का होता है।

हिन्दी कविता में नगर-बोध की शुरुआत आप कब से मानते हैं?

मोटे तौर पर यह कहा जा सकता है कि चालीस के दशक में यह बोध उभरने लगा था। 1943 में 'तार सप्तक' का प्रकाशन भले ही किसी केन्द्रीय काव्य-दर्शन के तहत न हुआ हो पर हम कह सकते हैं कि 'तार सप्तक' के कई कवियों के यहाँ नगरबोध पहली बार बड़े स्पष्ट रूप में दिखाई देता है।

'तार सप्तक' के किस कवि को आप इस दृष्टि से सर्वाधिक महत्त्वपूर्ण मानते हैं?

आप देखिए कि 'तार सप्तक' के अपने वक्तव्य में मुक्तिबोध ने कलाकार की स्थानान्तरगामी प्रवृत्ति ('माइग्रेशन इंस्टिक्ट') पर बहुत ज़ोर दिया है। मैं समझता हूँ कलाकार के विस्थापित होने का यह मुद्दा पहली बार मुक्तिबोध उठाते हैं। मुक्तिबोध प्रान्त-परिवर्तन की एक बड़ी महत्त्वपूर्ण बात भी अपने इस वक्तव्य में करते हैं। कलाकार का यह माइग्रेशन, यह विस्थापन, यह अपनी जड़ों से उन्मूलन क्या हिन्दी के अन्य किसी कवि में आया था? मुक्तिबोध इस मुद्दे को भारतीय सन्दर्भ में एक 'फिनोमिना' की तरह देखते हैं। मुक्तिबोध के यहाँ यह विस्थापन मानसिक स्तर पर तो था ही, विशुद्ध भौतिक अर्थों में अपनी जड़ और ज़मीन और सांस्कृतिक परम्परा से उखड़ जाने की सच्चाई से भी जुड़ा हुआ है। वे नागरिक बोध के संकट को व्याख्यायित करने वाले हमारे पहले कवि हैं।

और आप अज्ञेय को कहाँ रखना चाहेंगे?

अज्ञेय के नगरबोध में वैसी तिलमिलाहट और आसन्न संकट नहीं है जैसी मुक्तिबोध के नगरबोध में दिखाई पड़ती है। अज्ञेय का नगरबोध उनके 'पर्सन' से कहीं नहीं जुड़ता। 'साँप तुम सभ्य तो नहीं हुए, नहीं सीखा तुमने शहर में बसना' जैसी पंक्तियों में अधिक से अधिक एक स्मार्ट किस्म का व्यंग्य है। संतप्त मनोदशाएँ अज्ञेय की कविताओं में दिखाई नहीं पड़तीं।

इस दृष्टि से बाद के किन कवियों को आप महत्त्वपूर्ण मानते हैं?

हिन्दी में मुझे दो आधुनिक कवि ऐसे लगते हैं जिन्होंने शहरी जीवन के दबावों को अपनी कविता का कथ्य ही नहीं, अपनी संरचना में भी उसे दर्शाया है। एक हैं श्रीकान्त वर्मा और दूसरे राजकमल चौधरी। आप श्रीकान्त वर्मा के 'मायादर्पण' को इस दृष्टि से देखिए। एक अद्भुत कविता संग्रह है। श्रीकान्त और राजकमल—दोनों के यहाँ अपनी जड़ों से उखड़ने की संतप्त मनोदशाएँ हैं। आवेग और खण्डित मनस्थितियाँ हैं। ये दोनों कवि शहर की 'फ्लीटिंग रियलिटीज़' को वास्तविक अर्थों में प्रस्तुत करते हैं। दोनों के यहाँ दृश्यों के 'कोलाज' बनते हैं, जो एक अपूर्ण और बाधित जीवन की क्रमभंगताओं को दर्शाते हैं।

इस कड़ी में रघुवीर सहाय का नाम आपने नहीं लिया?

रघुवीर सहाय ने दिल्ली को अपना 'परदेश' कहा है फिर भी उन्हें वास्तविक अर्थों में नगर बोध का कवि कहने में मुझे संकोच है।

क्यों?

उनकी कविता में दैनिक जीवन के छोटे-छोटे खण्डों में झाँकनेवाला एक राजनीतिक विचार तो है पर शहर उनकी कविता में एक चरित्र की तरह नहीं आता।

बाद के कवियों में इस दृष्टि से आप किन्हें महत्त्वपूर्ण मानते हैं?

निश्चय ही विष्णु खरे और असद ज़ैदी ने नागरिक जीवनबोध की सबसे प्रभावशाली कविताएँ लिखी हैं। कविता के पैटर्न और विन्यास में ये दोनों कवि एक दूसरे से नितान्त भिन्न हैं। खरे शहरी जीवन की आमफहम दिनचर्या और उसके कोनों-अँतरों में छिपे रहस्यों को एक वृत्तान्त में 'लोकेट' करने वाले कवि हैं। वे बहुत साधारण के बीच अद्भुत का निरूपण इतनी कुशलता से कर जाते हैं कि आश्चर्य होता है। असद ज़ैदी बेचैन मनस्थितियों, विडम्बनाओं और कॉमिकल स्थितियों का कमाल का सम्पुजन करते हैं- खासकर अपने पहले संग्रह 'बहनें और अन्य कविताएँ' में संग्रहीत कविताओं में। शहर उनके 'पर्सन' में से होकर गुज़रता है। इस दृष्टि से वे राजकमल चौधरी के बाद हिन्दी के दूसरे इस तरह के कवि हैं।

मंगलेश डबराल को आप कहाँ रखने चाहेंगे?

मंगलेश के यहाँ पीछे छूटे हुए गाँव-घर की स्मृतियाँ उनके कवि स्वभाव का अभिन्न अंग हैं। इस कारण वे एक बड़े शहर का शाश्वत वर्तमान रचने की बजाय सुविधानुसार पीछे की ओर लौट जाते हैं और एक लिरिकल प्रभाव पैदा करने में लग जाते हैं। इन अर्थों में उन्हें महानगरीय संवेदना का कवि कहने में मुझे संकोच है। उनसे ज़्यादा यह नगरबोध मुझे विनोद भारद्वाज जैसे कवि में मिलता है। विनोद ने शहर के जीवन पर कुछ बहुत अलग तरह की कविताएँ लिखी हैं लेकिन उनकी कभी ज़्यादा चर्चा नहीं हुई। ज्ञानेन्द्रपति की कलकत्ता पर लिखी वे शुरुआती कविताएँ मुझे काफी पसन्द हैं।

आपका अपनी कविताओं के बारे में क्या खयाल है? हिन्दी में आप भी तो महानगरीय संवेदना के विशिष्ट कवि माने जाते हैं।

मेरे लिए स्वयं अपनी कविताओं पर कुछ कहना उचित नहीं है।

बाद के कवियों में आपको कौन महत्त्वपूर्ण लगते हैं? आप युवा कवियों पर काफी आलोचनात्मक टिप्पणियाँ भी लिखते रहे हैं। इधर आपका कविता की आलोचना लिखना कम हुआ है।

देखिए युवा कवियों ने कुछ बहुत अच्छी कविताएँ लिखी हैं। मैंने अतार्किक ढंग से आलोचना नहीं की है। कम से कम मैं तो ऐसा मानता हूँ। मेरी युवा कविता के एक बड़े हिस्से से शिकायत यह रही है कि छोटे-छोटे चित्रों और स्थितियों का बयान करने वाली उनकी भाषा बहुत रेडीमेड किस्म की भाषा लगती है। इस भाषा का अपना कोई संसार अभी नहीं बना है। अपने पूरे चरित्र में यह बहुत औपचारिक भाषा लगती है क्योंकि इसमें अतिरिक्त उफ़ान, रगड़, तोड़-फोड़ नहीं है। इसलिए यह रचयिता के मानस को ऐसी जगह प्रक्षेपित नहीं कर रही जहाँ बयानों और सरल वृत्तांन्तों से बाहर उसका कोई मानचित्र बन रहा हो।

अन्तिम सवाल। आप हिन्दी साहित्य की हलचलों के मुख्य केन्द्रों से दूर बैठकर यहाँ मुम्बई में काम कर रहे हैं। उसके फायदे हैं या नुकसान?

भोपाल और दिल्ली को छोड़ दें तो हिन्दी साहित्य का जीवन्त परिदृश्य आज और किन केन्द्रों पर है? और भोपाल भी तो अब बुझ चला है। मुझे तो ऐसा लगता है कि मुख्य धारा के केन्द्रों से दूर, शोर-शराबे से अलग-थलग बैठकर चुपचाप अपना काम करने का आनन्द जब आप जान लेते हैं तो कोई कठिनाई नहीं होती। और फिर बम्बई! आमची मुम्बई! जो बात इस शहर में है वो और कहीं नहीं। लेकिन एक बात और कह दूँ कि अपने शहर पर नाज़ करना भी एक परले दर्ज़े की मूर्खता ही होती है। क्योंकि एक पल में सारे शहर एक जैसे लगते हैं और दूसरे ही पल हर शहर की अपनी अद्वितीयता है। महत्त्वपूर्ण बात है कि आप रमते कहाँ पर हैं!

('प्रगतिशील' वसुधा-65 में प्रकाशित)

अनंतिम

गद्य कविताओं पर कुछ बेतरतीब

वहाँ हर बार चीज़ों को बताना, फैलाना और सघन करना था फिर भी वह वस्तुओं का भाष्यकार नहीं था। उसने पाया कि कोई सरल रेखा नहीं है। भाषा एक ख़तरनाक सम्भावना है। कुछ बनाते हुए कुछ कुछ बनने के दाँव पर लगी हुई। प्रेम प्रसंग और वाकये हैं, उनकी घेराबन्दियाँ हैं, परिभाषाएँ और ढाँचे हैं और लगातार कुछ घट रहा है। सारा सामान बिखरा पड़ा था और समेटने का कोई उपाय नहीं। एक असहाय डूब में एक तिनके के सहारे की तरह वह किसी अन्विति की तलाश में था। लय नहीं थी। उत्सव नहीं था। गान नहीं था। फिर भी नेमी दिनचर्या के बखानों में कुछ था जो गतिमान था और उकसाता था। इसका एक सिरा छिटकी हुई स्मृतियों की ओर जाता था, दूसरा स्वप्न के किन्हीं अगोचर दरवाज़ों को खटखटाता था। इन उच्चारे गये शब्दों में असहनीय कसमसाहट थी और दिये गये तमाम कामकाजी विवरण इसमें पिघल जाते थे। जो ज्ञात था वह पड़ोस में बैठे किसी अज्ञात की ओर संकेत करने लगता था। इन संकेतों से हल्की-सी रोशनी बिखरती थी और दीवारों पर टँगी मामूली वस्तुएँ भी किसी अलौकिक आभा से भर जाती थीं। उसने पाया कि वह इस संसार में इन सम्बन्धों में रहना नहीं, उन्हें जीना चाहता है, कि उन्हें जीना नहीं, अतिक्रमित कर देना चाहता है। कहा गया कि वह अपने माध्यम का भी सगा नहीं था क्योंकि वह स्व और अन्य के बीच किसी अलंघ्य तनाव में अटका हुआ था। सपाट बना दी गयी दुनिया में शब्दों के मानक अर्थ उसे घेरे थे और अन्योक्ति इशारे से अपने पास बुला रही थी। जब वह तत्काल की धमक से भरा हुआ था तब निगाहें चुराकर अनन्त की ओर देख लेता था। इस तरह वह अकूत सम्भावनाओं की ओर गया और मिथकथनों में लौटा और जब उसे आशीषें मिल रही थीं, वह आतंक और आकुलता के किन्हीं अनचीन्हें इलाकों में गुम था—विवरणों के सींकचों में बन्द एक घायल पशु की तरह बेचैन अतियथार्थ की दुश्वारियों को झेलता हुआ।

x x x

रूसी कवि जोसेफ़ ब्रॉडस्की ने कवयित्री मरीना त्स्वेतयेवा पर लिखते हुए कविता और गद्य के किसी भी स्थूल विभाजन की विडम्बनाओं को खूब उजागर किया है।

वे ऐसे विभाजन को आधुनिक समय की विश्लेषणपरक व उपयोगितावादी मानसिकता का खास लक्षण बताते हुए कहते हैं कि ऐसी एक ध्रुवीय धारणाएँ हमारा पीछा नहीं छोड़तीं। अकसर ही इन दो विधाओं के वर्गीकरण में ज़ोर रूपगत बाहरी ढाँचें पर ही नहीं, सोच की प्रवृत्ति पर भी है। जब से गद्य-विधा का विकास हुआ है यथार्थ हमेशा उसे धमकाता ही रहा है। गद्य के भीतर एक बुनियादी भय यह समाया हुआ है कि कहीं उसकी प्रामाणिकता तो सन्दिग्ध नहीं हो रही। कहीं वह एक नियत अनुशासन को तो भंग नहीं कर रहा। निरा गद्य यथार्थ के स्थूल ब्यौरों का पल्लू पकड़े पीछे-पीछे एक आज्ञाकारी, सहमा हुआ, घिसटता हुआ बालक है। और जब-जब गद्य के बाहरी खोल में कविता की आत्मा का वास हुआ है तब-तब उसमें एक अविश्वसनीय, ख़तरनाक, दुश्चरित्र गत्यात्मकता आयी है। ब्रॉडस्की ने ही एक दिलचस्प सवाल उठाया है कि एक गद्य लेखक कविता से क्या सीखता है? उनका जवाब है कि किसी एक दुनिया के विशिष्ट गुरुत्वाकर्षण के सन्दर्भ पर निर्भर रहने का तथ्य, एकाग्र चिन्तन, प्रत्यक्ष प्रमाणित को छोड़ सकने का जोख़िम और वे ख़तरे जो मस्तिष्क की उत्थित अवस्था में छिपे रहते हैं।

x x x

तमाम-तमाम वस्तुओं की रेल-पेल के बीच वहाँ केवल एक 'स्वर' बचा हुआ था। यह 'स्वर' ही शिल्प था। यह स्वर तान की तरह यहाँ से वहाँ तक फैला हुआ था। कभी इसकी साफ़ चीख़ती हुई आवाज़ थी, कभी फुसफुसाहट और कभी सिर्फ़ कम्पन। स्वर कभी देहमय दिखता था, कभी वस्तुएँ उसे पीछे ठेल देती थीं। इस स्वर के अपने स्पर्श-चिह्न थे, इसके अपने संकुचन थे। बाहर की अराजकताओं के विरोध में वह एक गठन था, एक नियन्त्रण था, एक चयन था। वह दूसरों की प्राथमिकताओं को ख़ारिज नहीं करता था, पर अपनी फ़रियाद को सतत बनाये रखता था। वहाँ एक अन्तिम फ़ैसला कभी नहीं होता था। इसलिए वह लगातार नालिश था और एक आवेदन भी। इस तरह कविता की इस दुनिया में बड़ा निराला तनाव था। बाड़ें टूट रही थीं, कोई भी कहीं से बेरोक-टोक घुसा चला आता था। हर स्थिति की अपनी ज़रूरतें थीं। हर शब्द सीधी दिशा में दौड़ता-सा लगता था। भागती हुई चीज़ों के सामने मानक दरवाज़े थे। स्वर लगातार अपनी गुहार लगाता रहा। अन्त तक कैसे बनी रही उसकी यह हिम्मत? क्या वहाँ हर समय कोई अदृश्य श्रोता भी उपस्थित रहता था?

x x x

गद्य कविता के भीतर विपरीत स्वभाव के वे लोग निरन्तर आपस में लड़ते-झगड़ते मिलते हैं। फिर भी उन में एका है। वे किसी भी बाहरी घुसपैठिये को घर के भीतर के रहस्यों की भनक लगने नहीं देते। गलियारे में आगन्तुक के पदचाप सुनकर वे

सँभल गये हैं। सहसा आपसी बहसें थम गयी हैं। अब कुछ सुनायी नहीं पड़ता। पर कुछ तो घटा है। कुछ देर पहले उच्चारे गये उलाहनों की कड़वाहट और लन्तरानियों की धमक बची रह गयी है। आगन्तुक के असमय आगमन ने घर के रहस्यों को और भी सघन बना दिया है। वहाँ हड़बड़ी है, थोड़ी-सी शर्म और जबरन मुस्कराहटें हैं। और जल्दी से छिपा दिये गये तनाव है। बातचीत जारी है। पर कोई कोना छूट जाता है। वहाँ से विवरणों के रहस्य यदा-कदा झाँकते रहते हैं। वे अतिथि के खिसकने की बाट जोहते हैं।

x x x

अवसाद और विडम्बनाएँ! अवमाननाएँ और लाचारियाँ। अवसन्न स्थितियाँ और असमाप्त कौतूहल। नींद में देखी गयी दुर्निवार कामनाएँ और जागरण में विवरणों के रहस्य। इन सबके पीछे स्थूल तर्क ढूँढ़े जा सकते हैं। ये तर्क न हों तो सारे समाजशास्त्रियों और मनोचिकित्सकों की दुकानें ही बन्द हो जायें। पर कविता एक दूसरे तरीक़े से इन तक जाती है। ये सब घुल-मिल जाते हैं। इनके बेडौल शरीर हैं पर इनके रहस्य फिर भी भाषा की झिर्री से उजागर होते रहते हैं। और ये किसी साज-सज्जा के मोहताज नहीं हैं। उनका उधड़ापन और उनकी तनातनी फिर भी दर्शनीय है। हर शब्द का दरवाज़ा खुल रहा है। पंक्तियाँ उन पलों के पीछे भाग रही हैं जिन्हें सुना नहीं गया है, जो अनदेखे रह गये हैं। हमारी लालसाओं और हमारे इरादों की देह में बैठे हुए निराकार सच। हमारे अधूरेपन के पछतावे और हमारी पुनर्जन्म की इच्छाएँ, हमारे आगमन का उल्लास और हमारी विदाई के शोकगीत। हर चीज़ एक दूसरे के निकट खिसकती हुई, सिकुड़ती हुई, फैलती हुई, विलयित होती हुई। यह सब अप्रत्याशित है। लेकिन क्या वह सचमुच अप्रत्याशित है? क्या हम हर बार किसी विस्मृति से बाहर नहीं आते? क्या कविता कभी भी किसी नयी बात को कहती है? क्या वह हर बार तमाम ब्यौरों और कायान्तरणों से गुज़रती हुई एक आदिम हार्मनी की ओर ही नहीं लौटती? आधुनिक कविता के जन्मदाता बॉदलेयर एडगर एलन पो की इस बात से सहमत थे कि कविता कभी भी किसी सच में जाकर समाप्त नहीं होती। वह सच का जितना भी बोझ ढोती रहे, वह हर बार सुन्दरता की ओर लौटती है। उसके पास हर बार एक असमाप्त लय है। यह लय सुन्दरता की किसी भी अवधारणा में ज़रूरी है। पर कविता के रास्ते में वे तमाम गलियारे, भूल-भुलैया और गति अवरोधक भी हैं जो विचारों के अबाध विकास और वर्चस्व से पैदा हुए हैं। और जो अपनी अन्तिम परिणति में अकसर एक ढकोसले में बदल जाते हैं।

x x x

किसी भी कविता में सच्चाई और शब्द का क्या रिश्ता है? जैसे कि यह

सुबह की सैर हो। पिछली रात के पेड़, आकाश, पगडण्डियाँ, छत, बारजे, दरवाज़े और दुःख धीरे-धीरे खुल रहे हैं। पिछली रात सब कुछ स्तम्भित था। कविता इस धीरे-धीरे खुलने की गति को देखती है। वह देखती है कि हर चीज़ से हर चीज़ लिपटी हुई है—उघड़ी हुई, लस्त-पस्त, नींद की खुमारी में डूबी हुई, अलस और बेलौस। कविता के लिए यह एक उद्‌घाटन है। कविता इस खुलने के चमत्कार में रम जाना चाहती है। पर साथ ही वह अपने बुनियादी अराजक स्वभाव से बाज नहीं आती। वह बाहर के दृश्य की घटनाओं और उनकी गतिशीलता को अपने तरीक़े से तय करेगी। वह गद्य के ठसपन से चिढ़ती है और यथातथ्यता से नाक भौं सिकोड़ती है। उसका अपना स्पीडोमीटर है। वह किसी के प्रति जवाबदेह नहीं है। यथार्थ के प्रति भी नहीं। जब लोग उसमें यथातथ्यता को देखकर तुष्ट हो रहे होंगे, तब वह यहाँ इस यथार्थ की ईंटें खिसका रही होगी, वहाँ उन सूचनाओं की चूलें हिला रही होगी। और वह रोज़मर्रा के सच को किन्हीं धुँधली सम्भावनाओं से धो रही होगी। यहाँ गद्य की ठोस भाषा में चाहे जीवन की किसी भी कतली, किसी भी फाँक, किसी भी स्लाइस को काटकर रख दिया होगा पर जो व्यक्त हो रहा है वह उतना ही नहीं होगा। छिटककर पेश हुई चीज़ों के हिलते हुए सूत्रों को भी हम देखेंगे। ये सूत्र अनन्त तक फैले होंगे।

x x x

वह मेरे एक मित्र की रात के बारे में लिखी गयी एक कविता थी। उसमें सामने घटती हुई रात के ठोस विवरण थे। मित्र की मजबूरी थी। उसने कहा कि विवरणों के बिना तो दृश्य खिंचेगा नहीं। तो कवि की पहली चिन्ता पाठक को भरोसे में लेने की थी। तो उसने एक समकालीन रात के कुछ ब्यौरे पेश किये जो जल्दी ही किसी राजनीतिक अभिप्राय में बदल सकते थे। पर वह सभ्यता के इतिहास में बीती पहली रात की कविता भी हो रही थी। उस कविता में अँधेरे से भरे एक आकाश का ज़िक्र था जिसमें एक चन्द्रमा और अनगिनत टिमटिमाते सितारों को बड़े अचरज के साथ देखा गया था। इन चाँद सितारों के अक्स धरती पर बारिश में भीगी सड़कों के डबरों में पड़ते थे। वहाँ भूख थी, गन्दगी थी और लाचारियाँ थीं, भिनभिनाती मक्खियाँ थीं और कीचड़ था। और आधी रात किशोरियाँ नगरों के पिछवाड़े घूरों पर रोज़मर्रा की फेंकी गयी चीज़ें बटोरती गुनगुना रही थीं। इस कविता में एक बाँसुरी बज रही थी। जीवन और मृत्यु से अछूती, निर्लिप्त, उन्मुक्त, निर्बाध। उसकी धुन एक खिड़की से होकर दूसरी खिड़की तक टकराती जैसे कि कोई प्राकृतिक घटना। यह अचरज था जो कवि पर गुरुत्वाकर्षण के भार को कम कर रहा था। वह उड़ता था। वह पृथ्वी के दुःख को देखकर विलाप करता था और उड़ता था। धरती पर खड़े लोगों ने शंका की निगाहों से इस सबको देखा। वे कविता में वर्णित ठोस ब्यौरों से तुरन्त

कुछ नतीजे निकाल लेना चाहते थे। वे तुष्ट होकर जल्दी से सो जाना चाहते थे। पर कवि ने एक अनन्त रात की कविता लिखी। ऐसी रात जो पृथ्वी के आदि काल से आज तक व्याप्त थी। ऐसी रात जो दुखों को घना कर देती थी और दुखियारे को विश्रान्ति भी देती थी। कवि रात भर पृथ्वी के दुख पर विलाप करता रहा। कवि रात भर नभ में उड़ता रहा। पता नहीं यह कविता उल्लास की थी या अवसाद की। यथार्थ के विस्तार की थी या क्षुद्रताओं के बखान की। पर यह कविता एक सम्भाव्यता की कविता थी। कविता में आये ब्यौरे समकालीनता में धँसे थे पर वे एक दूसरे को धकियाते थे। वे चौहद्दियों से निकल कर किसी अप्रत्याशित की ओर जाते दिखाई पड़ते थे।

x x x

विधाओं के घर बँटे, कामों का विभाजन हुआ पर कविता कहाँ मानती है! किसी बावली की तरह वह जब-तब बेरोक-टोक दूसरों के घर में घुस जाती है। बहुत ईमानदार लोगों की तरह वह आस-पास के लोगों की उलझनें बढ़ा देती है क्योंकि वह हमेशा शाश्वत की सनक में डूबी रहती है। वह कहती है, उसका कोई उद्देश्य नहीं, उसे कहीं नहीं जाना है। फिर भी वह दूसरों के घरों में उनसे खिलवाड़ करती, उन्हें डराती-धमकाती या कुछ सिखाती मिलती है। कभी वह उनके घरों के कोनों-अँतरों में बैठी उनके नामहीन क्षणों को सहलाती रहती है। उसके पास क्यों एक अनन्त फुर्सत है? क्यों वह हमेशा एक रहस्यभरी अन्तरंग बातचीत करना चाहती है? क्यों उसके अभिचार में दूसरी तमाम चीज़ें समर्पित हो जाती हैं? कविता की देह कहाँ है? कविता की देह कहीं भी नहीं है। उसमें गहराई और उथलापन, परिष्कार और अनाड़ीपन, ऊब और रंजन, अश्लीलता और ब्रह्म-बेला के मन्त्रोच्चार सब एक साथ क्यों हैं? क्यों वह अनिवार्यताओं और अचरजों को एक साथ जीती है? वह अभी-अभी यहाँ थी किन्हीं शब्दों में उलट-फेर करती हुई, अभी वहाँ उस मनोभाव के पीछे लपकती हुई, और अभी किसी तापसी की तरह एक ख़ामोशी में विलीन हो जाती हुई। और वह जिन रास्तों से आयी, वे दोबारा के लिए व्यर्थ क्यों बन गये हैं?

(अशोक वाजपेयी द्वारा संपादित बहुवचन-3 में प्रकाशित)

हाशिये का वजूद और इस दुनिया की कविता

विश्व कविता पर कुछ कहना मेरे जैसे अल्पज्ञ के लिये लगभग एक असम्भव और दुस्साहपूर्ण कार्य ही होगा। गहरे उतरना तो दूर मैं तो किनारे पर बैठ कर लहरें भी ठीक से गिन नहीं पाया हूँ। सन 65-66 के आसपास धर्मवीर भारती की पुस्तक **'देशान्तर'** में पहली बार एक साथ विश्व के इतने सारे कवियों के हिंदी अनुवाद पढ़े थे। विभिन्न भू-भागों, भावभूमियों और अभिव्यक्तियों से यह परिचय लगभग आवाक् देने वाला अनुभव था। मुम्बई (तक के बम्बई) के जिस एस.आई.ई.एस कॉलेज में मैं पढता था वहां मराठी के यशस्वी कवि विन्दा करन्दीकर हमारे अंग्रेजी विभागाध्यक्ष थे। वे अक्सर कहते थे कि एक कवि को समझने में किसी आलोचक के बजाय समानधर्मा दूसरे कवि की टिप्पणियां ज्यादा काम की होती हैं। कक्षा में शेक्सपियर पढाते-पढाते वे येट्स, विलियम ब्लेक, नेरूदा, रिल्के, इलियट या ऑडेन के कुछ ऐसे उद्धरण देते रहते जिनमें लगता कि बिजली की कौंध है। उनका वह व्याख्यान बहुत मोहक होता था। हमारे एक अन्य प्राध्यापक तब के चर्चित अंग्रेजी युवा कवि आर. पार्थसारथी थे जो उन्हीं दिनों लीड्स विश्वविद्यालय से पढकर भारत लौटे थे। वे हमें ब्रेष्ट का नाटक 'लाइफ ऑफ गैलिलियो' पढाते थे और कक्षा में ब्रेष्ट, नेरुदा, लोर्का आदि की विभिन्न कविताओं की अन्दरुनी दुनिया से हमारा परिचय कराते थे। साठ के दशक के उन अंतिम वर्षों में इन पश्चिमी कवियों से परिचय एक गहरे भर देने वाला अनुभव था। उन्हीं दिनों दिनमान साप्ताहिक में संपादक रघुवीर सहाय हर अंक में अंतिम पन्ने पर' **आज की कविता** 'शीर्षक' से किसी अंतर्राष्ट्रीय खयाति के आधुनिक कवि की कुछ कविताओं के हिन्दी अनुवाद दिया करते थे। ये अनुवाद हर बार हिन्दी के किसी चर्चित कवि द्वारा किये हुए होते थे। इन्हीं अनुवादों के ज़रिये आर्थर रिम्बो, कवाफी, सेफरीस, पाल वेलरी, येव्तुशेंको, लुइ अरागां, ऐमे सेज़ायर, लैंग्स्टन ह्यूजेस, लियोपाल्ड सेंघोर, पॉल सेलान, बोर्हेस, जॉर्ज त्राक्ल जैसे पचासों कवियों की कविताओं से पहली बार हमारा परिचय हुआ, देखने महसूस करने की जाने कितनी ही नयी खिडकियां खुलती गयीं। दिनमान के उस अंतिम पृष्ठ 'आज

की कविता' की एक ज़िल्द मैंने बड़े जतन से बनायी थी। बीसियों वर्षों तक वह मेरे पास रही फिर ऐसी गायब हुई कि कभी लौटी ही नहीं। साठ के दशक के उन्हीं अंतिम वर्षों में पेंग्विन बुक्स ने बीसवीं सदी के—खासकर युद्धोत्तर समय के विभिन्न भाषाओं के आधुनिक यूरोपीय कवियों के अंग्रेजी अनुवादों की एक सिरीज़ प्रकाशित की थी। अन्ना आख्मातोवा, मांदेल्स्ताम, त्स्वेतयेवा, ब्रेश्ट, लोर्का, यानिस रित्सोस, वास्को पोपा, नाज़िम हिकमत, मोंताले, यहुदा अमीखाई, सेज़ाजर पावेज़े, उंगारेत्ती, बाबरोव्स्की, रूज़ेविच, एक्लॉफ, एंत्सेंसबर्गर, नेरूदा, वाल्दीमीर होलन, रेने शार, होलुब, पोसोआ, हुआरोज, बोर्हेस, नेल्ली शाख्स, एलाइटिस, सीमस हीनी जैसे इन तमाम यूरोपीय कवियों के अलग अलग संसारों में हम थोड़ा बहुत झांकने लगे थे जिन्होंने एक बदलते हुए लोमहर्षक समय की अलग अलग गवाहियां अपनी कविताओं में रची थीं। फोर्ट में मुम्बई युनिवर्सिटी के सामने उन दिनों जैको बुक शॉप हुआ करता था जिसमें काउंटर पर बैठा हमारा मित्र रफ़ीक बगदादी बड़े उत्साह से नयी से नयी कविता की किताब से हमारा परिचय कराता। उन्हीं दिनों का एक अविस्मरणीय अनुभव है। मैं किताबों की उस दूकान में कविता-पुस्तकों की अल्मारी पर झुका हुआ पुस्तकों को उलट-पलट रहा था। इयान गिब्सन की किताब 'डेथ ऑफ लोर्का' मेरे हाथ में थी। तभी ठीक पीछे खड़ी एक आकृति ने मुझसे अहिस्ता से पूछा "कैन आई सी द बुक?" मैंने पलट कर देखा तो ठगा रह गया। वह विशाल आकृति सत्यजीत रे की थी। यहाँ मुद्दा यह नहीं कि मैं सत्यजीत रे को अचानक वहां देखकर कितना विस्मत और रोमांचित हुआ था। मुद्दा यह है कि मैं किस कदर अपनी पसन्द की किताबों में डूबा हुआ था कि उस महान हस्ती के उस छोटी सी दुकान में आने से यदि वहां कोई हलचल हुई भी थी तो मैं उससे एकदम गाफ़िल था।

मुझे लगता है कि एक कवि के संसार में प्रवेश के केवल दो तरीके हैं। हम या तो कवि के देश—काल पर एकाग्र हों और इस तरह किसी एक थीम तक अपने को सीमित करें या फिर अपने आपको कवि के अनुभव में छिपी किसी मूलभूत बेकली और सार्वभौमिकता में डुबो दें। पहला तरीका कविता में प्रवेश करने का एक आलोचकीय तरीका है—ठंडा, सुरक्षित और आचार्यत्व से भरा हुआ। वहां तयशुदा मानदंड और खांचे हैं। वहां कविता को छेद दिया जाता है और उसकी मृत देह के भीतर से बस एक 'थ्योरी' को खींच निकाला जाता है। इस विशेषज्ञता और कालानुक्रमिकता की शायद कोई उपयोगिता भी होती होगी, पर मैं तो उस दूसरे तरीके में ज्यादा यकीन करता हूं जहां हम किंचित अनौपचारिक हैं, निष्कवच हैं, और बहुत 'पैशन' के साथ कविता के स्पंदित संसार में डूबते—उतराते है। इतिहास, राजनीति, विचारधारा, भूगोल, कालखंड, परम्परा,

भाषा, कला, शब्द-विन्यास सब यहां हैं पर उसके परे भी कुछ है—एक विकल जिजीविषा, मानव हृदय का स्पंदन, क्षरण के विरूद्ध कोई अलक्षित सी पुकार, कोई रहस्यात्मकता, कोई अतिक्रमण, कोई रूपांतरण, सत्य का कोई आभास और उससे हमारी एक सनातन आशनाई। वह हर बार पुनर्नवा है। वह रिश्ता जिसमें एक अजीब सी द्वंद्वात्मकता है। हम यहां एक स्पन्दित शब्द—संसार के सम्मुख खड़े हैं—ठिठके हुए भी और बहुत समर्पित भी। यहां कविता की समूची संरचना प्याज की संरचना है। पढते हुए कोई अंतिम लक्ष्य नहीं है। छीलते जाओगे तो कुछ हाथ लगने वाला नहीं। जो है वह उसकी एक अभेद्य समग्रता है। वहाँ हमें अपने प्रश्नों और शंकाओं के उत्तर मिलेंगे पर किसी खालिस तर्क की तरह नहीं, एक ढांचे, एक व्यवस्था, एक संरचना, एक रूपांकन के माध्यम से। वही कविता का सबसे 'कोर एरिया' है। शब्द वहाँ एक-दूसरे की सहवर्तिता में हैं। कोई लय, कोई संयोजन, कुछ भंगिमायें, ध्वनियां, चुप्पियां, उनके अंतःसम्बन्ध, उनका अन्दरूनी ताप, एक भौतिक दुनिया में कवि की आत्मबद्धता और उसकी वस्तुनिष्ठता का गुम्फन—यह सब कितना दुर्निवार है। कवि इस सबमें सहभागी होने के लिए हमें आमंत्रित कर रहा होता है। बस वह आपसे थोड़ी सी दीवानगी चाहता है। यह धड़कता हुआ जीवित मानवीय सन्दर्भ जो तब भी बचा रहता है जब युग बीते जाते हैं, तर्क पुराने पड़ जाते हैं और खेल के नियम बदल जाते हैं।

बॉदलेयर आधुनिक कविता के जनक थे। डेढ़ सौ से अधिक वर्ष बीत गये। आज भी जब हम उनकी तरफ लौटते हैं तो क्या पाते हैं? एक ऐसी सभ्यता में जीने का तनाव, जिसमें वस्तुओं ने मनुष्य की सत्ता को बेदखल कर दिया है। जहां मूल्य नहीं कीमतें महत्वपूर्ण हो गयी है। मनुष्य का सत्व खंडित है, तमाम आस्थायें और विश्वास भंजित हो रहे हैं, समग्रता का कोई आधार नहीं बचा, कोई सुरक्षित शरणस्थली नहीं। बॉदलेयर ने पहली बार उस आधुनिक कवि के द्वैत को रचा था जिसमें एक कलाकार के दिवास्वप्नों की तरंगे भी हैं और उसकी अंतश्चेतना के अवरोध भी। यह आधुनिक कवि निर्वासित है, विद्रोही है, शोक संतप्त है। तमाम तरह की विडम्बनाओं और भूल भुलैयाओं के बीच भटकती हुई एक अशांत आत्मा। जहां कुछ भी तयशुदा और सुनिश्चित नहीं— यहां तक कि रचनाकार का अपना माध्यम तक नहीं। वह सम्वेदना संसार जो बाद की समूची आधुनिक कविता के लिये एक संक्रमणकालीन युग का 'प्रोटोटाइप' बन गया। उसके बाद इतिहास बदले, देश और समाज बदले, घटनाओं के नये नये अध्याय खुलते और बंद होते रहे, सत्ता-तंत्र की शक्लें बदलती रहीं, स्थानिक परिस्थितियों के अलग अलग सन्दर्भ उभरते रहे, तरह तरह के वाद और कला आंदोलन कविता में जन्म लेते रहे और मरते रहे पर इतिहास की गवाही रचने वाला का वह 'प्रोटोटाइप'

आधुनिक कविता में कभी नहीं बदला। उसकी मूल प्रतिज्ञाएं वही रहीं। और वे हर बार परवर्ती कवियों में अपने अपने नितांत मौलिक तरीकों से उभरीं। मेलार्मे चाहे यह कहते रहे कि शब्द और सच्चाई के बीच अब एक कभी न भरा जा सकने वाला अंतराल है और सारे उच्चारित शब्द अस्थायी हैं या नेरूदा जीवन भर रोजमर्रा के दाग– धब्बों और तमाम अकाव्यात्मक स्थितियों से रंगी किसी अशुद्ध कविता की वकालत करते रहे, चाहे रुज़ेविच की कविता एक पत्थर के ठंडेपन और आंतरिकता में युद्धोत्तर संतप्त मानस को व्यक्त करती रही हो या गिंसबर्ग की 'हाउल' कविता में शहर के चौराहे पर खड़े होकर किया गया एक पुरजोर चीत्कार हो– कविता ने हर बार हमें किसी विकल जिजीविषा और अपने रचे गये प्रति– संसार से आविष्ट किया है। आधुनिक कवि की घेराबंदियों, अंतर्द्वंद्वों, दुविधाओं और विकलताओं की यह दुनिया और उसके किसी बुनियादी राग की हम कितने-कितने प्रकार से विवेचनायें करते आये हैं। राजनीतिक, सामाजिक, मनोवैज्ञानिक, अस्तित्वपरक, अधिभौतिक, सौन्दर्यशास्त्रीय– और भी न जाने कितने आधार। कितनी कितनी ही तरह से ये मीमांसायें हम तक आयी हैं। लेकिन मूलभूत तत्व तो वही रहा है। इसी बिना पर रिम्बो, आन्द्रे ब्रेतां कवाफी, पॉल वेलरी, जिमनेज़, पेसोआ भी हमें अपने लगते हैं और आख्मातोवा, मांदेलस्ताम, रित्सोस, जिब्ग्न्यु हर्बेर्त, मिक्लोश रोदनेती और पॉल सेलान भी। अलग-अलग महाद्वीपों, और पृथक सांस्कृतिक परमपराओं में जीते हुए भी यहूदा अमीखाई, निकोनारा पारा, सीमस हीनी, अर्नेस्तो कार्दिनाल, डेरेक वॉल्कोट, वोल सोयिंका, अकोट पिब्तेक कर्लोस अन्द्रादे या महमूद दरवेश सभी का एक विश्व–परिवार बनता है। इन सभी के भीतर हमने उन्हीं बुनियादी घेराबंदियों, अंतर्द्वंद्वों, दुविधाओं और आत्मनिष्ठ विकलताओं को खोजा है, पाया है। वह सब जिसका प्रोटोटाइप शायद पहली बार बॉदललेयर ने रचा था। विचारधारायें, क्रांतियाँ, युटोपिया, नस्ली घृणा, सैनिक तानाशाहियां सर्वसत्तावाद, केन्द्रपरकता, दमन और यातना शिविर, ज़लावतनी, आत्म निर्वासन आणविक युद्ध, औपनिवेशिक दमन, आर्थिक विषमतायें, भूख गरीबी, विस्थापन, लाचारियां, छद्म चेतनाओं को गढने वाले विशाल प्रचारतंत्र और प्रोपोगेंडा मशीनें, कंज्यूमर सोसायटी, उन्माद और मास हिस्टीरिया, दैनिक हिंसा, आपाधापी और विस्मृतियों का संसार और इन सबके साथ एक अपरिभाषित हाशिये का वजूद। यानी दुःस्वप्नों का एक ऐसा अशांत आधुनिक युग जिसमें रचयिता स्वयं अपने सृजन–कर्म की उपादेयता को लेकर सशंकित रहा है फिर भी रचते चले जाने की किसी दुर्निवार प्रतिज्ञा के अलावा उसके पास कोई चारा नहीं।

चिली की मशहूर कवयित्री गेब्रिएला मिस्त्राल ने कहा था कि 'जो कविता में

करती हूं यह एक ऐसी अभेद्य, अनिवार्य दुष्टता से मुझे बचा लेती है जिसे हम बुनियादी पाप कर्म कहते हैं"। क्या है यह बुनियादी पाप कर्म? कवयित्री के ही शब्दों में "एक उपयोगितापरक, तार्किक और लयविहीन समय में जीने का अभिशाप जिसने समूची मानव जाति को पतन के गर्त में धकेल दिया है।

"क्या एक आधुनिक कवि की पीड़ा और किसी आधारभूत विकलता के बारे में इससे ज्यादा खुलकर बताया जा सकता है?

(अशोक वाजपेयी संपादित वार्षिकांक 'दीपभव' (2013) में प्रकाशित)

कविता के दुश्मन को एक पत्र

(वरिष्ठ कथाकार श्री राजेन्द्र यादव अक्सर कहा करते थे यह कविता का युग नहीं है। वे काव्य-कर्म पर अक्सर अपनी अजीबोगरीब टिप्पणियाँ करते थे। एक बार उन्होंने यह स्थापना रखी कि हिन्दी में कविता ब्राह्मणों ने लिखी है और गद्य गैर-ब्राह्मणों ने। यह पत्र उनके एक व्यक्तिगत और कविता विरोधी शरारती पत्र के जवाब में वर्षों पहले 1996 में लिखा गया था। जैसा कि अपेक्षित था, उन्होंने इसका कोई जवाब नहीं दिया। जवाब पाने के लिए यह पत्र लिखा भी नहीं गया था। इसकी एक प्रतिलिपि वर्षों मेरे कागज़ात में पड़ी रही। अन्ततः मैंने इसे नरेश सक्सेना द्वारा 2011 में संपादित 'रचना समय' के कविता विशेषांक में छपवाया था।

मुम्बई

15-2-1996

आदरणीय यादव जी,

आपका पत्र मिला। कविता विरोध का वही एक राग जो आप आमने-सामने, मंचों पर और अपने सम्पादकीयों में छेड़ते ही रहते हैं। यह आपका सुबह-शाम पानी पी-पी कर कवियों को कोसना... अब क्या किया जाये इसका? अव्वल तो आपकी ये बातें इतनी गौरतलब भी नहीं कि उनका कोई मुकम्मल जवाब दिया जाये और यदि ये आपकी सिर्फ़ नटखट अदायें ही हैं तो इतनी मनोरंजक भी नहीं कि उनसे कुछ देर को मन बहल जाये। एक ज़माना था जब चन्द फ़ुरसतिया लोग साहित्य में केन्द्रीय विधा और हाशिये की विधा जैसी बैठे-ठाले की बहसें चलाया करते थे। पर अब जब पूरा साहित्य जगत् ही मध्य वर्ग के जीवन में हाशिये की चीज़ बनकर रह गया है, तब ऐसा कोई दंगल आज महज शब्द-विलास नहीं तो और क्या है? अब तो वे लोकप्रिय सड़कें भी नहीं रहीं जिन पर लेखक-कलाकार हुड़दंग मचाया करते थे। लेकिन लगता है कि आप उस पुरानी मस्ती के 'हैंग-ओवर' में अभी तक हैं।

सच कहूँ तो मुझे आप न कविता के असल दुश्मन लगते हैं और न कहानी

के वास्तविक हितैषी। यह बहुत ही बोगस मुद्दा है। दोनों जगह विधाओं से आपकी यह 'दोस्ती' और 'दुश्मनी' किसी 'स्वांग' की तरह लगती है। क्या कारण है कि इस विधागत सूबेदारी को करते हुए भी आप आज तक कोई अर्थपूर्ण और गम्भीर बहस नहीं करा पाये? बस जब-तब आप कुछ फुलझड़ियाँ ही छोड़ते रहते हैं। तो क्या वास्तव में यह आपकी एक दिमागी अपच है जिसे बेचारा हिन्दी का गरीब पाठक और श्रोता झेलने को विवश है? फिर आपने एक ज़माने में खुद भी कविताएँ लिखीं, आज भले ही आप उस कविता-संग्रह का कहीं ज़िक्र न करें। पर हमने तो देखा है कि जब कोई अपनी अवैध सन्तानों को छिपाने की कोशिश करता है तो ये उस पर प्रेत की तरह मँडराने लगती हैं और कई बार बीच बज़रिया उसका भेद खोल देती हैं। आज जब मैं आपका वह कविता-संग्रह 'आवाज़ तेरी है' पढ़ता हूँ तो समझ में आता है कि यह जो आप इतना दुराग्रही लाउड, बेवज़ह नाटकीय, चौंकाऊपन से भरा और हवलदार के से अड़ियलपन वाला गद्य लिखते हैं, वह इसलिए चूँकि आप इतनी बुरी कविताएँ लिखते थे। अर्थात् अच्छी कविता और संवदेनशील गद्य के बीच अवश्य कोई बुनियादी रिश्ता होता होगा। वरना भारतेन्दु, प्रसाद, महादेवी, निराला, बच्चन, अज्ञेय, मुक्तिबोध, नागार्जुन, शमशेर, धर्मवीर भारती, रघुवीर सहाय, कुँवरनारायण, श्रीकान्त वर्मा, राजकमल चौधरी या विनोद कुमार शुक्ल सभी अपनी कविताओं के साथ-साथ इतने अनूठे गद्य के मालिक क्यों होते? यादव जी, क्या आपने कभी इसे जानने में थोड़ी भी दिलचस्पी रही है कि निर्मल वर्मा, फणीश्वर नाथ रेणु, कृष्णा सोबती, ज्ञानरंजन यद्यपि कवि नहीं हैं फिर वे अन्ततः कवि ही हैं। अपने गद्य में वे कविता की सघनता को ही छूते हैं। इन्होंने उस सूक्ति और संगति की भाषा को पाया है जो उन्होंने कविता से सीखी है या उदय प्रकाश ने अपनी कहानियों में किस तरह काव्य के कुछ बुनियादी तत्त्वों को आत्मसात् किया है और कैसे इन सबके गद्य में एक दुर्लभ किस्म की गतिशीलता, मार्मिकता, लय और तहदारियाँ पैदा हुई है?

आप तो खुद को खासे पढ़ाकू जीव के रूप में पेश करते रहे हैं, कभी आपने विश्व साहित्य में कवियों को गद्य पढ़ने की ज़हमत उठायी है? ओसिप मान्देलस्ताम और मरीना त्स्वेतायेवा से लेकर सीमस हीनी और डेरेक वाल्कट तक? अन्तोनियो मेकाडो और पाल वेलरी से लेकर चेश्वाव मिवोश और मोन्ताले तक ऐसे पचासों जगमगाते नाम। क्या कहेंगे आप जब जोसेफ ब्राड्स्की ने यह कह डाला कि एक श्रेष्ठ गद्यकार को कविता से बहुत कुछ सीखना होता है जबकि एक कवि को गद्यकार से ज़्यादा नहीं सीखना होता—बस सिर्फ़ ब्यौरों पर ध्यान देना, सामान्य बोल चाल की भाषा का इस्तेमाल और कार्यालयीन कर्म का अनुशासन। ओक्तोवियो पाज़ कहते हैं कि गद्य जहाँ खत्म होता है, कविता का काम वहाँ से आरम्भ होता है और पाल वेलरी की यह प्रसिद्ध उक्ति कि "कथा एक जगह से दूसरी जगह को प्रस्थान है, जबकि कविता अपनी ही ज़गह

पर नृत्य है—और यात्रा तो दोनों ही स्थितियों में है।" वेलरी जैसे कि ओक्तोवियो पाज़ की बात का ही एक पूरक हिस्सा कह रहा है। ये सब लोग आपकी तरह विधाओं पर एक फ़्यूडल किस्म की मिल्कीयत नहीं दिखा रहे हैं, बल्कि वे आधुनिक समय में विभिन्न लेखकीय विधाओं के आपसी जटिल रिश्तों पर कुछ बुनियादी बातें कह रहे हैं। यदि यह कहा जाता है कि कथा की आकांक्षा यथार्थ की प्रतिकृति बनने में है और कविता की आकांक्षा यथार्थ का अतिक्रमण करने में तो आप देखें कि आधुनिक समय में महायुद्धों, विप्लवों, घेराबन्दियों और विराट मानवीय विपदाओं की सघन अभिव्यक्ति में ये कैसे दोनों विधाएँ एक दूसरे के गले लगी हैं।

खैर आपको यह सब लिखना कहीं फ़िज़ूल भी लग रहा है, क्योंकि आप जैसे हैं, वैसे ही रहेंगे। यह कविता-कहानी की लड़ाई है ही नहीं, जिसे आप बनाना चाहते हैं। इसलिए आपको आपके हाल पर छोड़ते हुए चलते-चलते कुछ बातें टीप देने का मन है ताकि एक सनद रहे। और यह कहना ज़रूरी नहीं कि आने वाली नस्लें विधाओं के बीच एक ज़रूरी लचीलेपन के महत्त्व को हमेशा स्वीकार करती रहेंगी। हालाँकि आप जैसों ने तो इस ज़मीन को बंजर बना देने में कोई कसर छोड़ी नहीं है।

कुछ सूत्र सुनिए—

1. कहानी को खतरा कविता से नहीं, कथा-तत्त्व में घुसी व्यावसायिकता से है;
2. कथाकार अपने लिए खतरा महसूस करे यह तो ठीक पर उसकी डाइग्नोसिस गलत है। कहानीकार को ज़िन्दा रहने के लिए कविता के और निकट आने की ज़रूरत है;
3. कहानीकार काश, सिर्फ़ एक बार कवि की तरह इस आशंका, चिन्ता, ऊहा-पोह से मुक्त हो जाये कि इस बाज़ारू समय में उसका क्या उपयोग है तो फिर तो वह बहुत कुछ नये खेल खिलवाड़ कर सकता है।

थोड़े से नये खेल-खिलवाड़ के हो सकते हैं—

1. वह हर समय, हर पल यथार्थ का प्रेत अपने कन्धे पर लादे न घूमे;
2. वह अँधेरे में रास्ता टटोले। उसे कुछ न मालूम हो कि निकलेगा किधर और कभी यह टटोलने की छटपटाहट ही मुख्य बात बन जाये;
3. वह कवि की तरह कुछ आकस्मिकताओं में भरोसा रखे;
4. वह बुनियादी तौर पर सब कुछ का ज्ञाता न हो बच्चों का-सा भोला और जिज्ञासु हो। कठिनताओं के बीच सरल हो; मित्रता करने में आतुर हो; आत्मसात् करते जाने का उसका हाज़जा बड़ा हो। कभी-कभी घटनाओं और प्रसंगों के पीछे-पीछे बने अन्धकार को अपने अग्यान का एक निरीह स्वीकार भी हो उसमें।

5. वह हर जगह यथार्थ के सामने खुद को घरेलू नौकर की तरह पेश न करे। स्वयं-सेवकों का ठसपन और खुदाई खिदमतगारों वाली हास्यास्पदता न हो उसमें। दिमागी काहिली का सारा एकाधिकार वह अपने पास ही न रख ले। कुछ हिस्सा दूसरों के पास भी आ जाने दे;
6. कहानीकार इतना बदनसीब न हो कि उसका वायुयान यथा-तथ्यता के कंक्रीट 'रन-वे' पर ही दौड़ता रह जाये और हवा में उठे ही नहीं। वह याद रखे कि उसे उड़ान भी भरनी है। पंख फैलाने का हुनर वह कवियों से सीख ले;
7. वह उन लोगों से विनम्रता से मिलता रहे जो कभी कविता लिखते हैं और कभी गद्य की तरफ़ जाते हैं। कहानीकार सड़क पर उँकड़ू हो कर बैठ जाये और उनसे पूछे कि आपके भीतर वह कौन-सी कोठरी है जिसमें किसी पल गद्य का निर्णय लिया जाता है और किसी पल कविता का। और जब ऐसे लोग अस्फुट-सा कुछ बोल रहे हों तो उसे चाहिए कि वह मुँह बाये उन्हें देखे और सुनने की कोशिश करे;
8. कहानीकार एकबारगी गुरुत्वाकर्षण के नियमों का परित्याग कर दे;
9. वह ब्यौरों पर ही सारा ध्यान न दे। प्रत्यक्ष प्रामाणिकता के चक्कर में न पड़े। सामान्य बोलचाल और टेबल-वर्क को अन्तिम उपलब्धि न माने। वह हर वक्त सही सलामत बाहर निकल आने की चतुराई से मुक्त हो जाये। मस्तिष्क की उन्नत अवस्था में भी छिपे हुए खतरों से वाकिफ़ हो। काश, वह कहानी लिख लेने के बाद खिड़की से बाहर एक वृक्ष को देखे और अपने आप से पूछे कि क्या इस वृक्ष की शाश्वता का इस्तेमाल सम्भव है?
10. दूसरे भले ही कहानीकार को यह कहते फिरें कि भई, कमाल है, तुमने तो यथार्थ के सारे भेद खोल दिये पर वह भेद खोल देने के बाद हर बार अपनी अपूर्णता के किसी खालीपन में घिरा हो। कवियों का-सा एक आधारभूत विषाद हो उसमें। उसे लगे कि वह तो अभी रहस्यों की दहलीज पर ही खड़ा है। वह लिखने की मेज़ के नीचे बिछे अन्धकार को देखे। वह तड़पकर अपने भीतर के प्रेमी से थोड़ी-सी निःसंगता की याचना करे या फिर किसी तीर्थ-यात्रा पर निकल जाये।
11. कथा को कहीं न कहीं खत्म करना होता है जबकि कविता कहीं खत्म नहीं होती। उसे बस कहीं छोड़ देना होता है।
12. कथाकार इस पुरानी कहावत पर ध्यान दे कि "कहानी मेहनत से लिखी जाती है और कविता प्रतिभा से।"

और अन्त में प्रार्थना—

केवल कहानी लिखने वालों को यदि कविता का खात्मा करना है तो वे एक षड्यन्त्र कर सकते हैं। वे कुछ समय के लिए कहानियाँ लिखना छोड़कर कविताएँ लिखें और इस बीच कवियों से कहानियों की ओर आने की प्रार्थना की जाए।

और परिणाम दिलचस्प होंगे—

कहानी में भाषा का 'स्पेस' बढ़ेगा और कविता हमेशा के लिए खत्म हो जायेगी।

निश्चय ही कोई भी समझ वाला कहानीकार कभी इसे पसन्द नहीं करेगा। अब इससे अधिक आपको क्या लिखा जाये?

विधाओं की सूबेदारी मुर्दाबाद।

साहित्य का जनतन्त्र ज़िन्दाबाद।

सप्रेम

विजय कुमार

(नरेश सक्सेना द्वारा सम्पादित 'रचना समय' के समकालीन कविता विशेषांक (2011) में प्रकाशित)

□□□